Albrecht Ritter

Rhein-Neckar

mit Bergstraße, Odenwald, Kraichgau und Pfälzerwald

50 Wanderungen

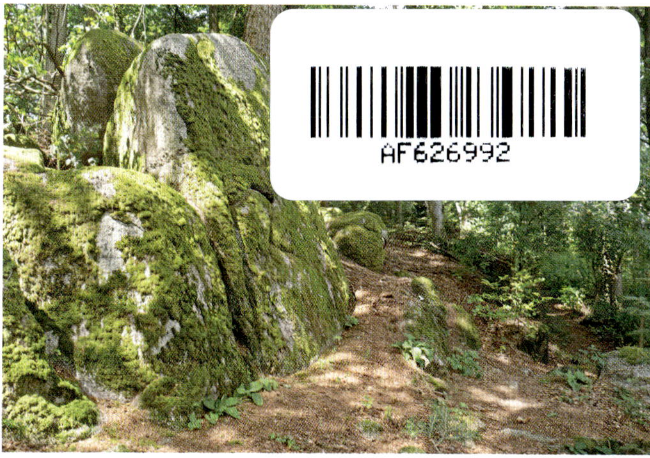

ROTHER BERGVERLAG

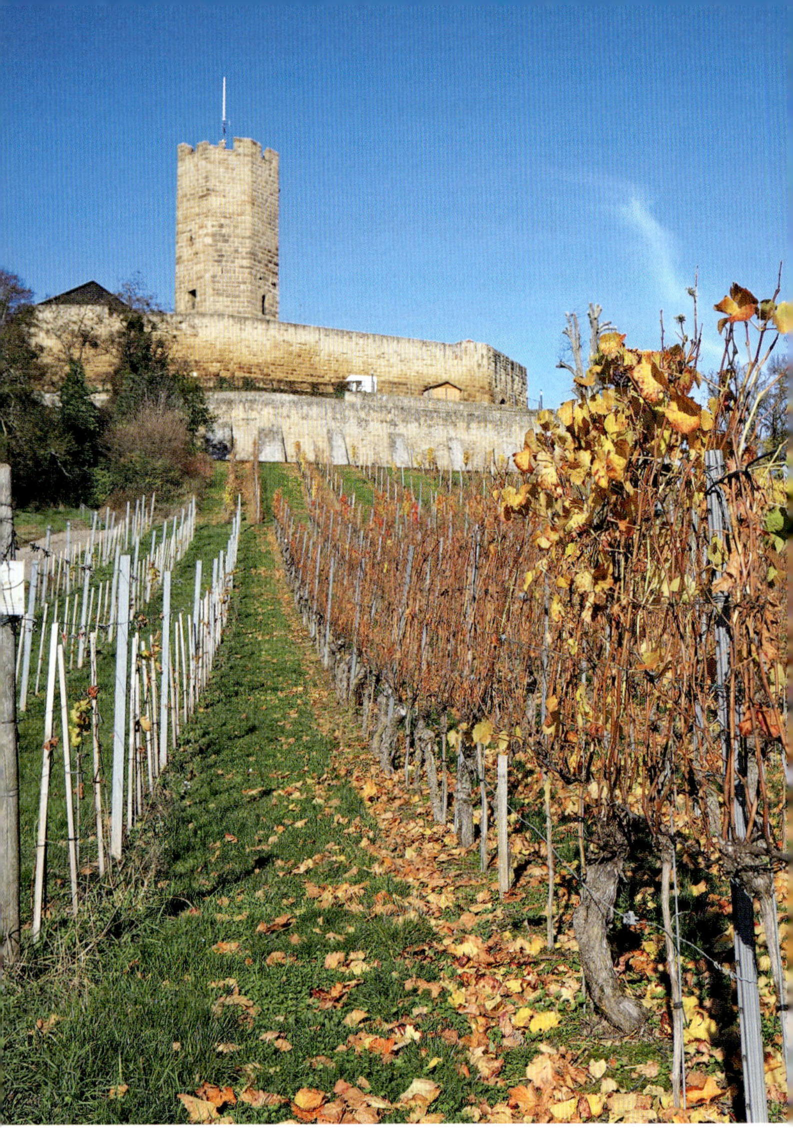

Burg Steinsberg auf dem gleichnamigen Berg im Kraichgau (Tour 35).

Vorwort

Das Oberrheintal zwischen Karlsruhe und Darmstadt ist umrahmt von einladenden Hügeln und Bergen. Eine Auswahl der schönsten Wanderungen in der Kurpfalz, zwischen Pfälzer Weinstraße im Westen, Odenwald und Bergstraße im Osten und Kraichgau im Süden bietet dieser Wanderführer. Mit einem Querschnitt von insgesamt 50 Kurzwanderungen, Stadtspaziergängen und Halb- oder Ganztagestouren sollte für jeden Geschmack und Anspruch etwas dabei sein.

Im Zentrum der Region liegt Heidelberg, Stadt der Poeten, Studenten und Wissenschaften. Die viel besungene und besuchte historische Touristenmetropole am Austritt des Neckars aus dem Odenwald hält allein eine Handvoll der schönsten Wanderungen bereit. Wir wandern auf den Spuren der Römer, die sich vor 2000 Jahren schon in dieser begünstigten Region niedergelassen haben. Wir entdecken mittelalterliche Burgen und Ruinen, die heute noch ihre Faszination ausüben und fantastische Ausblicke gewähren. Wir spazieren längs des tief in den Sandstein eingegrabenen Neckars, auf historischen Höhenwegen und Hohlwegen in Kraichgau und Odenwald, zwischen Reben und Edelkastanien an der Bergstraße und in der Pfalz. In lauschigen Wanderhütten und rustikalen Besenwirtschaften treffen wir auf manch Gleichgesinnte. Zwei rührige Wandervereine, der Pfälzerwald-Verein und der Odenwaldklub, kümmern sich um ein gut beschildertes Netz von hervorragend ausgebauten örtlichen und überregionalen Wanderwegen. Den ehrenamtlich tätigen Mitgliedern dieser Vereine sei an dieser Stelle herzlich gedankt. Fast alle Ausgangs- und Endpunkte der Wanderungen sind umweltfreundlich mit öffentlichen Verkehrsmitteln erreichbar. Nebst einer übersichtlichen Charakterisierung der Wanderwege findet man im Text eine gründliche Wegbeschreibung mit Hinweisen auf Sehenswürdigkeiten, Einkehrmöglichkeiten und geologische oder geografische Besonderheiten. Für alle Touren gibt es GPS-Tracks, die auf Smartphone oder Navi geladen werden können. Ich wünsche Ihnen und allen Mitwandernden viel Spaß, eine Menge toller Eindrücke und unvergessliche Stunden links und rechts von Rhein und Neckar.

»Alla dann!«, wie wir in der Kurpfalz gerne sagen.

Dossenheim, im Sommer 2021 — Albrecht Ritter

Inhaltsverzeichnis

Liebe Leserinnen und Leser,

infolge der Corona-Krise können sich Änderungen ergeben haben, die bei Redaktionsschluss noch nicht absehbar waren. Soweit möglich werden wir aktuelle Hinweise unter www.rother.de (beim Buch) zur Verfügung stellen. Bitte informieren Sie sich vor der Wanderung zusätzlich über die derzeitigen Gegebenheiten.
Sollten Sie geänderte Gegebenheiten vor Ort feststellen, freuen wir uns über Korrekturhinweise per E-Mail an leserzuschrift@rother.de.

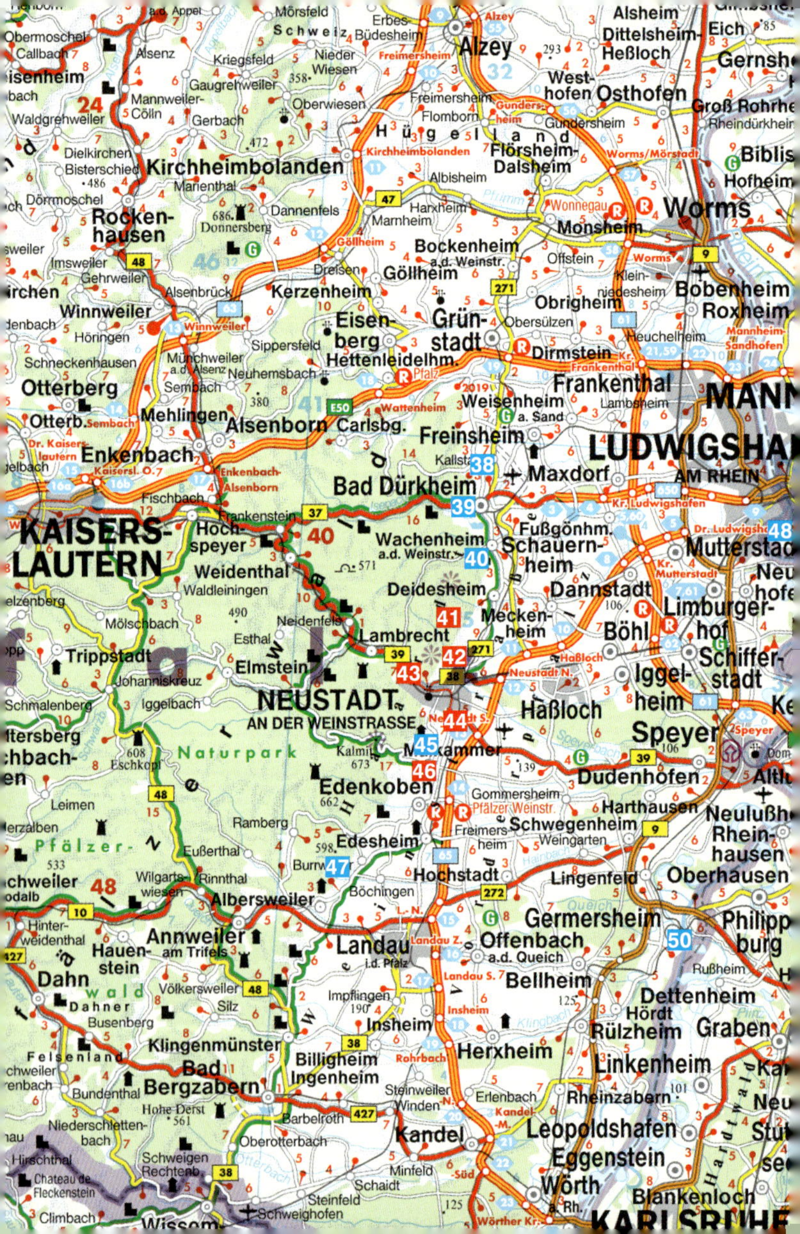
Obermoschel
Alsenz
Kriegsfeld
Mörsfeld
Schweiz
Erbes-Büdesheim
Nieder Wiesen
Alzey
Alsheim
Dittelsheim-Heßloch
Eich
Gernsheim
Westhofen
Osthofen
Groß Rohrheim
Rheindürkheim
Mannweiler-Cölln
Gaugrehweiler
Oberwiesen
Freimersheim
Flomborn
Gundersheim
Waldgrehweiler
Gerbach
Hügelland
Flörsheim-Dalsheim
Biblis
Hofheim
Dielkirchen
Bisterschied
Kirchheimbolanden
Albisheim
Worms/Mörstadt
Marienthal
Dörrmoschel
Rockenhausen
Donnersberg
Dannenfels
Harxheim
Marnheim
Wonnegau
Worms
Monsheim
Imsweiler
Gehrweiler
Göllheim
Bockenheim a.d. Weinstr.
Offstein
Winnweiler
Alsenbrück
Kerzenheim
Dreisen
Obrigheim
Klein-niedesheim
Bobenheim
Roxheim
Höringen
Eisenberg
Grünstadt
Obersülzen
Heuchelheim
Schneckenhausen
Münchweiler a.d. Alsenz
Sippersfeld
Hettenleidelheim
Dirmstein
Mannheim-Sandhofen
Otterberg
Sembach
Neuhemsbach
Frankenthal
Otterbach
Mehlingen
Alsenborn
Carlsbg.
Wattenheim
Weisenheim a. Sand
Lambsheim
MANNHEIM
Dr. Kaiserslautern
Enkenbach
Kaiserslautern O.
Enkenbach-Alsenborn
Freinsheim
Kallstadt
Maxdorf
LUDWIGSHAFEN AM RHEIN
Fischbach
Bad Dürkheim
Kr. Ludwigshafen
KAISERSLAUTERN
Frankenstein
Hochspeyer
Wachenheim a.d. Weinstr.
Fußgönheim
Schauernheim
Dr. Ludwigshafen
Mutterstadt
Weidenthal
Waldleiningen
Deidesheim
Dannstadt
Kr. Mutterstadt
Neuhofen
Mölschbach
Neidenfels
Esthal
Lambrecht
Meckenheim
Limburgerhof
Böhl
Trippstadt
Elmstein
Haßloch
Schifferstadt
Johanniskreuz
Neustadt N.
Iggelheim
Schmalenberg
Iggelbach
NEUSTADT AN DER WEINSTRASSE
Neustadt S.
Speyer
Naturpark
Kalmit
Maikammer
Dudenhofen
Eschkopf
Edenkoben
Gommersheim
Harthausen
Pfälzer Weinstr.
Schwegenheim
Leimen
Freimersheim
Weingarten
Neulußheim
Rheinhausen
Ramberg
Edesheim
Pfälzerwald
Eußerthal
Burrweiler
Hochstadt
Lingenfeld
Oberhausen
Wilgartswiesen
Rinnthal
Albersweiler
Böchingen
Hinterweidenthal
Annweiler am Trifels
Landau i.d. Pfalz
Landau Z.
Offenbach a.d. Queich
Germersheim
Philippsburg
Hauenstein
Dahn
Völkersweiler
Landau S.
Bellheim
Rußheim
Dahner
Silz
Impflingen
Dettenheim
Hördt
Busenberg
Insheim
Rülzheim
Graben
Felsenland
Klingenmünster
Herxheim
Linkenheim
Bundenthal
Bad Bergzabern
Billigheim-Ingenheim
Rohrbach
Rheinzabern
Hohe Derst
Barbelroth
Steinweiler
Winden
Erlenbach
Kandel
Niederschlettenbach
Oberotterbach
Leopoldshafen
Eggenstein
Hirschthal
Schweigen-Rechtenb.
Minfeld
Wörth a. Rh.
Chateau de Fleckenstein
Schaidt
Blankenloch
Climbach
Wissembourg
Schweighofen
Steinfeld
Wörther Kr.
KARLSRUHE
Hardtwald

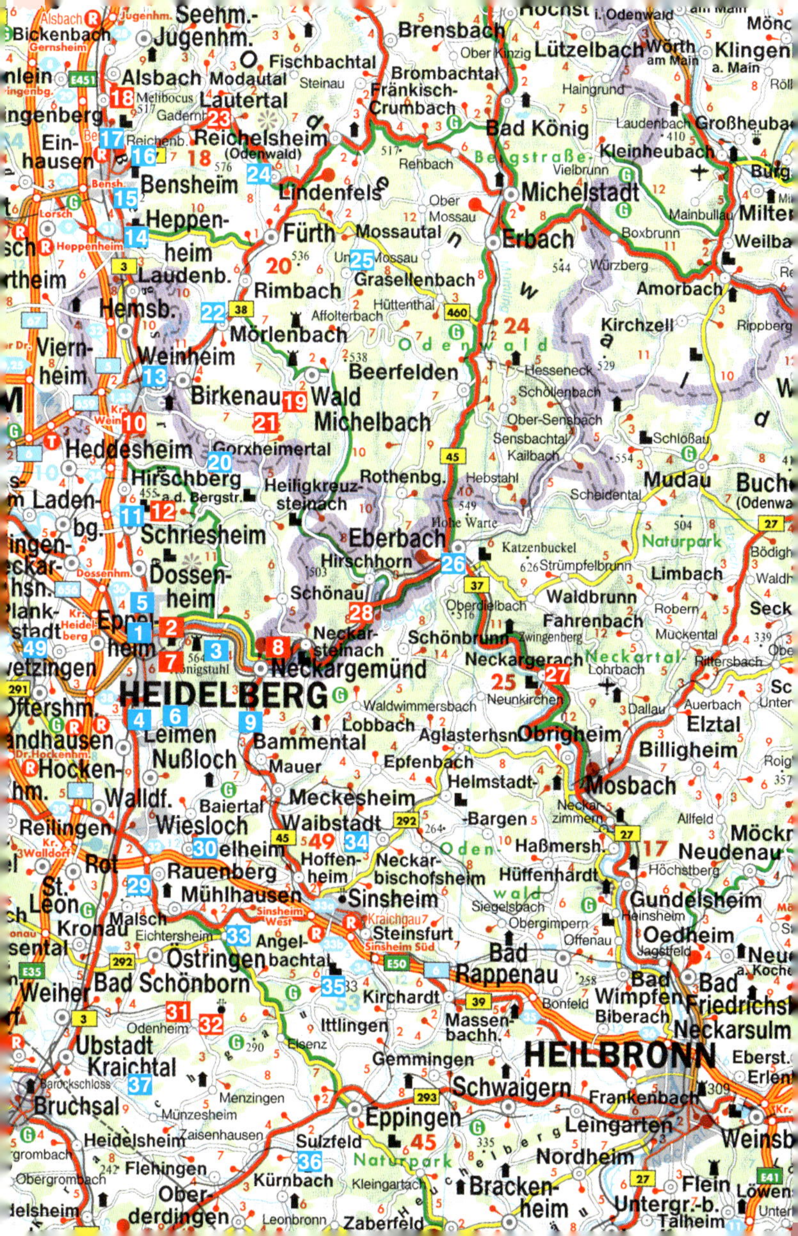

Alsbach
Jugenhm.
Seehm.-Jugenhm.
Bickenbach
Gernsheim
Brensbach
Ober Kinzig
Lützelbach
Wörth am Main
Klingenberg a. Main
Alsbach
Modautal
Fischbachtal
Steinau
Brombachtal
Fränkisch-Crumbach
Haingrund
Melibocus 517
Gadernheim
Lautertal
Bad König
Laudenbach
Großheubach
410
Ein-hausen
Reichenb.
Reichelsheim (Odenwald)
517
Rehbach
Bergstraße-
Vielbrunn
Kleinheubach
Bensheim
576
Lindenfels
Ober Mossau
Michelstadt
Mainbullau
Miltenberg
Lorsch
Heppen-heim
Fürth
Mossautal
Erbach
Boxbrunn
Weilbach
Heppenheim
536
Unter-Mossau
544
Würzberg
Laudenb.
Rimbach
Gras-Ellenbach
Amorbach
Hemsb.
Hüttenthal
Affolterbach
Odenwald
Kirchzell
Rippberg
Viern-heim
Mörlenbach
538
Weinheim
Beerfelden
Hesseneck
529
Birkenau
Wald Michelbach
Schöllenbach
Ober-Sensbach
Sensbachtal
Schloßau
Kailbach
554
Heddesheim
Gorxheimertal
Hirschberg a.d. Bergstr.
455
Heiligkreuz-steinach
Rothenbg.
Hebstahl
549
Mudau
Buchen (Odenwald)
Scheidental
Ladenburg
Hohe Warte
504
Schriesheim
Eberbach
Katzenbuckel
Naturpark
Bödigheim
Dossenheim
Dossen-heim
Hirschhorn
626
Strümpfelbrunn
Limbach
503
Schönau
Oberdielbach
516
Waldbrunn
Robern
Seckach
Eppel-heim
Heidelberg
Neckar-steinach
Schönbrunn
Zwingenberg
Fahrenbach
Muckental
339
Königstuhl
564
Neckargemünd
Neckargerach
Neckartal
Lohrbach
Rittersbach
Schwetzingen
Heidelberg
HEIDELBERG
Waldwimmersbach
Neunkirchen
Oftersheim
Lobbach
Dallau
Auerbach
Sandhausen
Leimen
Bammental
Aglasterhsn.
Obrigheim
Elztal
Dr. Hockenheim
Hocken-heim
Nußloch
Mauer
Epfenbach
Billigheim
Walldf.
Baiertal
Meckesheim
Helmstadt-
Mosbach
Neckar-zimmern
Reilingen
Wiesloch
Waibstadt
264
Bargen
Allfeld
Walldorf
Rot
Dielheim
Hoffen-heim
Neckar-bischofsheim
Haßmersh.
Neudenau
Möckmühl
St. Leon
Rauenberg
Odenwald
Hüffenhardt
Höchstberg
Malsch
Mühlhausen
Sinsheim
Sinsheim West
Kraichgau
Siegelsbach
Gundelsheim
Kronau
Eichtersheim
Angel-bachtal
Steinsfurt
Sinsheim Süd
Obergimpern
Heinsheim
Östringen
Bad Rappenau
Offenau
Oedheim
Jagstfeld
Weiher
Bad Schönborn
33
Kirchardt
258
Bad Wimpfen
Bad Friedrichshall
Bonfeld
Biberach
Odenheim
Ittlingen
Massen-bachh.
Neckarsulm
Ubstadt
Kraichtal
290
Elsenz
Gemmingen
HEILBRONN
Eberst.
Erlenbach
Barockschloss
Bruchsal
Menzingen
Schwaigern
Frankenbach
309
Münzesheim
Eppingen
Leingarten
Weinsberg
Heidelsheim
Zaisenhausen
Sulzfeld
335
Nordheim
grombach
242
Flehingen
Naturpark
Obergrombach
Kürnbach
Kleingartach
Bracken-heim
Flein
Löwenstein
Ober-derdingen
Leonbronn
Zaberfeld
Untergr.-b.
Talheim

Allgemeine Hinweise

Anforderungen

Fast alle Wanderungen verlaufen auf deutlich markierten, gut begehbaren Wanderwegen, Pfaden, Feld-, Forst- oder Weinbergswegen. In wenigen Fällen gibt es im Odenwald und in der Pfalz kurze steile und mitunter anstrengende Abschnitte. Im Tourensteckbrief wird darauf hingewiesen. Die Anforderungen, die eine Tour an die Wandernden stellt, werden durch zwei Farbmarkierungen kenntlich gemacht:

Leicht Wanderungen auf gut ausgebauten Wegen ohne steile Auf- und Abstiege. Abhängig von der Länge sind diese Strecken auch für Kinder geeignet.

Mittel Diese Touren sind eher für geübte Wanderer geeignet. Auf manchen Passagen ist Trittsicherheit erforderlich oder die Wanderung ist aufgrund ihrer Länge oder der extremen Höhendifferenz nur konditionsstarken Personen zu empfehlen.

Symbole

	mit Bahn/Bus erreichbar	P	eingerichteter Parkplatz
	Einkehrmöglichkeit unterwegs		Weg-/Gedenkkreuz, Bildstock
	für Kinder geeignet		Kirche, Kapelle
			Burg, Schloss, Ruine
	Ort mit Einkehrmöglichkeit		archäologische Stätte
	Einkehrmöglichkeit		Aussichtsturm
	Schutzhaus, Unterstand		Picknickplatz
	Bushaltestelle		Aussichtsplatz
	Bahnhof/-haltestelle		Quelle, Brunnen

Wanderkarten

Die sorgfältig erstellten Karten des Wanderführers sind für den allgemeinen Gebrauch ausreichend. Zur Gestaltung von Abweichungen oder Varianten können zusätzliche Karten sinnvoll sein. Bei jeder Tour wird im Kopfteil auf eine Wanderkarte – sofern vorhanden – hingewiesen, die vom Pietrukska Verlag, vom Landesamt für Geoinformation und Landentwicklung (LGL), vom Landesamt für Vermessung und Geobasisinformation Rheinland-Pfalz (LVermGeo) oder vom Geo-Naturpark Bergstraße-Odenwald (GNBO) erstellt wurde. Folgende Blätter kommen infrage:

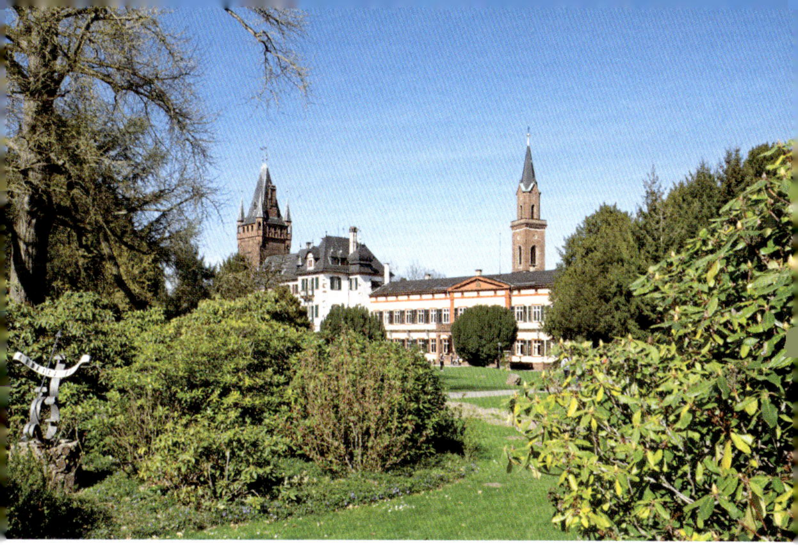

Schloss Weinheim (Touren 10 und 13).

- **Heidelberg und nähere Umgebung:**
  - Wanderkarte Heidelberg, Neckartal-Odenwald (GNBO Blatt 12,1:20.000)
  - Topographische Freizeitkarte Baden-Württemberg: Mannheim Heidelberg (LGL Blatt F513, 1:50.000)
- **Odenwald und Bergstraße:**
  - Wanderkarte Rodensteiner Land (GNBO Blatt 4, 1:20.000)
  - Wanderkarte Bergstraße-Odenwald (GNBO Blatt 5, 1:20.000)
  - Wanderkarte Bergstraße-Weschnitztal (GNBO Blatt 8,1:20.000)
  - Wanderkarte Der Überwald (GNBO Blatt 9, 1:20.000).
  - Wanderkarte Heidelberg, Neckartal-Odenwald (GNBO Blatt 12,1:20.000)
  - Wanderkarte Kleiner Odenwald, Kraichgau mit Brunnenregion (GNBO Blatt 17, 1:20.000)
  - Hessischer Odenwald Nord (Meki Landkarten GmbH, 1:30.000)
  - Hessischer Odenwald Süd (Meki Landkarten GmbH, 1:30.000)
- **Kraichgau:**
  - Wanderkarte Kleiner Odenwald, Kraichgau mit Brunnenregion (GNBO Blatt 17, 1:20.000)
  - Wanderkarte Sinsheim (LGL Blatt W211, 1:25.000)
  - Topographische Freizeitkarte Baden-Württemberg: Karlsruhe (LGL Blatt F516, 1:50.000)
  - Topographische Freizeitkarte Baden-Württemberg: Stromberg-Heuchelberg (LGL Blatt F517, 1:50.000)

- ■ **Pfalz:**
  - Edenkoben, Landau und Neustadt (Pietruska Verlag, 1:25.000)
  - Pfälzerwald 4, Blatt 43-548, Nördliche Weinstraße, (NaturNavi Verlag, 1:25.000).
  - Pfälzerwald 6, Blatt 43-546, Südliche Weinstraße, (NaturNavi Verlag, 1:25.000).
- ■ **Oberrhein:**
  - Topographische Freizeitkarte Baden-Württemberg: Mannheim Heidelberg (LGL Blatt F513, 1:50.000)
  - Topographische Freizeitkarte Baden-Württemberg: Karlsruhe (LGL Blatt F516, 1:50.000)

Markierungen und Wegweiser

Die meisten Wanderungen verlaufen größtenteils auf markierten Wegen, was in Text und Karte vermerkt ist. Achten Sie immer auf die angeführten Zeichen. Sollte auf markierter Strecke längere Zeit (mehr als 500 m) kein neues Zeichen zu sehen sein, könnte es ein Hinweis darauf sein, dass eine Abzweigung übersehen wurde.

Gut markierte Wanderwege bei Bensheim an der Bergstraße (Tour 16).

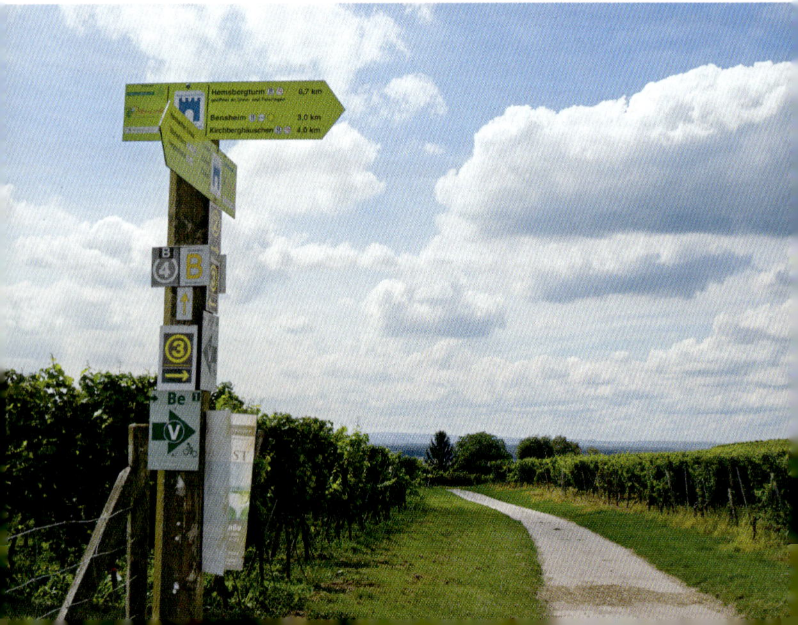

GPS-Tracks und Koordinaten der Ausgangspunkte

Zu diesem Wanderführer stehen auf www.rother.de GPS-Tracks und Koordinaten der Ausgangspunkte zum kostenlosen Download bereit.
2. Auflage, Passwort: **455302tsb**
Sämtliche GPS-Daten wurden vom Autor im Gelände erfasst. Verlag und Autor haben die Tracks und Wegpunkte nach bestem Wissen und Gewissen überprüft. Dennoch können wir Fehler oder Abweichungen nicht ausschließen, außerdem können sich die Gegebenheiten vor Ort zwischenzeitlich verändert haben. GPS-Daten sind zwar eine hervorragende Planungs- und Navigationshilfe, erfordern aber nach wie vor sorgfältige Vorbereitung, eigene Orientierungsfähigkeit sowie Sachverstand in der Beurteilung der jeweiligen (Gelände-)Situation. Man sollte sich für die Orientierung auch niemals ausschließlich auf GPS-Gerät und -Daten verlassen.

- **Odenwald, Bergstraße und Kraichgau:** Die 55 Hauptwanderwege (HW1 usw.) des Odenwaldklubs erkennt man an ihren unterschiedlichen farbigen Symbolen (Rauten, Dreiecke, Striche, Kreise usw.). Dabei zeigen blaue und rote Wegzeichen vorwiegend Nord-Süd-Verbindungen an, während gelbe und grüne Markierungen Ost-West-Wanderwege kennzeichnen. Kommunale Rundwege werden in einem oben offenen Kreis in weißer Farbe mit Ziffern und dem Anfangsbuchstaben des Ortes dargestellt. An Wanderparkplätzen beginnen oft Rundwege des Geo-Naturparks Bergstraße-Odenwald. Diese Wege sind mit gelber Ziffer in gelbem Kreis gekennzeichnet. Mancherorts findet man mit V markierte Verbindungswege. Daneben gibt es noch Symbole von Fern- oder Themenwanderwegen.
  Achtung, zum Zeitpunkt der Recherche wurden die weißen Markierungen der Ost-West-Wanderwege des Odenwaldklubs zwecks besserer Sichtbarkeit allmählich durch grüne ersetzt. Zum Teil sind daher noch die alten weißen, andernorts schon grüne Wegzeichen vorhanden.
- **Pfalz:** Die bekannteste Wanderregion im Südwesten Deutschlands verfügt über ein umfangreiches, vom Pfälzerwald-Verein (PWV) betreutes Wegenetz mit farbigen Markierungen und unterschiedlichen Symbolen (Kreuze, Rechtecke, Striche, Punkte, selten Dreiecke). Achtung bei den Wegzeichen mit zwei farbigen Balken: Im vorliegenden Buch ist stets die obere Farbe zuerst genannt, weiß-grün bedeutet also, dass der weiße Balken oben und der grüne unten ist. Weiße Punkte zeigen Verbindungsstrecken an. Überall an der Weinstraße begegnet man dem Symbol des Pfälzer Weinsteigs, einer Weintraube mit stilisiertem Hügel in Rot-Weiß, bei Zubringerwegen in Rot-Gelb. Meist ist die Markierung vor oder an einer Abzweigung angebracht, auf die in einigem Abstand ein Bestätigungszeichen folgt. Auch in der Pfalz gibt es eine Vielzahl von Fern- und Themenwanderwegen, die oft als Premium- oder Qualitätsweg zertifiziert sind.

Öffentliche Verkehrsmittel

Bei allen Wanderungen sind im einleitenden Steckbrief Informationen zur Anreise mit dem Öffentlichen Nahverkehr oder der Bahn angegeben. Fast den gesamten hier vorgestellten Bereich erschließt der Verkehrsverbund Rhein-Neckar (www.vrn.de). Lediglich im südlichen Teil des Kraichgaus ist der Karlsruher Verkehrsverbund (www.kvv.de) zuständig. Informationen über den ÖPNV in der Pfalz bietet die vom Verkehrsministerium und den beiden rheinland-pfälzischen Zweckverbänden Schienenpersonennahverkehr (SPNV-Nord, ZSPNV Süd) betriebene Website www.rolph.de. Hier gibt es umfassende Auskünfte zur Mobilität inklusive Ruftaxis, die nach vorheriger Anmeldung vom ÖPNV-Netz entfernte Ziele ansteuern.

Für Fahrten mit mehreren Personen sind die Ländertickets Baden-Württemberg-Ticket oder Rheinland-Pfalz-Ticket empfehlenswert. Mit dem ein Jahr gültigen Rhein-Neckar-Ticket ist die komplette Region länderübergreifend abgedeckt.

Zahnradbahn auf den Königstuhl in Heidelberg (Tour 7).

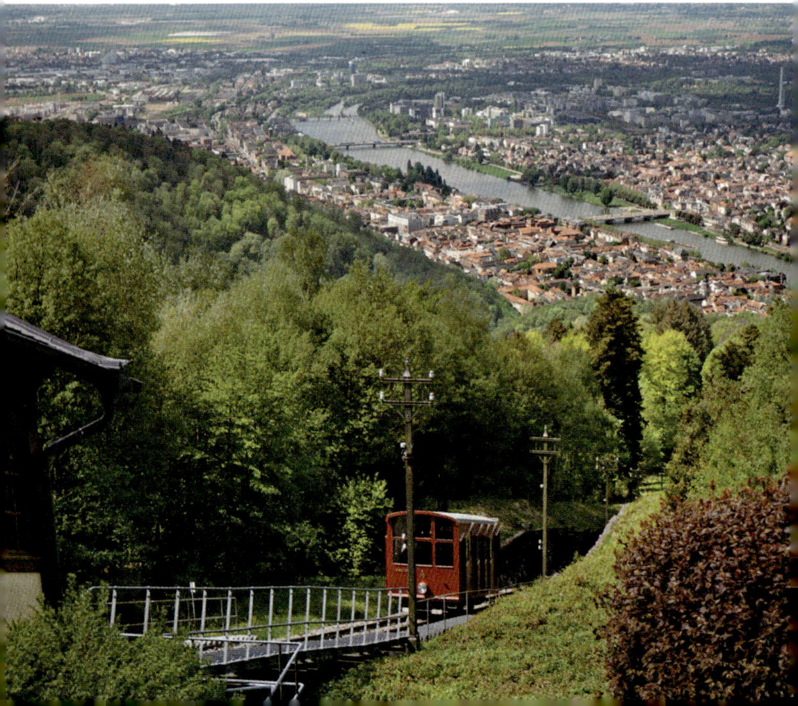

Top-Touren im Rhein-Neckar-Raum

Heidelbergs Klassiker: vom Philosophenweg zum Schloss

Zu den schönsten Sehenswürdigkeiten in Heidelberg und herrlichen Aussichtsplätzen über der Stadt (Tour 1, 3.00 Std.).

Über den historischen Dilsberg nach Neckarsteinach

Streckenwanderung durch das malerisch auf dem gleichnamigen Umlaufberg des Neckars gelegene Bergdorf Dilsberg mit der Vierburgenstadt gegenüber (Tour 8, 4.30 Std.).

Auf dem Blütenweg von Dossenheim nach Weinheim

Der Paradeweg in der Kurpfalz: durch Wald und Weinberge zu Burgen und lauschigen Bergstraßenorten (Tour 10, 5.30 Std.).

Auf »adligen Pfaden« von Auerbach zum Fürstenlager

Die Bergstraße von ihrer schönsten Seite und ein Landschaftspark zum Verlieben (Tour 17, 4.00 Std.).

Auf mystischen Höhen: Steinberg und Eichelberg

Über Höhen und Täler des Vorderen Odenwaldes zu mythischen Orten und geheimnisvollen, im Wald verborgenen Felsen (Tour 20, 3.45 Std.).

Auf dem Pfad der Flussgeschichte in Eberbach

Die Geschichte des Neckars, erläutert auf vielen Tafeln in wunderbarer Natur- und Kulturlandschaft (Tour 26, 5.00 Std.).

Hohl- und Panoramawege zwischen Zeutern und Odenheim

Typisch Kraichgau: Hohlwege in sanfter Hügellandschaft (Tour 31, 4.30 Std.).

Von Bad Dürkheim zum Bismarckturm

Römische und keltische Spuren zwischen Kiefern und »Keschden« (Tour 39, 5.00 Std.).

Von Sankt Martin zur Edenkobener Hütte

Zu einigen Höhepunkten der Pfalz rund um das malerische Weindorf Sankt Martin (Tour 46, 5.00 Std.).

Mannheims grüne Lunge: rund um die Reißinsel

Ruhige Altrhein-Idylle und ein herrlicher Rheinstrand mitten in der Großstadt (Tour 48, 3.00 Std.).

Informationen, Links und Adressen

- **www.kurpfalz-tourist.de** – umfangreiche Homepage der Touristikgemeinschaft Kurpfalz, auch mit Tipps zum Thema Wandern.
- **www.bergstrasse-odenwald.de** – Seite der Odenwald Tourismus GmbH mit umfangreichen thematischen und regionalen Infos und Links.
- **www.diebergstrasse.de** – vom Tourismus Service Bergstraße e. V. herausgegebene Seite mit Informationen zu Unterkünften, Veranstaltungen etc.
- **www.geo-naturpark.net** – interessante Aufführung aller Geopark-Pfade an der Bergstraße und im Odenwald.
- **www.nibelungenland.net** – viele Informationen für Freunde des Wanderns im Odenwald und an der Bergstraße.
- **www.odenwaldklub.de** – Homepage des Wandervereins.

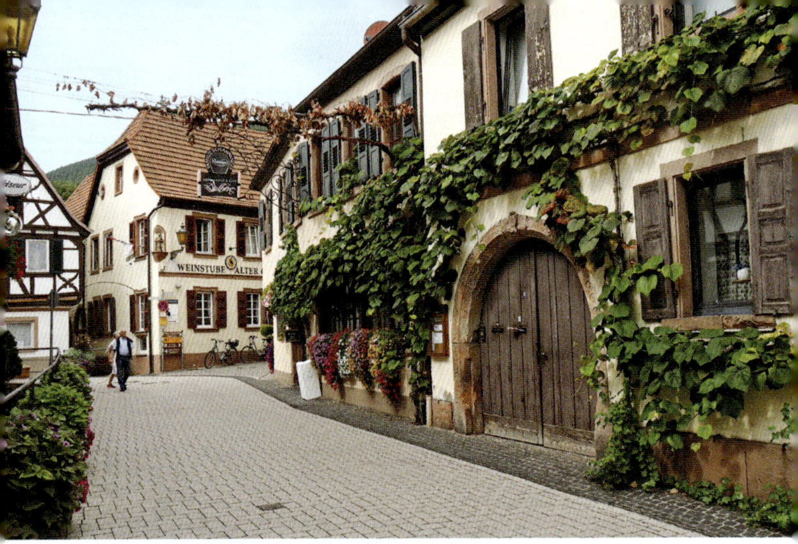

Das zauberhafte Sankt Martin am Rand des Pfälzerwaldes (Touren 45 und 46).

- **www.kraichgau-stromberg.com** – Zusammenstellung des gleichnamigen Tourismusverbands.
- **www.pfalz.de** – umfassende Informationen zu allen touristischen Themen in Rheinland-Pfalz inkl. Wandermagazin www.wandermenue-pfalz.de.
- **www.wanderportal-pfalz.de** – Portal mit allen Themen rund um das Wandern in der Pfalz, Vorstellung aller Pfälzer Fern- und Themenwege.
- **www.pwv.de** – Homepage des Pfälzerwald-Vereins.

Tourist-Informationen

- **Heidelberg:** Willy-Brandt-Platz 1 (am Hauptbahnhof), Tel. +49 6221 5844444, sowie am Neckarmünzplatz und am Marktplatz (im Rathaus), www.heidelberg-marketing.de, touristinfo@heidelberg-marketing.de
- **Mannheim:** Willy-Brandt-Platz 5 (am Hauptbahnhof), Tel. +49 621 2938700, www.visit-mannheim.de, touristinformation@mannheim.de.
- **Weinheim:** Marktplatz 1 (Altes Rathaus), Tel. +49 6201 82610, www.weinheim.de, tourismus@weinheim.de
- **Bensheim:** Hauptstraße 53, Tel. +49 6251 8696101, www.bensheim.de, touristinfo@bensheim.de
- **Neustadt an der Weinstraße:** Hetzelplatz 1, Tel. +49 6321 926892, www.neustadt.eu, touristinfo@neustadt.eu
- **Bad Dürkheim:** Kurbrunnenstraße 14, Tel. +49 6322 9354500, www.bad-duerkheim.com, info@bad-duerkheim.de

Einkehrmöglichkeiten

Fast jede Wanderung wurde mit Bedacht so ausgesucht, dass eine Einkehr möglich ist. Im Tourenkopf weist ein Symbol darauf hin; bei Gaststätten, Cafés und Restaurants gibt es geregelte Öffnungszeiten, die meist in der Kurzinfo angegeben sind. Bei Besenwirtschaften und Wanderhütten sollte man sich vorab nach den Öffnungszeiten erkundigen. Sie sind nicht immer einheitlich und bei Hütten oft vom ehrenamtlichen Engagement der Betreiber abhängig. Bei einigen Touren gibt es keine Möglichkeit zur Einkehr, hier wird auf Picknickplätze unterwegs hingewiesen.

Einkehr in Neckarsteinach (Tour 28).

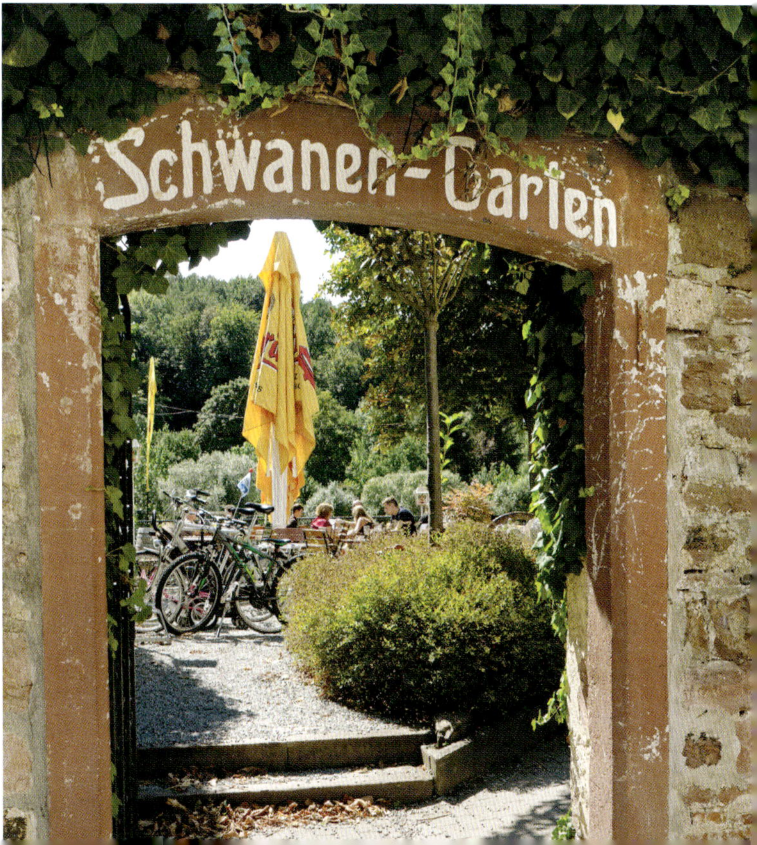

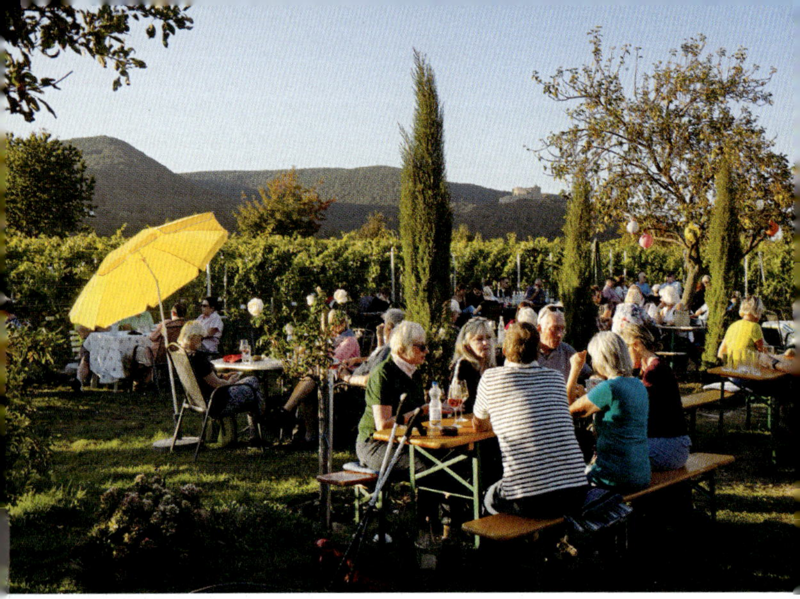

Weingenuss bei Maikammer an der Deutschen Weinstraße (Tour 44).

Beliebte Wein- und Heimatfeste

- **Pfalz:** Hier wird fast ganzjährig gefeiert. Die Liste ist daher nur eine Auswahl der bekanntesten Feste, die jährlich zum angegebenen Zeitpunkt stattfinden. Informationen zu allen Pfälzer Weinfesten findet man unter www.pfalz.de/app.

– Bad Dürkheim, Weindorf Dürkheimer Wurstmarkt, zweites und drittes Wochenende im September.
– Bad Dürkheim-Ungstein, Ungsteiner Weinsommer, drittes oder viertes Juli-Wochenende.
– Deidesheim, Weinkerwe, zweites und drittes Wochenende im August.
– Gleisweiler, Weinkerwe Wein & Kunst, erstes Wochenende im August.
– Gönnheim, Wein- und Kulturtage, erstes Wochenende im Juli.
– Herxheim am Berg, Wein- und Sektsymposium, Anfang Juli.
– Neustadt-Hambach, Schwarz-Rot-Gold, Anfang Juni.
– Niederkirchen, Fest um den Wein, viertes Wochenende im Juni.
– Rhodt unter Rietburg, Heimat- und Blütenfest, Pfingsten.
– Rhodt unter Rietburg, Weinfest mit neuem Wein, drittes Wochenende im September.
– Venningen, Venninger Weinfest, drittes Wochenende im Juli.
– Weyher, Weyherer Weinpanorama, erstes Wochenende im Mai.

Bergstraße und Odenwald:

- Bensheim, Bergsträßer Winzerfest, erstes und zweites Wochenende im September.
- Heppenheim, Wein- und Sektfest der Bergsträßer Winzer, letztes Wochenende im August.
- Heidelberg, Heidelberger Herbst, letzter Samstag im September.
- Heppenheim, Weinlagenwanderung Bergstraße, am 1. Mai zwischen Alsbach und Heppenheim.
- Heppenheim, Bergsträßer Weinmarkt, letztes Juni- bis erstes Juli-Wochenende.
- Schriesheim, Mathaisemarkt, erstes und zweites Wochenende im März.
- Zwingenberg, Zwingenberger Weinfest, Pfingsten.

Kraichgau:

- Angelbachtal, Pfingstmarkt, Pfingsten.
- Wiesloch, Kurpfälzisches Winzerfest, Ende August.

Weinwandern bei Odenheim im Kraichgau (Tour 32).

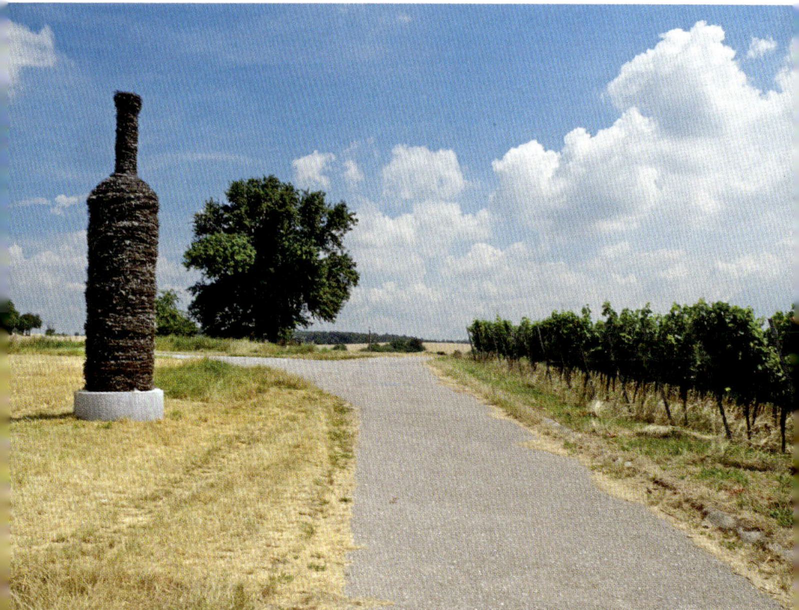

Der Umwelt zuliebe ...

Auch als Wanderer hinterlassen wir einen ökologischen Fußabdruck, aber im Einklang mit der Natur unterwegs zu sein, ist gar nicht so schwer!

VORBEREITUNG UND ANFAHRT

- Sich vorab informieren, worauf in Bezug auf Natur und Umwelt in der jeweiligen Wanderregion besonders zu achten ist.
- Soweit möglich mit Bus und Bahn anreisen, Wander- und Rufbusse nutzen.
- Ist eine Anfahrt mit dem Auto nötig, Fahrgemeinschaften bilden.
- Bei weiten Anfahrten Mehrtagestouren planen oder von einem Quartier vor Ort aus mehrere Touren absolvieren.
- Flugreisen möglichst reduzieren und durch Beiträge zu Klimaschutzprojekten kompensieren.

KLEIDUNG UND AUSRÜSTUNG

- Beim Kauf von Outdoor-Kleidung auf umweltfreundliche und faire Herstellung achten und Kleidungsstücke möglichst viele Jahre nutzen.
- Ausrüstung kann man eventuell auch gebraucht kaufen oder ausleihen.
- Reparieren statt neu kaufen.

VERPFLEGUNG

- Beim Einkauf Bio-Ware, regionale und saisonale Erzeugnisse bevorzugen.
- Hütten und Gasthäuser auswählen, die regionale Produkte verwenden.
- Auf Einwegflaschen und Plastikverpackungen verzichten, stattdessen wiederverwendbare Trinkflaschen und Brotzeitboxen verwenden.

ÜBERNACHTUNG

- Bei lokalen Anbietern buchen, damit Menschen vor Ort profitieren.
- Auf Hütten und in anderen Unterkünften Strom und Wasser sparen.

UNTERWEGS

- Wege benutzen und Abkürzer vermeiden.
- Sperrungen von Wegen und Schutzgebieten respektieren.
- Keine Blumen pflücken und keine Pflanzen entnehmen.
- Waldbrandgefahr beachten.
- Müll wieder mit nach Hause nehmen und dort entsorgen.
- Toilettengänge in freier Natur möglichst vermeiden.
- Lärm vermeiden.
- Hunde an die Leine nehmen.

Das Wandergebiet

Geologie und Geografie der Rhein-Neckar-Region

Drei Bundesländer treffen sich im Herzen der 2005 gegründeten europäischen Metropolregion Rhein-Neckar. Im Verdichtungsraum am Oberrhein beraten und entscheiden Baden-Württemberg, Rheinland-Pfalz und Hessen gemeinsam über den Kultur-, Wirtschafts- und Naturraum rund um Rhein und Neckar. Mit 2,3 Mio. Einwohnern zählt die Metropolregion zu den großen Wirtschaftsräumen Deutschlands. Das Gebiet umfasst 5640 Quadratkilometer und ist weitgehend identisch mit der historischen Kurpfalz. Von Bensheim und Worms im Norden bis zum Elsass im Süden, von der Haardt im Westen bis zum Bauland östlich des Odenwaldes erstreckt sich die Region. In den drei Großstädten Mannheim, Ludwigshafen und Heidelberg sind bedeutende Unternehmen aus den Branchen Chemie, Pharma und Maschinenbau angesiedelt. Die Hochschulen in Heidelberg und Mannheim genießen Weltruf in Medizin und Wirtschaft. Romanische Dome in Speyer und Worms, Schlösser in Schwetzingen und Heidelberg, romantische Kleinstädte wie Heppenheim, Bensheim oder Neustadt an der Weinstraße laden zur Besichtigung ein.

Wollsackverwitterte Blöcke aus Granodiorit auf dem Steinberg (Tour 20).

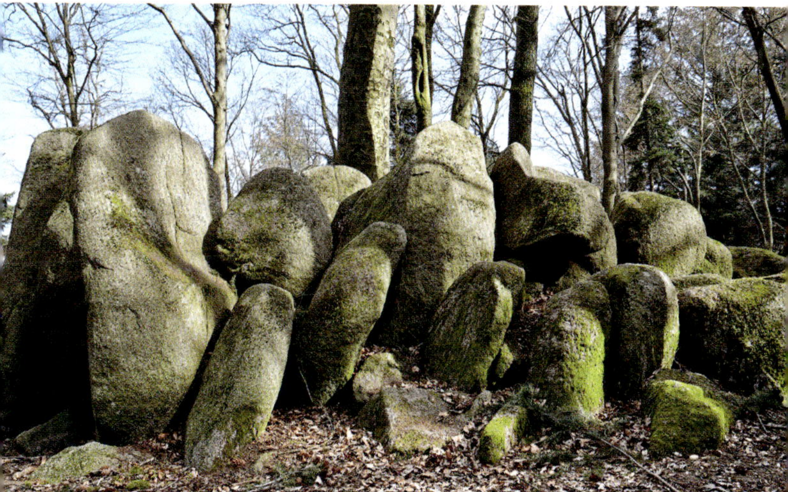

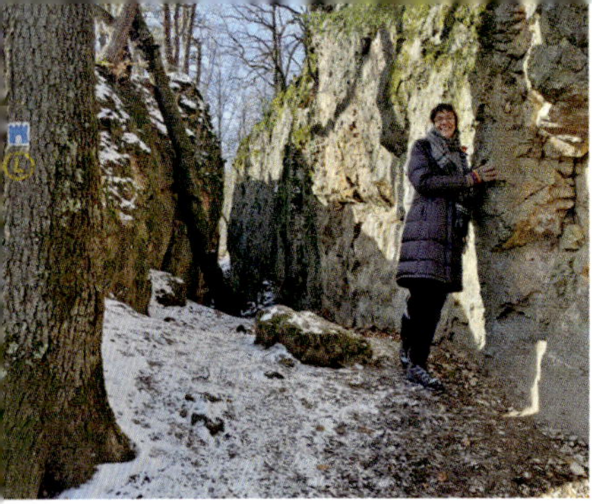

Spatschlucht bei Schriesheim (Tour 11).

Die unterschiedlichen Großlandschaften sorgen für naturräumliche Vielfalt. Die steil abfallenden Rebhänge der Haardt, alte Rheinarme im Oberrheingraben, die sonnenverwöhnte Bergstraße, der urige, sagenumwobene Odenwald, die malerischen Mäander des Neckartals und Ritterburgen auf den Lösshügeln des Kraichgaus bilden zauberhafte Kulissen für Wanderungen und Ausflüge.

Die Entstehung dieser unterschiedlichen Landschaften begann im Erdaltertum. Durch die Kollision zweier Urkontinente und gewaltige Kräfte im Erdinnern bildete sich vor ca. 350 Mio. Jahren ein Gebirgsmassiv (Variszisches Gebirge), dessen Reste im Schwarzwald, Odenwald und Rheinischen Schiefergebirge heute noch als sogenanntes Grundgebirge aus Granit, Gneis und Schiefer an der Oberfläche vorhanden sind. Im nachfolgenden Erdmittelalter fanden Wechsel zwischen aridem und humidem Klima statt. Marine Sedimente von Meeresvorschüben wechselten sich ab mit Fluss- und Seeablagerungen. Die komplexen Prozesse aus Abtragung und Sedimentation von Buntsandstein, Muschelkalk und Keuper, einhergehend mit vulkanischen Prozessen im Perm, gestalteten die heutige Erdoberfläche, die im Tertiär und Quartär ihren letzten Schliff bekam. Der vor ca. 50 Mio. Jahren einsetzende Einbruch des Oberrheingrabens führte zur Entstehung der westlichen und östlichen Randgebirge. Der rund 300 km lange Grabenbruch ist Teil einer Störungszone im Erdmantel, die vom Rhonegraben bis Norwegen verläuft. Im Zusammenhang mit der Auffaltung der Alpen im Tertiär senkte sich der Oberrheingraben mit einer Breite von etwa 30 bis 40 km zwischen Basel und Taunus längs von älteren Schwächezonen ein. Gleichzeitig hoben sich die westlichen und östlichen Gra-

Die Rennweghohle bei Zeutern (Tour 31).

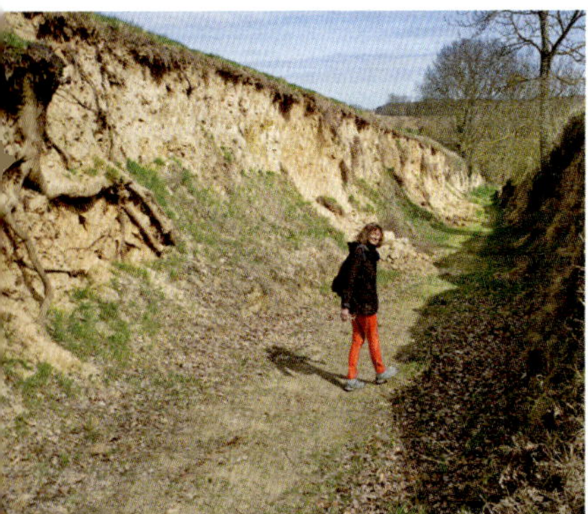

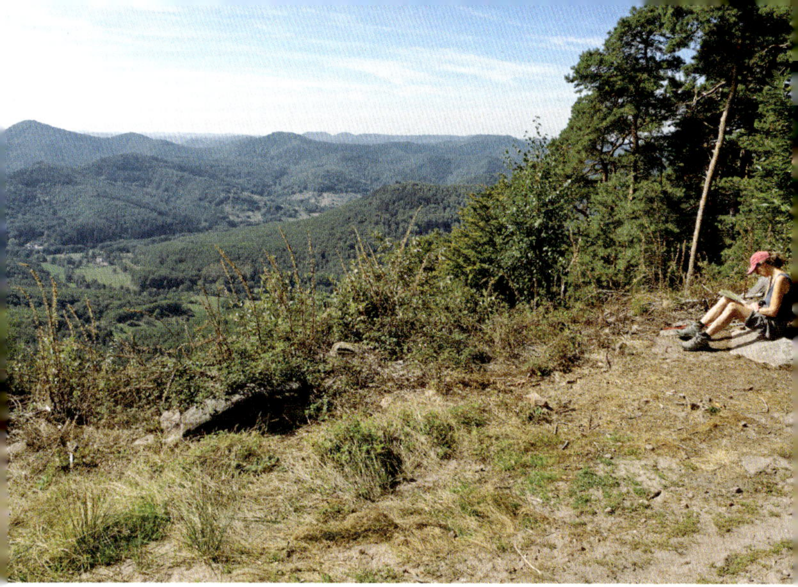

Rast am Orensberg im Pfälzerwald (Tour 47).

benränder schollenartig mehrere Hundert Meter empor und gestalteten die heutigen flankierenden Mittelgebirge Schwarzwald und Vogesen im Süden sowie Odenwald und Pfälzer Bergland im Norden. Zeitgleich mit der Anhebung erfolgte die Abtragung der mesozoischen Deckschichten in unterschiedlicher Stärke.

Während im Westen in der Pfalz fast ausschließlich Buntsandstein die Landschaft bestimmt, finden wir dieses Gestein auf der gegenüberliegenden Rheinseite nur im Hinteren und südlichen Odenwald. An der Bergstraße prägen zwischen Schriesheim und Darmstadt kristalline Tiefengesteine die Landschaftsformen. Durch die stärkere Heraushebung waren hier die Abtragungskräfte größer, sodass von den erdmittelalterlichen Schichten nichts mehr vorhanden ist. Durch seine tiefere Lage hebt sich der Kraichgau von den umgebenden Mittelgebirgen ab. Hier finden wir vor allem Muschelkalk und Keuper als Ausgangssubstrat der Bodenbildung. Charakteristisch für die Grabenränder und weite Teile des Kraichgaus ist die landschaftsgestaltende Überformung mit Löss. Das in den Eiszeiten aus dem Rheintal ausgewehte feinsandige und kalkhaltige Substrat bildet die Grundlage für fruchtbare Böden, die Ackerbau und Weinanbau begünstigen. Intensiven landwirtschaftlichen Anbau, der mit zunehmender Höhe in Rebfluren übergeht, findet man daher auf beiden Seiten des Rheins.

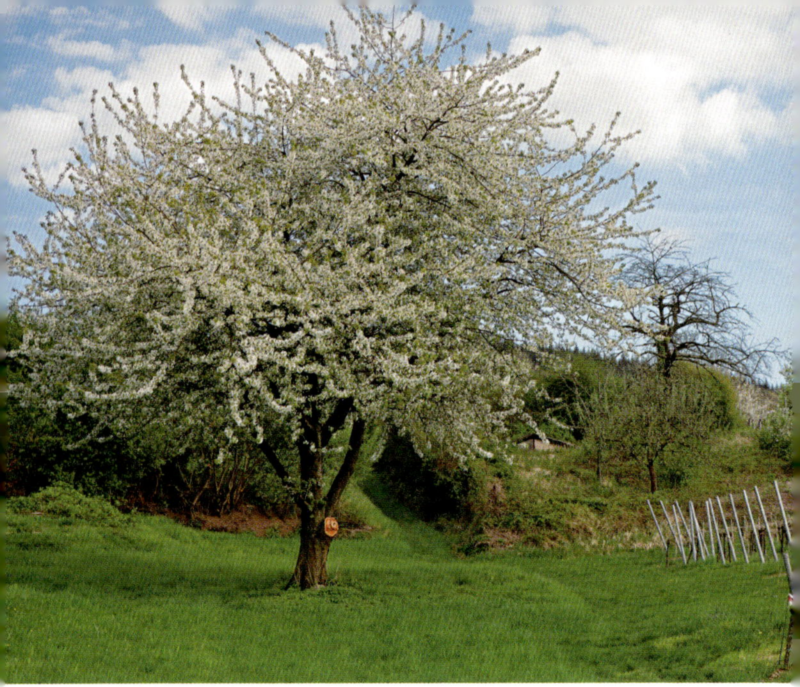

Am Blütenweg (Touren 4, 5, 10, 11, 15 und 18).

Klima

Der Oberrheingraben gilt klimatisch als wärmste Region Deutschlands. Jährliche Durchschnittstemperaturen von 11°C oder mehr sind für viele Orte keine Seltenheit. Ursache sind vorwiegend Südwestwetterlagen, die warme Luftmassen mit sich bringen. Dank des Schutzes durch die umgebenden Mittelgebirge des Pfälzerwaldes und des Odenwaldes hält der Frühling hier mehrere Wochen früher Einzug als in anderen Regionen Mitteleuropas.

Kein Wunder also, dass am beliebten Philosophenweg in Heidelberg Palmen und Zitronen gedeihen. Am wenigsten Niederschlag verzeichnet der Haardtrand, wo im Regenschatten des Pfälzerwaldes neben Wein auch Feigen, Esskastanien und mediterrane Pflanzen beheimatet sind. Die Bergstraße auf gegenüberliegender Seite verzeichnet durch Steigungsregen geringfügig mehr Niederschlag, der mit den Höhen des Odenwaldes deutlich zunimmt. Neben warmen bis schwül-heißen Sommern ist der Winter in der Ebene meist frost- und schneearm. Beste Voraussetzungen für ein fast ganzjähriges Wandervergnügen.

Geschichte der »Kurpfalz«

Zwischen Pfalz und Odenwald, Leiningerland im Norden und Wasgau im Süden gelegen deckt sich das Gebiet der historischen Kurpfalz ungefähr mit dem hier vorgestellten Wandergebiet. Der älteste bekannte Kurpfälzer war der Homo Heidelbergensis, ein Vorfahr des modernen Menschen, dessen ca. 600.000 Jahre alter Unterkiefer in einem Dorf in der Nähe von Heidelberg gefunden wurde. Jahrtausende nach seinem Erscheinen, nach der letzten Eiszeit, wurden aus nomadisierenden Jägern und Sammlern allmählich sesshafte Ackerbauern, wie jungsteinzeitliche Funde der Bandkeramik-Kultur an der Bergstraße, im Odenwald und in der Pfalz zeigen. Ringwallsysteme am Donnersberg und auf dem Heiligenberg bei Heidelberg deuten auf keltische Siedler hin, die den römischen Eroberern kurz vor der Zeitenwende jedoch kaum Widerstand leisteten.

Rund um die Garnisonsstädte Speyer und Worms errichten die Römer Kastelle und Gutshöfe, die durch Heer- und Handelsstraßen miteinander verbunden waren. Das ehemals keltische Ladenburg entwickelt sich unter Kaiser Trajan ca. 100 n. Chr. zur ersten blühenden Stadt auf der rechten Rheinseite. Bis in den Hinteren Odenwald, wo der Obergermanisch-Raetische Limes zwischen Wörth und Bad Wimpfen verläuft, konnten die Römer ihr Territorium ausdehnen. Noch heute findet man im Felsenmeer bei Lindenfels im Odenwald Spuren römischer Steinmetze (siehe Wanderung 23). Im 3. Jahrhundert überrannten westgermanische Alemannen die Region und drängten die Römer zurück bis zur Rheinlinie.

Reste des römischen Gutshofs bei Neckargemünd (Tour 9).

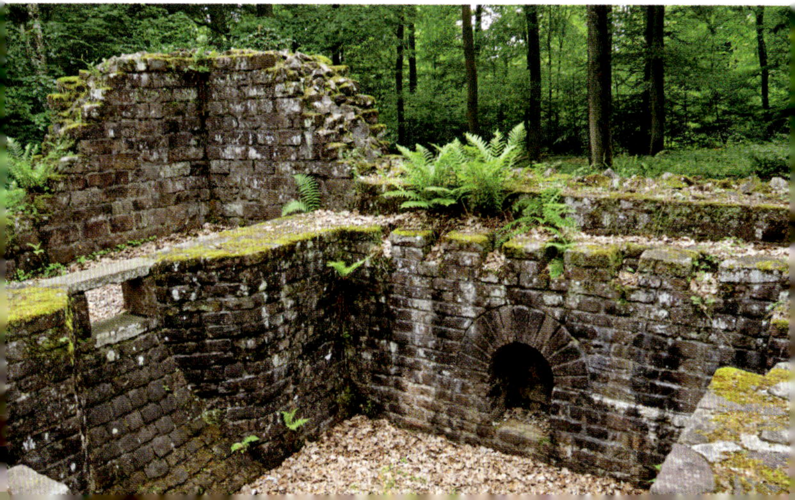

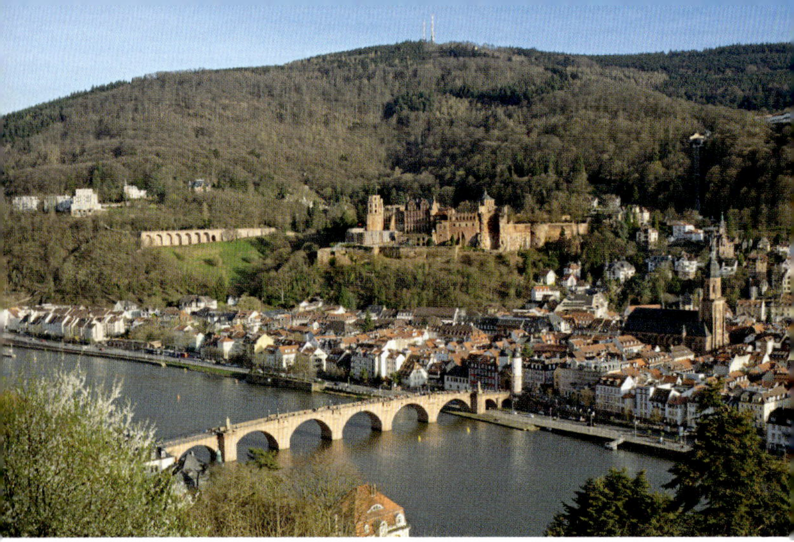

Heidelberg am Neckar mit Alter Brücke und Schloss (Touren 1 und 2).

Nach der Regierungszeit der ostgermanischen Burgunder, die in Worms mit der Nibelungensage in die Geschichtsbücher eingingen, eroberten nach der römischen Epoche fränkische Stämme das Gebiet. Mit dem Merowinger-König Chlodwig begann um 500 die Christianisierung, die mit der Gründung bedeutender Klöster wie Lorsch, Fulda und Mainz einherging. Mithilfe regionaler Territorialfürsten sorgten diese für die Kolonialisierung des Hinterlandes und die Stärkung des Königshauses. Zahlreiche Schlösser und Burgen an der Bergstraße, im Odenwald und in der Pfalz wurden in dieser Epoche zum Schutz der jeweiligen Herrschaftsgebiete errichtet, deren Fürsten und Vögte sich oft den Fehdehandschuh zuwarfen und gegeneinander zu Felde zogen. Unter den Königsgeschlechtern der Salier (1024–1125) und Staufer (1125–1254) arrondierten sich allmählich die pfalzgräflichen Besitzungen, was zu einem stabilen Machtgefüge an Rhein und Neckar führte. Im 13. Jh. wurden die bayerischen Wittelsbacher mit der Pfalzgrafenwürde belehnt, sie behielten bis zum Zerfall des Heiligen Römischen Reiches im Jahr 1806 das Zepter in der Hand. Heidelberg wurde zur kurpfälzischen Residenzstadt ausgebaut und der Pfalzgraf Ruprecht I. gründete 1386 die erste Universität auf deutschem Boden. Unter ihm und seinen Nachfolgern entwickelte sich die Kurpfalz politisch und wirtschaftlich vorteilhaft und erlangte großes Ansehen innerhalb des Reiches. Anfang des 16. Jh. breitete sich das Gedankengut der Reformation aus, das schon früh von den Kurpfälzer Regenten übernommen wurde.

Zur selben Zeit (1525) erhoben sich in Odenwald und Kraichgau die Bauern gegen Klerus und Adel und kämpften gegen Ausbeutung und Unterdrückung. Schlecht organisiert und bewaffnet, wie sie waren, nahmen ihre Aufstände jedoch ein blutiges Ende. Ein Jahrhundert später entvölkerte der Dreißigjährige Krieg (1618–1648), an dessen Ausbruch das Kurpfälzer Fürstenhaus nicht unerheblich beteiligt war, weite Teile der Region. Wer nicht den Kriegshandlungen zum Opfer fiel, den vernichtete die Pest. Kaum hatten sich die katholischen und protestantischen Widersacher geeinigt, tobte erneut ein verheerender Krieg rund um den Oberrhein. Infolge der Vermählung von Liselotte von der Pfalz mit dem Bruder des Sonnenkönigs Ludwig XIV. im Jahr 1671 erhob dieser Ansprüche auf die Kurpfalz. Im Machtkampf zwischen Frankreich und dem Hause Habsburg verwüsteten im Pfälzer Erbfolgekrieg von 1689 bis 1693 französische Truppen unter General Mélac gnadenlos die Kurpfalz und setzten sich dabei ein Denkmal in der heute bekanntesten Ruine Deutschlands, dem Heidelberger Schloss.
Nach teilweisem Wiederaufbau kam es zwischen dem katholischen Kurfürsten Carl Philipp und den Heidelberger Reformierten zu heftigen Streitigkeiten um eine zukünftige Residenzkirche. Der Kurfürst machte seine Drohung wahr, verlegte die Residenz 1720 nach Mannheim und errichtet dort ein repräsentatives absolutistisches Barockschloss nach Versailler Vorbild. Ein ebenso prächtiges Lustschloss in Schwetzingen ergänzte die Darstellung kurpfälzischer Macht und Herrlichkeit. Doch knapp 100 Jahre später, nach den Napoleonischen Kriegen, war es damit schon wieder vorbei. Im Reichsdeputationshauptschluss 1803 wurde die Kurpfalz unter den Kurfürsten von Baden und den Landgrafen von Hessen-Darmstadt aufgeteilt. Das linksrheinische Gebiet wurde erst französisch und ging nach dem Wiener Kongress 1815 an das Königreich Bayern über, dessen Regenten jedoch in der Pfalz weniger willkommen waren. Aus Unmut über die autoritären bayerischen Herrscher und unter dem Einfluss der Französischen Revolution entwickelt sich eine Demokratiebewegung, die in der Pfalz im Hambacher Fest 1832 ihren Höhepunkt fand. Wanderung 44 führt zu den Spuren der damaligen Ereignisse auf dem Hambacher Schloss.
Auf der anderen Rheinseite boten badische Revolutionäre 1848/49 unter Friedrich Hecker und Carl Schurz den Preußen die Stirn (siehe Wanderung 33). Erst 1918 aber kamen die Ideen dieser Bewegungen zum Tragen und besiegelten das Ende der Monarchie in Deutschland. Nach der Neuordnung infolge des Zweiten Weltkrieges gingen die linksrheinischen Teile der ehemaligen Kurpfalz an das neu gegründete Rheinland-Pfalz. Auf der rechten Rheinseite übernahmen Baden-Württemberg und Hessen Reste des ehemaligen kurpfälzischen Territoriums, das in den Köpfen seiner badischen und pfälzischen Bewohner bis heute fortlebt.

Nachfolgende Doppelseite: Blick von Maikammer auf das Hambacher Schloss (Tour 44).

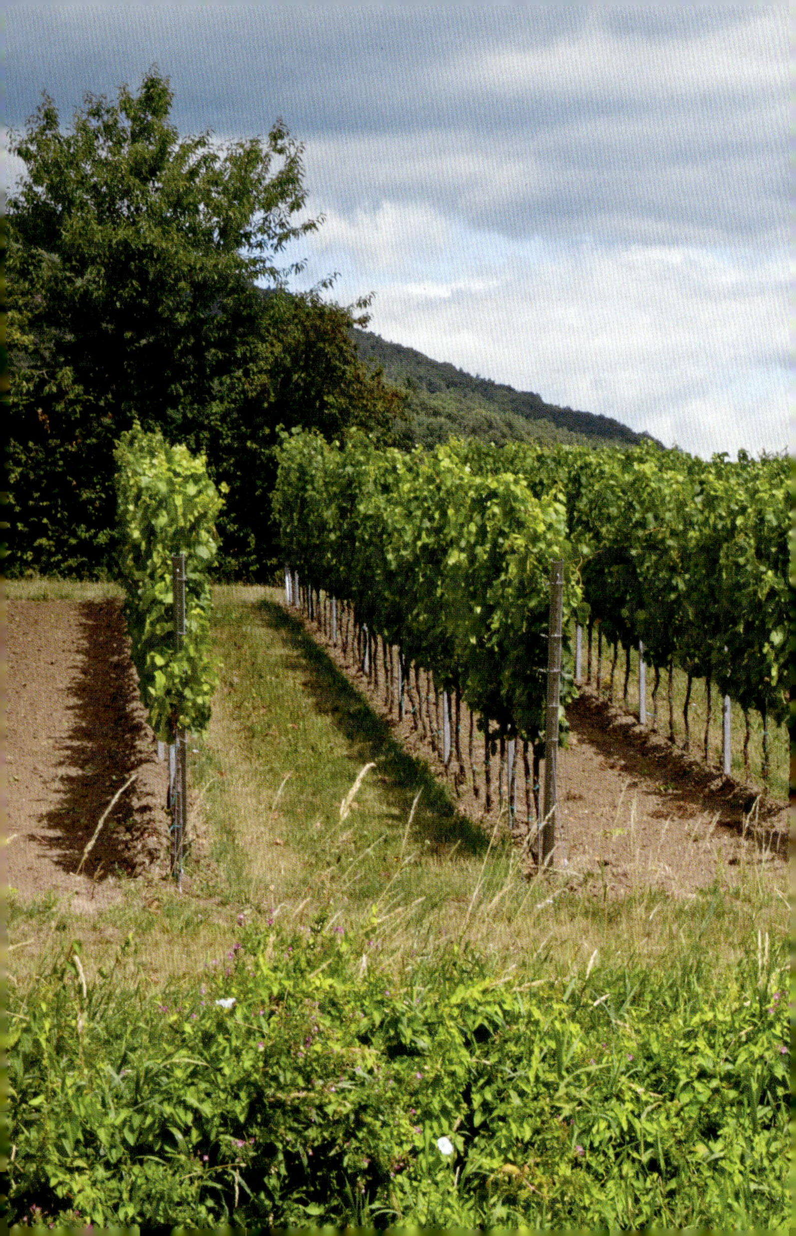

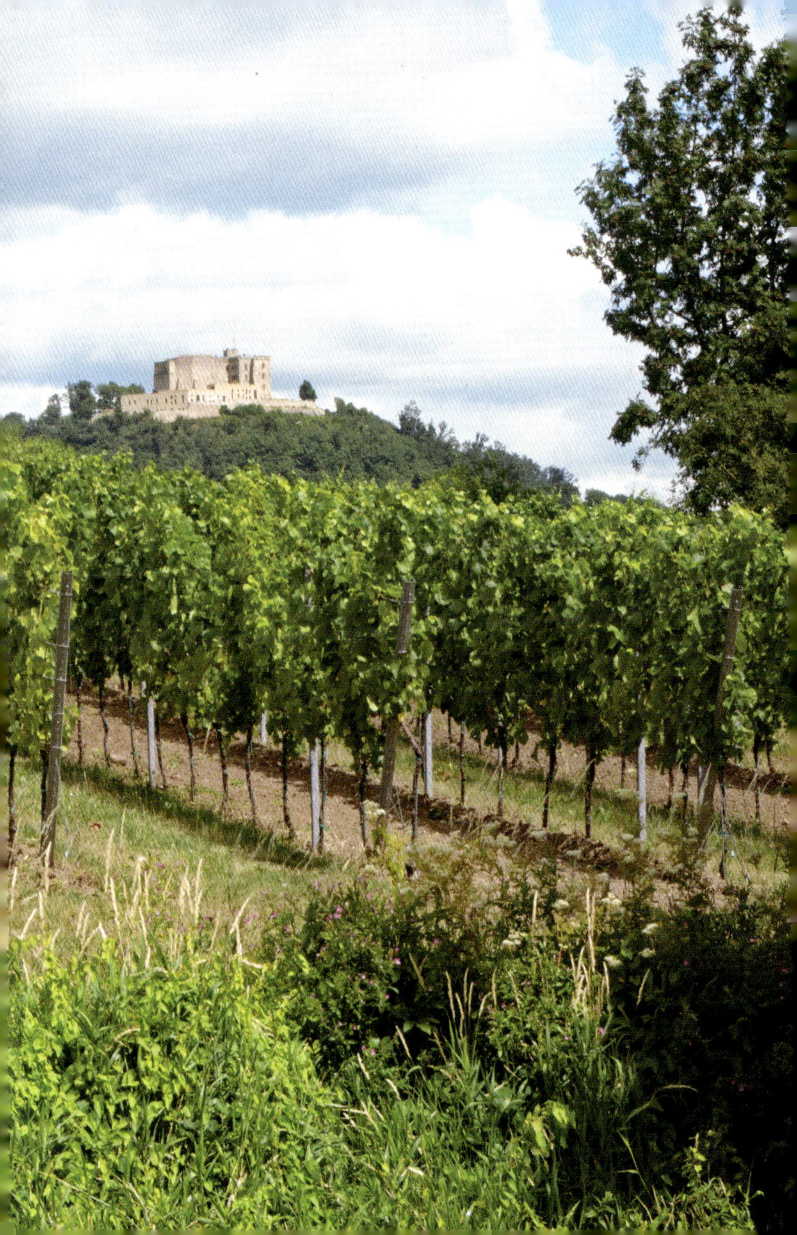

Heidelberg und der Kleine Odenwald

Fast könnte man sagen, den »Mythenstatus« verdankt die Stadt Heidelberg ihrer brutalen Zerstörung durch französische Truppen im Pfälzer Erbfolgekrieg 1693. Als Sinnbild der Verwüstung lockt die bekannte Schlossruine oberhalb der wiederaufgebauten barocken Altstadt jährlich bis zu 4 Mio. Touristen aus aller Welt an. Um 1200 tauchte der Name »Heidelberch« erstmalig in einer alten Handschrift auf. Vermutlich um 1220 wurde die Stadt in rechtwinkligem Grundriss um den Marktplatz herum errichtet und später von einer Mauer umgeben. Nach Gründung der ersten Universität in Deutschland 1386 entwickelte sich Heidelberg zu einem Zentrum des geistigen Lebens der Renaissance und Neuzeit. Seine heutige Gestalt erhielt Heidelberg nach dem Wiederaufbau um 1700. Der Herkulesbrunnen vor dem Rathaus setzt dieser enormen Leistung ein Denkmal.
Berühmt wurde die Stadt am Neckar erst 100 Jahre später. Zu Beginn des 19. Jh. begannen Dichter und Schriftsteller von ihrem Zauber zu schwärmen und begründeten so das Zentrum der deutschen Romantik. Joseph Victor von Scheffel schrieb 1852 in einem Gedicht: »Alt Heidelberg du feine, du Stadt an Ehren reich, am Neckar und am Rheine, kein' andre kommt dir gleich.« Mark Twain verliebte sich auf seiner Europareise in die Stadt und blieb gleich drei Monate lang. Detailliert und mit einem Hauch feiner Ironie berichtet er in seinem 1880 erschienenen »Bummel durch Europa« vom Heidelberger Studentenleben.
Damals wie heute zieht die Stadt zahlreiche Besucher in ihren Bann. Allein ihre Lage am Ausgang des Neckartals, zwischen dem seit Jahrtausenden besiedelten Heiligenberg (439 m) zur Rechten und dem erhabenen Königstuhl (568 m) zur Linken, könnte kaum malerischer sein. Dazwischen überspannt die 230 Jahre alte, aus Sandstein errichtete Alte Brücke (Karl-Theodor-Brücke) in neun Gewölben den Fluss, an ihrem Ende geht es durch ein mittelalterliches Brückentor in die Tag und Nacht belebte Altstadt. Am Kreuzungspunkt zweier wichtiger Verkehrsachsen gelegen, sorgte die Brücke jahrhundertelang für gute Einnahmen. Jeder Händler, der von Norden oder Osten kommend in die Stadt wollte, musste hier seinen Brückenzoll entrichten. Am eindrucksvollsten sind Fluss, Brücke und Altstadt vom gegenüberliegenden Philosophenweg anzusehen, einer Art Balkon am Hang des Heiligenbergs, der insbesondere im Frühling Gäste und Einheimische anlockt (Wanderungen 1 und 2). Ein imposantes Schauspiel bietet sich vor allem in den Abendstunden, wenn die untergehende Sonne den roten Sandstein des gigantischen Schlosses am Hang des Königstuhls aufleuchten lässt. Oberhalb des romantischen Weges findet man auf dem Heiligenberg eine Fülle von Sehenswürdigkeiten. Mauerreste von zwei Klosterruinen, die Hügel einer keltischen Fluchtburg und die Thingstätte, ein kolossales Freilufttheater aus dem Dritten Reich, können am Rand herrlicher Wanderwege durch

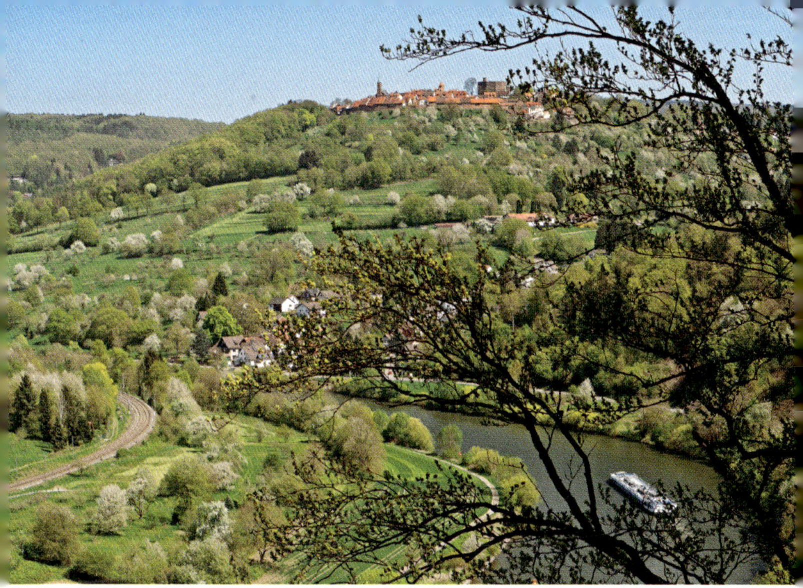

Blick auf den Dilsberg (Tour 8).

bunten Mischwald besichtigt werden. Ein luftiges Gartenlokal bereichert das geschichtsträchtige Ensemble. Nicht weniger attraktiv zeigt sich der Königstuhl auf der anderen Neckarseite. Eine historische, über 100 Jahre alte Bergbahn führt auf ihrem zweiten Abschnitt zum Wanderparadies Königstuhl, wo herrliche Blicke auf die Rheinebene und ein Netz gut markierter Wanderwege auf den Besucher warten (Wanderungen 4, 6 und 7). Wer fit ist, kann den Königstuhl auch auf der Himmelsleiter erklimmen. Über 1200 Stufen und Steinplatten überwindet der Treppenweg die 270 Hm vom Schloss bis zum Gipfel.

Doch nicht nur an den ausgetretenen Pfaden, sondern auch am Rande weniger bekannter Routen in den gemütlichen Ortsteilen Neuenheim, Handschuhsheim oder Rohrbach bieten sich nette, lauschige Plätze und originelle Lokale. Der malerische Blütenweg führt nach der Stadtgrenze in ständigem Auf und Ab durch herrlichen Laubwald und eine vielfältige Kleingartenlandschaft in nördlicher Richtung zum nahen Bergstraßenort Dossenheim. Der informative Erlebniswanderweg »Wein und Kultur« verläuft durch die Weinberge zwischen Rohrbach und dem benachbarten Leimen. Südlich des Neckars, zwischen Heidelberg und Eberbach, bieten die sanften, meist bewaldeten Hügel des Kleinen Odenwaldes gute Bedingungen für gemütliche Touren (Wanderungen 6, 8 und 9).

TOP 1

Heidelbergs Klassiker: vom Philosophenweg zum Schloss

3.00 Std.

Rundweg zu den schönsten Sehenswürdigkeiten Heidelbergs

Ein Überblick über die attraktivsten Motive Heidelbergs bietet sich von den Hügeln rechts und links des Neckars. Die Tour führt vom romantischen Philosophenweg über die Alte Brücke zum Schloss und schließlich zu historischen Bauwerken der Altstadt. Auf wenigen Kilometern erfährt man die Anmut der malerischen Stadt, die vor allem durch ihre Lage zwischen den bewaldeten Odenwald-Hügeln begründet ist. Getrennt durch das silberne Band des Neckars, verbunden durch die sandsteinerne alte Bogenbrücke.

Ausgangspunkt: Bismarckplatz in Heidelberg. Erreichbar vom Hbf. HD mit Straßenbahn Linie 21 oder Bus 32, 33, 34. Parkhaus Darmstädter Hof am Bismarckplatz.
Höhenunterschied: 330 m.
Anforderungen: Zwei kurze, steile Anstiege zum Philosophenweg und zum Schloss sind zu bewältigen. Ansonsten gemütliche Tour auf angenehmen Wegen.
Markierung: Keine.
Einkehr: Gastronomie in Heidelberg.
Karte: Wanderkarte Heidelberg Neckartal-Odenwald (GNBO Blatt 12, 1:20.000). Hessischer Odenwald Süd (Meki Landkarten GmbH, 1:30.000).

Los geht's im Zentrum von **Heidelberg** am **Bismarckplatz (1)**. Über die Theodor-Heuss-Brücke spazieren wir auf die gegenüberliegende Neckarseite und verlängern in die Brückenstraße. Nach der zweiten Querstraße biegen wir rechts ab und folgen der Beschilderung zum Philosophenweg.

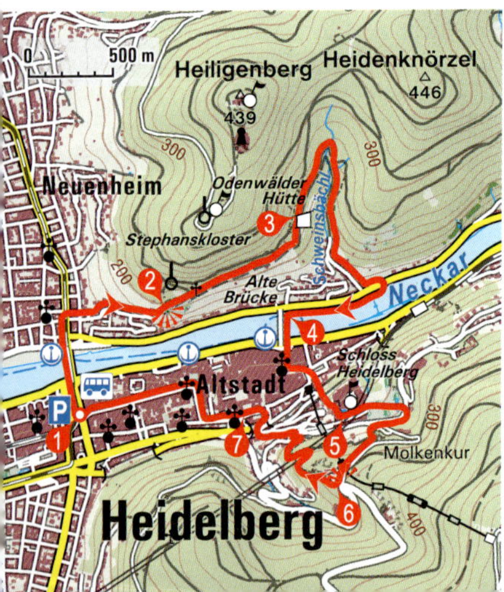

Prächtige Villen, eingefriedet in Buntsandsteinmauern, säumen den steil ansteigenden Weg. Palmen vor manchen Häusern weisen auf das milde Klima des südexponierten Hanges hin. Wir erreichen die erste **Aussichtsterrasse am Philosophenweg (2)**, lassen kurz danach den Abzweig zur Bismarcksäule links liegen und gehen geradeaus weiter. Am **Merianausblick** mit dem Kupferstich von Matthäus Merian, der Heidelberg im Jahr 1620 darstellt, erkennt man den kaum veränderten Grundriss der Altstadt. Das Schloss war zu dieser Zeit noch vollstän-

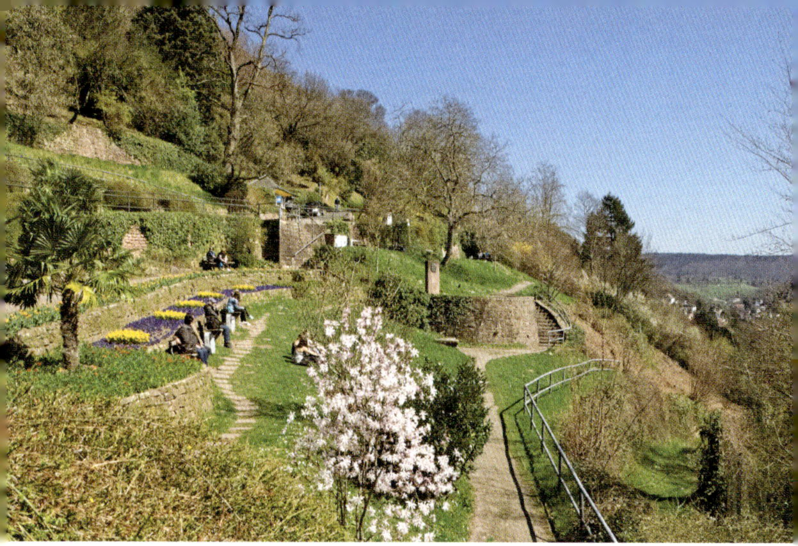

Philosophenweg im Frühling.

dig erhalten. Wer den folgenden Abstecher durch den Wald nicht machen möchte, kann nun auf dem steil abwärts führenden Schlangenweg zur Alten Brücke abkürzen. Unsere Route folgt weiter dem Philosophenweg und schwenkt an der Hölderlin-Anlage nach links ins Tal des Schweinsbaches. An der **Odenwälder Hütte (3)** zieht der Weg im Wald sanft das Tal hoch. Er führt vorbei an den Erdwällen der Heidenknörzel-Schanzen, hinter denen sich badische Freischärler 1849 vor den preußischen Truppen verbarrikadierten. An der nächsten Gabelung folgen wir dem rechts abwärts führenden Weg in Richtung Hirschgasse, der uns durch ein hübsches Wohngebiet zum Fluss führt. An der Uferstraße gehen wir wenige Meter nach links und nehmen dann, sofern kein Hochwasser ist, den idyllischen Leinpfad direkt am Wasser in Gegenrichtung zurück zur **Alten Brücke (4)**. Wir überqueren die unter Kurfürst Karl Theodor 1788 fertiggestellte Sandsteinbrücke, die nach einem Eisgang die letzte Holzbrücke ablöste. Acht vorwiegend hölzerne Brücken hatten den Neckarfluten in den Jahrhunderten davor nicht standgehalten. Die erste wurde 1284 erwähnt und hielt gerade vier Jahre. An manchen Häusern der Altstadt kann man an den eingeritzten Pegelständen die Höhe der gewaltigen

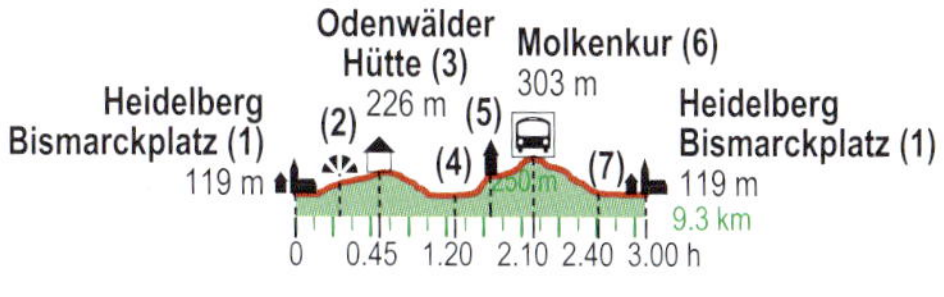

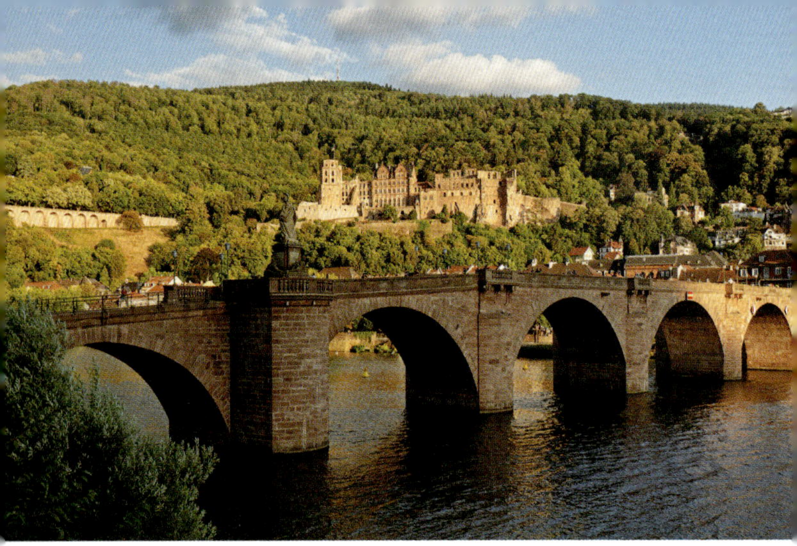

Die Alte Brücke und Schloss Heidelberg.

Hochwasser ablesen. Durch das mittelalterliche Tor tauchen wir ein in die Altstadt, die nach dem Pfälzischen Erbfolgekrieg (1688–1697) größtenteils in barockem Stil wiederaufgebaut wurde. Von der Steingasse kommend umrunden wir links die aus Neckartäler Sandstein erbaute **Heiliggeistkirche**. Die gotische Hallenkirche aus dem 15. Jh. sollte Residenzkirche des kurpfälzischen Hofes werden, wurde aber in den Kriegen schwer verwüstet und ihrer bedeutenden Biblioteca Palatina beraubt. Bis 1936 wurde sie, durch eine Scheidemauer in der Mitte getrennt, von Protestanten und Katholiken genutzt. Links haltend geht es am barocken Rathaus vorbei und sofort wieder rechts zum **Kornmarkt**. Hier bietet sich uns vor der Mariensäule einer der berühmtesten Blicke auf das Schloss. Die Heiligenfigur fachte den Jahrhunderte dauernden Konfessionsstreit in Heidelberg im 18. Jh. erneut an. Auf 313 Stufen geht es über den Kurzen Buckel hoch zum **Schloss (5)**, das im 15. Jh. von den Pfälzer Kurfürsten errichtet und in späteren Jahrhunderten erweitert wurde. Oben angekommen wenden wir uns nach links und flanieren am abgesackten Pulverturm vorbei durch den Schlosspark. Ein Abstecher zur Scheffelterrasse nach links wird belohnt mit einem Blick über die Altstadt. Im pfälzischen Erbfolgekrieg wurde das prächtige Schloss 1689 und 1693 von den französischen Truppen zerstört. Am Ende des Parks, nach dem Neptunbrunnen, halten wir uns zweimal rechts und gehen links durch die Befestigungsmauer die Wendeltreppe nach oben. Nach 100 m in entgegengesetzter Richtung biegen wir scharf links ab und folgen dem N des

Neckarsteigs. Ein kleiner Pfad führt durch den Wald im Zickzack an der Bergbahnstation vorbei zur **Molkenkur (6)**. Sofern das Tor zum ehemaligen Traditionslokal geöffnet ist, biegen wir an der Bushaltestelle rechts ab und schlendern über die Terrasse. Ansonsten folgen wir den Markierungen und biegen nach 50 m rechts ab. Vorbei an wenigen Resten einer mittelalterlichen Burg führt uns nun der rote Balken auf dem Friesenweg bergab. An der ersten Kehre verlassen wir den Weg scharf links. Nach einigen Serpentinen geht es über Neue Schlossstraße und den Schlossberg zurück in die Stadt. Am Faulen Pelz, dem ehemaligen Stadtgefängnis, nehmen wir ein paar Stufen zur Kettengasse und gehen unmittelbar nach links in die Seminarstraße. Linker Hand passieren wir das historische **Carolinum (7)**. Das sogenannte Collegium Academicum (CA) hat eine bewegte Geschichte als Kloster, Heilanstalt, SA-Kaserne und Mittelpunkt der Studentenbewegung hinter sich. Auf der gegenüberliegenden Seite hinter einem Tor auf dem Campus der Universität können wir einen Blick auf den Hexenturm werfen, der in früheren Jahrhunderten als Gefängnis diente. Im einst angebauten Augustinerkloster stellte 1518 Martin Luther Heidelberger Studenten seine Thesen vor. Kurz darauf passieren wir die reich mit Ornamenten verzierte Unibibliothek und wandern dann rechts über die Plöck mit ihren originellen Geschäften zur beliebten Hauptstraße von **Heidelberg** und auf dieser links zurück zum **Bismarckplatz (1)**.

Mariensäule am Kornmarkt unterhalb des Schlosses.

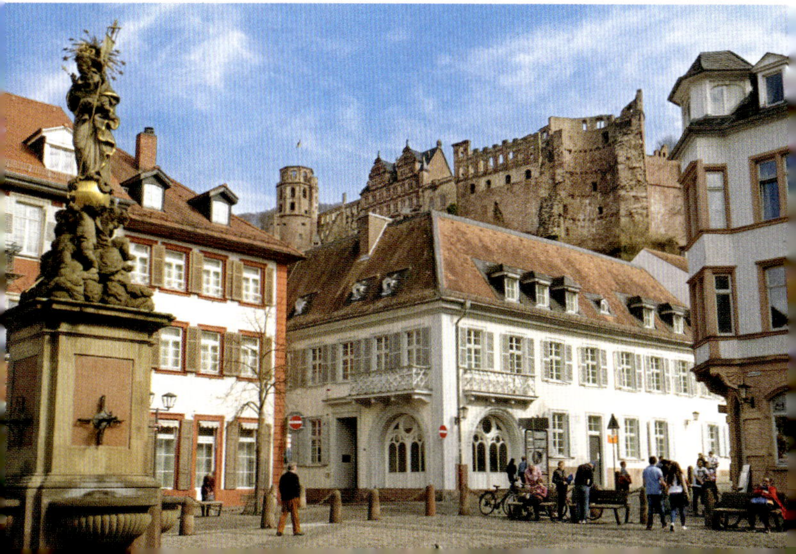

2 Über den Neckarrandweg und Abtei Neuburg zum Zollstock

4.30 Std.

Geschichte auf Schritt und Tritt

Vom belebten Oberen Philosophenweg führt die Wanderung auf ruhigen Waldwegen zur Benediktinerabtei Stift Neuburg und zum geschichtlich und kulturell bedeutsamen Heiligenberg. Viele historische Wegmarken zeigen die bewegte Geschichte Heidelbergs von der Frühzeit bis zum Größenwahn des Dritten Reichs. Reste von Freischärler-Schanzen der Revolution von 1848, ein keltischer Ringwall, zwei mittelalterliche Klöster und ein mysteriöser antiker Brunnenschacht zeugen von der intensiven Nutzung des Buntsandsteinhügels gegenüber dem Königstuhl.

Ausgangspunkt: Bismarckplatz in Heidelberg. Erreichbar vom Hbf. HD mit Straßenbahn Linie 21 oder Bus 32, 33, 34. Parkhaus Darmstädter Hof am Bismarckplatz.
Höhenunterschied: 560 m.
Anforderungen: Ab Stift Neuburg führt ein langer Anstiegsweg hoch zum Stickelsplatz auf 430 m Höhe. Unterwegs sind ein paar kurze, heftige Steigungen zu bewältigen, für die etwas Kondition erforderlich ist. Steiler Abstieg zur Bismarcksäule.
Markierung: Rechter Neckarrandweg mit rotem R bis kurz vor dem Kloster, bis Stickelsplatz weitgehend unmarkiert, von dort roter Balken.
Einkehr: Klosterhof Neuburg, täglich 11–22 Uhr mit Bier aus eigener Brauerei. Waldschenke Heiligenberg, Mi. bis So. ab 11 Uhr, Küche bis 20 Uhr.
Karte: Wanderkarte Heidelberg Neckartal-Odenwald (GNBO Blatt 12, 1:20.000). Hessischer Odenwald Süd (Meki Landkarten GmbH, 1:30.000).
Variante: 100 m nach der Mausbachquelle bleiben wir auf dem Z5-Wanderweg und gehen auf dem breiten Forstweg hoch zum Stickelsplatz. Diese Möglichkeit ist 1,5 km länger und weniger anstrengend.

Vom zentralen Verkehrspunkt am **Bismarckplatz (1)** in **Heidelberg** geht es auf die gegenüberliegende Neckarseite und hoch zum Philosophenweg, auf dem sich schon Hölderlin, Eichendorff und andere Romantiker inspirieren ließen. Unmittelbar an der ersten Gabelung bei dem kleinen Kiosk nehmen wir den links abgehenden Oberen Philosophenweg in Richtung des Aussichtsturms Bismarcksäule. In Höhe des Turms geht es nach rechts weiter in Richtung Weißer Stein. Am Wegstein Richtung Hirschgasse verzweigt ein kleiner Pfad nach links in Richtung Zollstock. Wir überqueren kurz danach den ge-

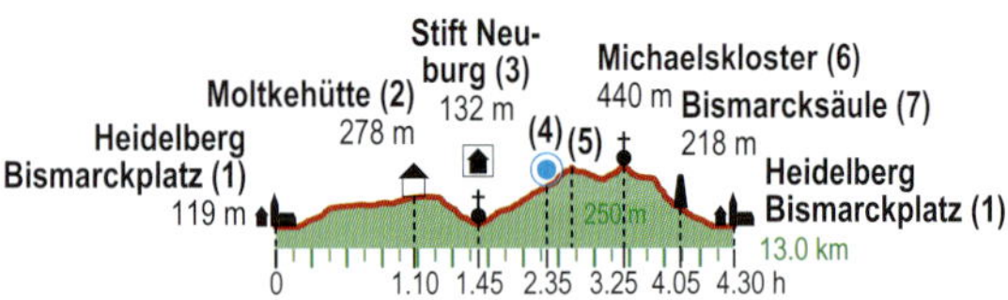

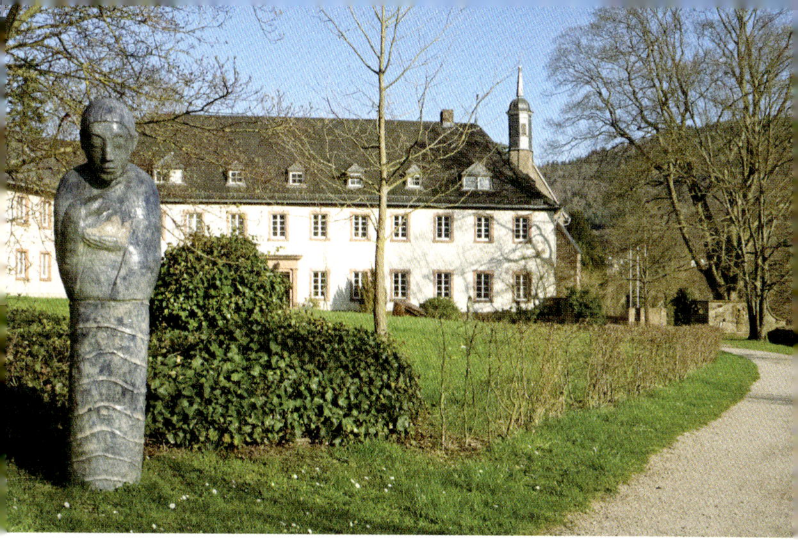

Benediktinerabtei Stift Neuburg in Ziegelhausen.

teerten Weg und wandern rechts bergab. An der folgenden Kreuzung halten wir uns links in Richtung Stiftsmühle. An der Gabelung nach den Schwedenschanzen, Erdbarrikaden aus dem Dreißigjährigen Krieg, geht es links wieder auf den leicht ansteigenden Oberen Philosophenweg (rotes R). Vorbei am Webersbrunnen führt uns der Wanderweg zu einer grünen Lichtung an der **Moltkehütte (2)**. Bei der Ruhebank am Haarlassweg verlassen wir den Neckarrandweg und laufen auf einem schmalen, mit alten Wegsteinen versehenen Pfad rechts abwärts. Nach Austritt aus dem Wald, gegenüber sind die Häuser von Schlierbach sichtbar, vor uns das Wirtschaftsgebäude des Klosters, zweigt scharf links ein unmarkierter Wanderpfad ab. Er führt romantisch über Stock und Stein auf der linken Talseite des Mausbachs hoch. Wer das Kloster (von außen) besichtigen oder in der **Klostergaststätte** das selbst gebraute Bier verköstigen möchte, geht geradeaus noch 300 m weiter. Das **Stift Neuburg (3)** wurde 1130 von der Reichsabtei Lorsch gegründet, nach 1804 kam es in Privatbesitz und war zeitweise Treffpunkt Heidelberger Romantiker und berühmter Schriftsteller. Heute wird es von den Benediktinern der Erzabtei Beuron bewirtschaftet. Wir gehen entweder an der Gaststätte den geteerten Weg weiter, verlassen ihn in der Rechtskurve und wandern geradeaus auf breitem Forstweg an der rechten Talseite hoch. Oder wir gehen zurück bis zur Gabelung am Waldrand und benutzen den Pfad auf der linken Talseite. Beide Wege führen wieder zusammen, queren den rechten Neckarrandweg mit rotem R und führen als Z4 Wanderweg weiter aufwärts.

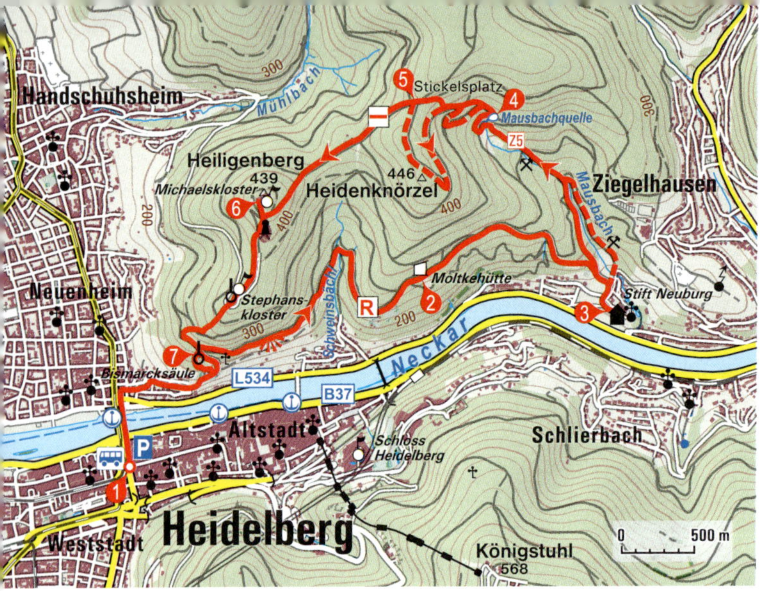

An der nächsten Kreuzung mit dem Schild »Naturdenkmal« (links vom Weg der Eingang zum ehemaligen Mausbachstollen, in dem bis 1897 Manganerz abgebaut wurde) folgen wir dem Mausbach geradeaus auf schmalem Pfad zu einer Lichtung. Dahinter stoßen wir wieder auf den breiten Forstweg, biegen links ab und verlassen ihn nach 100 m hinter dem Mausbachbrunnen wieder nach rechts. Der Pfad führt uns zur **Mausbachquelle (4)**, quert erneut einen Forstweg und führt weiter bergan. Wer die gemächlichere Variante bevorzugt folgt hier der Z5 Markierung nach links auf dem breiten Weg. Nach Überquerung eines Fahrweges geht es erneut einen rechts abgehenden, steilen Pfad hoch und wir erreichen auf 435 m Höhe den **Stickelsplatz (5)**. An der Kreuzung mehrerer Wanderwege leitet uns die Beschilderung in Richtung Zollstock/Heiligenberg (roter Balken) weiter, mit der wir kurz darauf Holdermanns Eiche passieren. Friedrich Holdermann, ein schillernder Heidelberger Gastwirt, soll sich hier 1764 umgebracht haben. Kurz danach erwartet uns ein netter Picknickplatz am versiegten Zollstockbrunnen. Bis kurz vor der Jahrtausendwende wurde der Brunnen von Heidelberger Bürgern und Wanderern gern genutzt. Geradeaus weiter finden wir einen Hinweis auf Reste einer Freischärler-Schanze von 1849. Nach 400 m nehmen wir an der Gabelung den linken, mit groben Steinblöcken gepflasterten Weg unterhalb des äußeren Ringwalls einer ehemaligen keltischen Befestigung. Die keltische Siedlung aus dem 5. Jh. v. Chr. hatte eine Ausdehnung von 50 ha und war mit einem 3 km langen Wall umgrenzt. Oben angekommen geht unser Weg erst nach rechts zur Ruine des ehemaligen **Michaelsklosters (6)**. Das aus dem 11. Jh. stammende Kloster wurde an der Stelle eines römischen Merkurheiligtums und eines karolingischen Königshofes errichtet. Schon im 16. Jh. wurde es wieder aufgegeben und als Steinbruch genutzt. Wir gehen zurück und durchqueren geradeaus ein eher neuzeitliches Bauwerk, das mächtige Amphitheater der **Thingstätte**. Die 1935 von Joseph Goebbels eingeweihte Propagandastätte der Nationalsozialisten verlor an Bedeutung, nachdem Film und Funk sich als bessere Propagandamittel erwiesen. Nach Durchschreiten der gigantischen Anlage gelangt man zur **Waldschenke**, einer beliebten Ausflugsgaststätte. Der Burgensteig leitet uns weiter zu den Grundmauern des ehemaligen **Stephansklosters** aus dem 11. Jh. und zum benachbarten Aussichtsturm **Heiligenbergturm**. Gegenüber das überdachte **Heidenloch**, ein 56 m tiefer Brunnenschacht mit 3 m Durchmesser, der vermutlich im Mittelalter zur Versorgung des Stephansklosters gegraben wurde. Auf der anderen Straßenseite zweigt ein schmaler und steiler Pfad ab, der uns zum Fuchsrondell bringt. Wem der Pfad zu heftig ist, der geht ca. 200 m auf der Straße weiter und biegt dann links ab. Am Aussichtspavillon biegen wir scharf rechts ab und erreichen nach einem Linksknick auf einem Waldpfad die **Bismarcksäule (7)**. Links haltend wandern wir auf dem Philosophenweg zurück ins Zentrum von **Heidelberg** und zum **Bismarckplatz (1)**.

Ruine des Michaelsklosters.

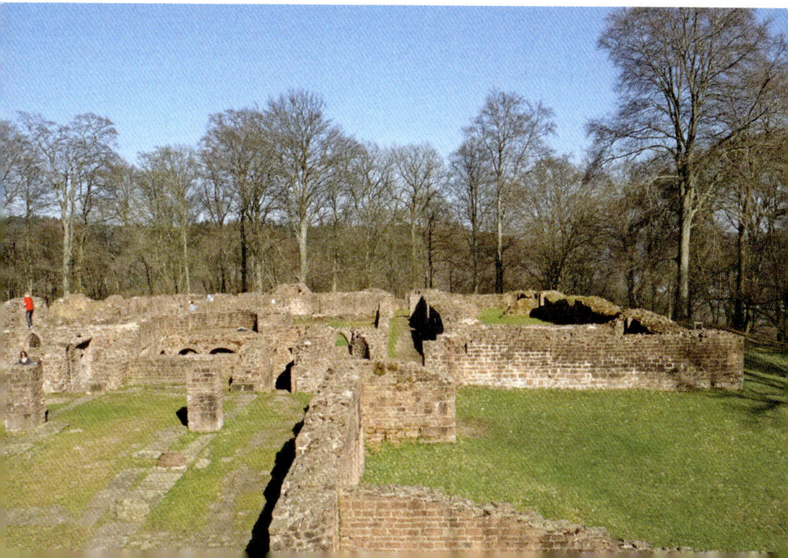

3 Auf Wegen der Romantiker zum Wolfsbrunnen

4.00 Std.

Panoramaweg mit Geschichte

Auf der linken Neckarseite findet man neben dem weltberühmten Heidelberger Schloss noch einige weitere Sehenswürdigkeiten, die für eine lohnenswerte Streckenwanderung sorgen. Durch das exquisite Wohnviertel mit den großzügigen Parkgrundstücken am Schloss-Wolfsbrunnenweg spazieren wir auf den Spuren der Literaten zum beliebten und traditionellen Ausflugslokal Wolfsbrunnen. Auch prominente adlige Gäste wie Zar Alexander I. oder Kaiserin Elisabeth (Sisi) von Österreich verbrachten im »Schweizerhaus« schon angenehme Stunden. Hoch über dem Neckar geht es mit bezaubernden Ausblicken weiter nach Neckargemünd.

Ausgangspunkt: S-Bahnhof Heidelberg Altstadt. Parkmöglichkeit.
Endpunkt: S-Bahnhof Neckargemünd Altstadt. Zurück nach Heidelberg mit S1 oder S2.
Höhenunterschied: 490 m.
Anforderungen: Halbtageswanderung, vorwiegend auf breiten Forstwegen. Lediglich die Abstiege zum Wolfsbrunnen und nach Neckargemünd erfolgen auf schmalen Waldpfaden.
Markierung: Linker Neckarrandweg mit gelbem R bis Gemsenberghütte, danach Neckarsteig mit blauem N.
Einkehr: Wolfsbrunnen mit Biergarten, Sa. ab 17 Uhr, So. und Fei. 12–14.30 und ab 17 Uhr. Neckarriedkopfhütte, Fr, 13–18 Uhr, Sa, So und Fei. 11–19 Uhr. Gastronomie in Neckargemünd.
Karte: Wanderkarte Heidelberg Neckartal-Odenwald (GNBO Blatt 12, 1:20.000).
Hinweis: Der steile Treppenweg (Valerieweg) zu Beginn der Wanderung ist von November bis Ende Februar gesperrt. In dieser Zeit empfiehlt es sich, oberhalb des Schlosses, am Haltepunkt Schloss der Bergbahn, auf dem Schloss-Wolfsbrunnenweg zu starten.

Vom **S-Bahnhof Heidelberg Altstadt (1)** gehen wir wenige Meter stromaufwärts und überqueren die Bahngleise. Zwischen Granitfelsen schlängelt sich abseits der Touristenpfade der Valerieweg (von November bis Februar gesperrt) malerisch zur bevorzugten Wohnlage Heidelbergs empor. Wir wandern auf den Spuren der österreichischen Kaiserin Sisi und ihrer Tochter Marie Valerie, die zwischen 1883 und 1890 öfter zur Erholung in Heidelberg weilten. Oben am **Schloss-Wolfsbrunnenweg** angekommen, setzt sich der Weg nach links fort. Prächtige Villen mit parkähnlichen Grundstücken säu-

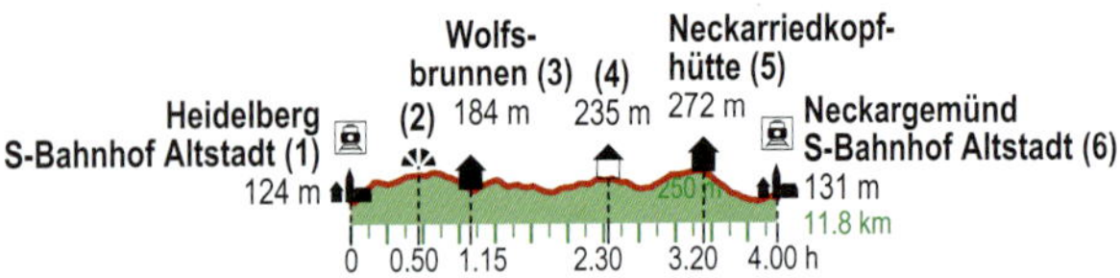

men für knapp einen Kilometer den Wegesrand. Am Parkhotel biegen wir nach rechts Richtung **Carl-Bosch-Museum** ein. Das Museum gibt einen Einblick in das Leben des Nobelpreisträgers und ehemaligen Vorstandsvorsitzenden der BASF, Carl Bosch (1874–1940), der ca. 300 m weiter in der Villa Bosch residierte. Das benachbarte futuristische **Museum am Gingko** wird für Sonderausstellungen zu naturwissenschaftlichen Themen genutzt. Nach einer prächtigen Villa am Schloss-Wolfsbrunnenweg geht es in spitzem Winkel nach rechts auf den Schmeilweg. Vorbei an einem Ziegengehege mit zottigen Langhaarziegen führt uns der Wanderweg bergan bis zum CVJM-Waldheim und biegt danach links ab. Auf breitem Forstweg stoßen wir bald auf die **Neuneralm (2)**, die für ihre Hochlandrinderzucht bekannt ist. Prächtige Blicke hinüber zur Abtei Neuburg auf der anderen Neckarseite erfreuen das Auge. In einer Linkskurve finden wir den Neckarrandweg mit dem gelben R, der uns nun für einige Zeit leitet. An der Rombach-Quelle vorbei geht es zum Wegestein mit der Beschriftung »Fußweg zum Wolfsbrunnen«. Links haltend überqueren wir einen Forstweg, danach eine Verkehrsstraße und erreichen auf abschüssigem Pfad die traditionsreiche Ausflugsgaststätte **Wolfsbrunnen (3)**. Im 16. Jh. als Lust- und Jagdhaus des Kurfürsten errichtet, wurde das Gebäude 1822 zu einem Gästehaus im Schweizer Stil umgebaut, in dem auch Literaten wie Heinrich von Kleist und Joseph von Eichendorff verkehrten. Auch die Heidelberger Romantiker suchten gerne das versteckte Lokal im Grünen auf. Gegenüber der Gaststätte wandern wir hinter der Ruhebank den kleinen unmarkierten Pfad hoch und überqueren die Straße Zum Königstuhl. Am Ende des Pfades geht es nach links in Richtung Linsenteicheck. Auf einem Waldweg stoßen wir wieder zum gelben R, dem wir schräg links abbiegend weiter folgen. Am markanten Aussichtspunkt mit der **Gemsenberghütte (4)** verlassen wir den breiten Weg und nutzen den links abwärts führenden Pfad mit dem Namen Gumpentalweg. Der Neckarsteig mit dem geschwungenen N zeigt uns nun,

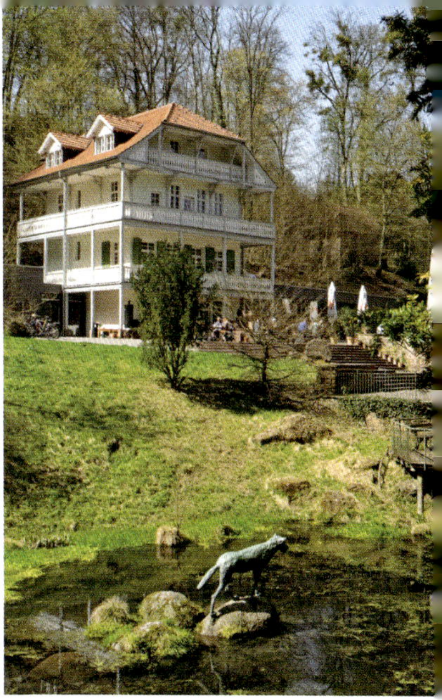

Restaurant Wolfsbrunnen in Heidelberg-Schlierbach.

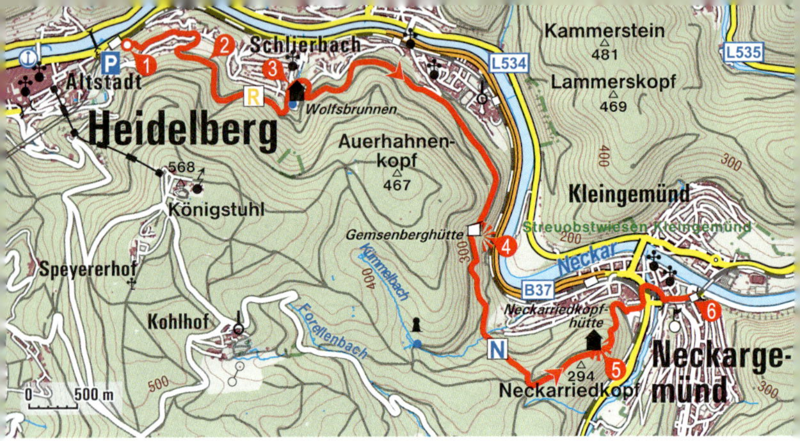

wo es langgeht. Hangabwärts führt er uns auf einer kleinen Holzbrücke über den mit Steinen gesäumten Kümmelbach. An der nächsten Wanderwegkreuzung gehen wir geradeaus weiter in Richtung Mélacpass. Der Name erinnert an Ereignisse des Pfälzer Erbfolgekrieges, als der französische General Mélac weite Teile der Kurpfalz verwüstete. Am Ende des Pfades rechts folgt der Gnomengarten mit einigen skurrilen Holzschnitzereien. An der folgenden Kreuzung halten wir uns links und gelangen nach ca. 750 m zur **Neckarriedkopfhütte (5)**, die seit Sommer 2020 am Wochenende bewirtschaftet ist. Gegenüber blicken wir auf die malerische Bergkuppe des Dilsbergs. Ein schmaler Pfad schlängelt sich in Serpentinen den steilen Hang hinab. Im Abstieg achten wir sorgfältig auf die Symbole des Neckarsteigs, der uns schließlich zum Friedhof führt. Nach Unterquerung der Bahnlinie kreuzen wir die B 45, halten uns am Baumarkt links und wieder rechts zur Elsenzbrücke. Noch einmal rechts haltend geht es nach der Bahnbrücke links die Stufen hoch und wieder links auf der Straße Am Mühlrain zum schmucken Karlstor von 1788 aus rotem Buntsandstein. Wir überqueren die Straße vor dem alten Stadttor und folgen, uns links haltend, der Julius-Menzer-Straße, die uns bergab zum **S-Bahnhof Neckargemünd Altstadt (6)** führt.

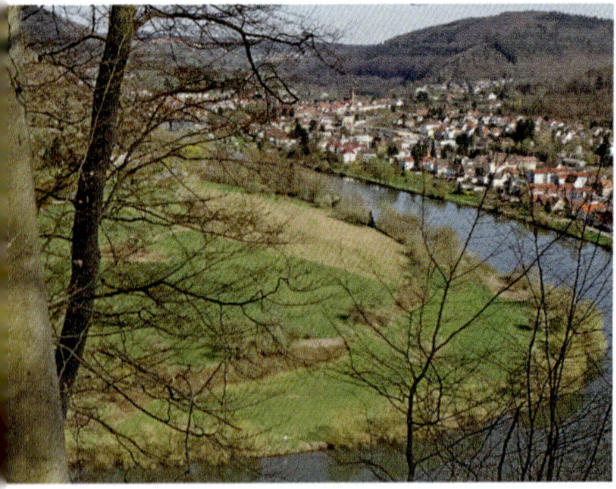

Blick auf Neckargemünd.

3.15 Std.

Auf dem Blütenweg von Heidelberg nach Leimen

4

Streckentour mit »Wein und Kultur«

Bäume aus dem nahen und fernen Osten und ein Erlebniswanderweg »Wein und Kultur«, der über Weinbau, Landschaft, Flora und Fauna informiert: Zwischen Heidelberg und der Bergstraßengemeinde Leimen im Süden erwartet uns eine rundum lehrreiche Wanderung. In gemächlichem Auf und Ab geht es durch Wald, Felder und den gemütlichen Heidelberger Vorort Rohrbach, dann schlendert man durch Kleingärten und die Weinberge von Heidelberger Winzern.

Ausgangspunkt: Bismarckplatz in Heidelberg. Erreichbar vom Hbf. Heidelberg mit Straßenbahn Linie 21 oder Bus 32, 33, 34. Parkhaus Darmstädter Hof am Bismarckplatz.
Endpunkt: Leimen, Haltestelle Georgi-Marktplatz. Rückfahrt mit Straßenbahn Linie 23.
Höhenunterschied: 360 m.
Anforderungen: Zuerst auf Waldpfaden und Forstwegen gemächlich bergan. Später auf Weinbergs- und Wirtschaftswegen mit geringen Steigungen.
Markierung: Vorwiegend Blütenweg mit gelbem B.
Einkehr: Gasthaus Bierhelderhof, Di.–So. ab 11.30 Uhr, Mo. Ruhetag. Gastronomie in Rohrbach und Leimen.
Karte: Wanderkarte Heidelberg Neckartal-Odenwald (GNBO Blatt 12, 1:20.000).

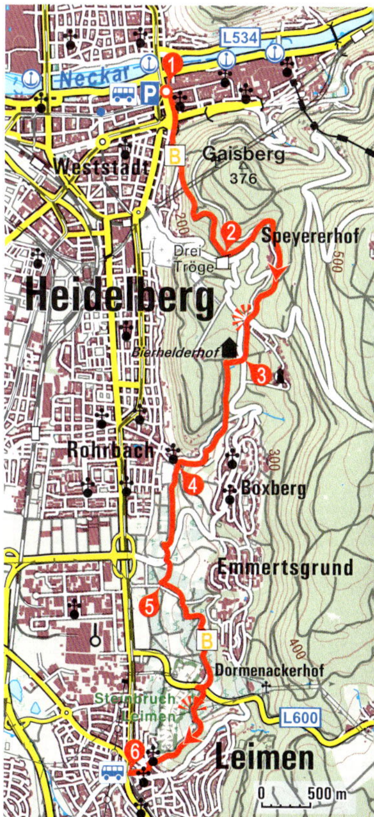

Unsere Wanderung startet am zentralen Verkehrsknotenpunkt **Bismarckplatz (1)** in **Heidelberg** und verläuft in südlicher Richtung. Vorerst dem Blütenweg mit dem gelben B folgend überquert man den Adenauerplatz und geht 100 m dahinter links die Sandsteinstufen hoch. Sofort sind wir im Grünen und wandern längs einer alten Steinmauer aufwärts. Am Ende des gepflasterten Weges halten wir uns links und gleich wieder rechts in Richtung Speyererhof. Zurück blicken wir auf das Neckarknie bei der Schleuse von Wieblingen. Auf weichem Pfad, an einem Zaun entlang, geht es durch verwunschenen Wald stetig bergan. Auf dem Dachsbauweg, einem breiten Forstweg, wandern wir unter gewaltigen Buchen wieder etwas abwärts. Beim Schutzhäuschen **Drei Tröge (2)** überqueren wir eine Straße und folgen vorübergehend dem grünen Dreieck bergan. Kurz danach finden wir das gelbe B wieder, das uns auf einen ansteigenden Waldpfad und nach einer Rechtskurve zum **Speyererhof** geleitet. In den unter dem Namen Schmieder-Kliniken bekannten Gebäuden ist eine Neurologische Rehaklinik untergebracht. Am alten Klinikgebäude unterqueren wir die Fußgängerbrücke und wenden uns unmittelbar dahinter vor der Bushaltestelle links in den Wald. Botanische Raritäten erwarten uns auf dem nächsten Abschnitt. Im Arboretum II des Heidelberger Stadtwaldes finden wir vor allem exotische Bäume aus dem Nahen und Fernen Osten: Gingkobäume, Japanische Schirmtannen sowie auch Bäume vergangener Epochen können hier bestaunt werden. Seit 1876 werden auf den Arealen der Arboreten I und II rund um den Gaisberg vom Forstamt Heidelberg fremdländische oder ausgestorbene Bäume angepflanzt und gepflegt, um eine parkartige Waldlandschaft zu gestalten. Auch die über 100 Jahre alten Wegesteine aus Buntsandstein, die einem rund um Heidelberg überall begegnen, hatten diesen Zweck. Nach den Schautafeln des Arboretums II überqueren wir geradeaus die Kreuzung und schlendern auf dem Asphaltsträßchen zum **Bierhelderhof (3)** hinunter. Am Bauernhof mit dem gemütlichen traditionsreichen Biergarten unter mächtigen Kastanien gehen wir rechts, wandern talwärts und biegen nach 200 m links ab. Kurz vor dem Wald führt links ein Pfad bergab. Alte Wegsteine weisen auf die historische Wegführung hin. Der Wanderweg mündet bei den ersten Häusern in den Kühlen Grund, in dem der plätschernde Rohrbach fließt und der seinem Namen alle Ehre macht. Bekannt wurde das Tal durch ein Gedicht von Joseph von Eichendorff, das mit den Worten »In einem kühlen Grunde« beginnt und später vertont wurde. Es war der Rohrbacher Küferstochter Käthchen gewidmet, in die sich der Literat verliebt hatte. An der Kirche von **Rohrbach (4)**, einem Stadtteil von Heidelberg, der schon vor 1250 Jahren im »Lorscher Codex« erwähnt wurde, halten wir uns links. Nach 50 m geht es in Richtung Friedhof, den wir oberhalb auf schmalem Pfad halb umrunden. Am Ende wieder links durchqueren wir eine idyllische Kleingartenlandschaft und stoßen auf den Erlebniswanderweg »Wein und Kultur« des Geo-Naturparks Bergstraße-Odenwald. Gärten, kleine Rebflächen und naturbelassene Areale bilden ein vielfältiges und liebliches Landschaftsbild, dessen Elemente auf

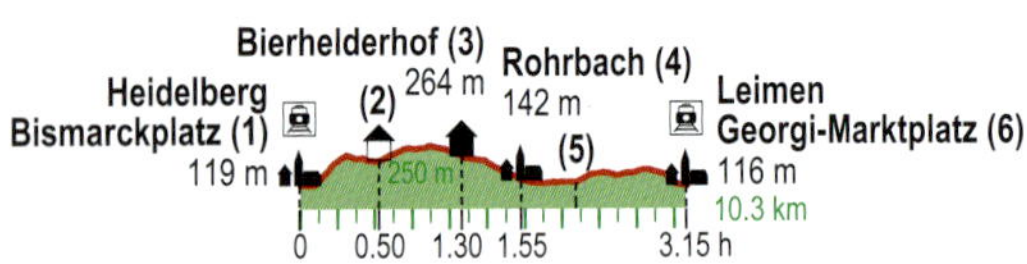

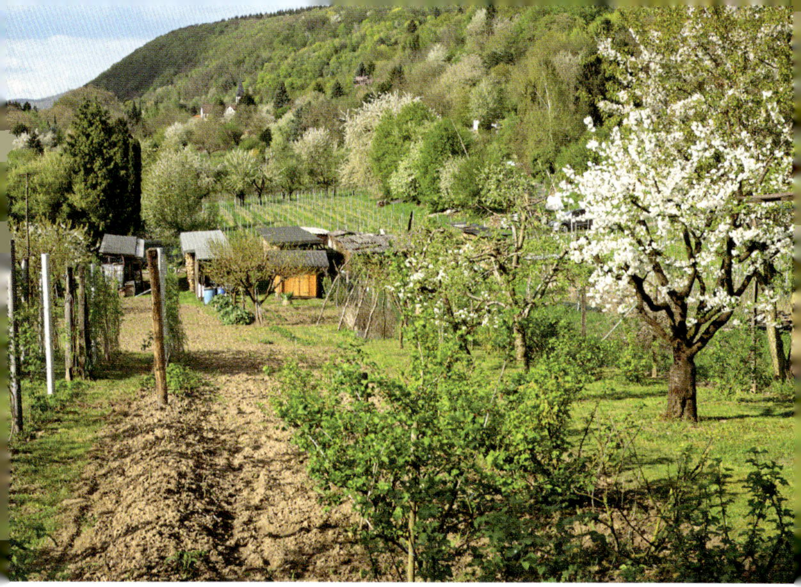

Gartenidylle im Heidelberger Ortsteil Rohrbach.

diversen Schautafeln beschrieben werden. Unter der »Graffiti Brücke« der Straße, die zum Emmertsgrund führt, geht es nach rechts. Nach einem Rechts-Links-Schwenk durch die Rebflur erreichen wir die Gabelung am **Soldatenweg (5)** mit mehreren Infotafeln. Hier verlassen wir den Themenweg und wandern links ca. 250 m die Asphaltstraße bergan, dann folgen wir rechts einem gepflasterten Hohlweg hinauf bis zu einem Rebenherz. Hier geht es links haltend weiter sanft bergan durch die Weinberge. Erst nach rechts, bei den Infotafeln dann links, wandern wir neben der Hecke auf geschottertem Weg weiter hoch, anschließend gehen wir auf dem Wiesenweg neben den Reben wieder abwärts. Am Ende des Weinberges stoßen wir nach einem Rechtsbogen wieder auf den hier asphaltierten Blütenweg, der uns zum Weingut Clauer am **Dormenäckerhof** führt, wo uns eine nette, bunt bemalte Kuh erwartet. Auf der Brücke geht es über die Gaiberger Straße und zwischen Äckern und Reben mit eindrucksvollem Rundumblick bergauf. Im Norden schauen wir bei guter Sicht bis zum Melibokus an der Bergstraße, südlich auf Galgenberg und Letzenberg, die beiden Nordkraichgauer Hügel. Das gelbe B leitet uns hinunter nach **Leimen**, wo wir rechts haltend durch die Hohe Gasse den einladenden, Anfang der 1990er Jahre neu gestalteten **Georgi-Marktplatz (6)** erreichen. Die Straßenbahn mit der Haltestelle in der Rohrbacher Straße kurz dahinter bringt uns zurück nach Heidelberg.

5 Von der Neckarschleuse nach Dossenheim zum Blütenweg

3.45 Std.

Beschauliche Rundtour mit fabelhaften Ausblicken.

Die besten Einblicke darin, wie die Heidelberger ihre Freizeit verbringen, bekommt man auf dieser Wanderung. Es beginnt mit der zu allen Jahreszeiten belebten Neckarwiese mit Spielplätzen, Sportanlagen und herrlichen alten, schattenspendenden Bäumen. Vorbei am Tierpark geht es auf dem Uferpfad entlang des Neckar-Seitenkanals Wieblingen. Mit feiner Aussicht auf die Höhen der Bergstraße und das Rheintal geht es über Dossenheim und den lieblichen Blütenweg zurück nach Heidelberg. Besonders im Frühling ist diese Tour ein Genuss für die Sinne.

Ausgangspunkt: Bismarckplatz in Heidelberg. Erreichbar vom Hbf. HD mit Straßenbahn Linie 21 oder Bus 32, 33, 34. Parkhaus Darmstädter Hof am Bismarckplatz.
Höhenunterschied: 230 m.
Anforderungen: Gemütliche Familienwanderung, auch für Kinder geeignet. Bis Dossenheim eben, danach geringfügiger An- und Abstieg. Nach Handschuhsheim etwas steilerer Anstieg.
Markierung: Zuerst N-Markierung des Neckarsteigs. Ab Dossenheim folgen wir dem gelben B des Blütenwegs.
Einkehr: Zum Anker, Schwabenheimer Hof, direkt am Neckar, April bis Okt. Di. bis So. ab 12 Uhr, Nov. bis März Mi. bis So. ab 12 Uhr. Gastronomie in Dossenheim. Schützenhaus Handschuhsheim, Mi. bis Fr. ab 17 Uhr, Sa., So. und feiertags ab 12 Uhr. Gastronomie in Handschuhsheim.
Karte: Wanderkarte Heidelberg Neckartal-Odenwald (GNBO Blatt 12, 1:20.000). Hessischer Odenwald Süd (Meki Landkarten GmbH, 1:30.000).

Vom **Bismarckplatz (1)** aus, dem zentralen Verkehrsknoten in **Heidelberg**, überqueren wir den Neckar auf der Theodor-Heuss-Brücke und wenden uns links Heidelbergs beliebtestem Freizeitrevier zu, der **Neckarwiese**. An sonnigen Frühlings- und Sommertagen ist sie Ziel zahlreicher Studenten, Familien und Touristen. Hier ist spielen, lesen, diskutieren oder einfach nur »chillen« am Fluss angesagt, mit Blick auf die wunderbare Kulisse Heidelbergs. Wir folgen dem Neckar, der sich nach dem Stauwehr in einen Altlauf und eine lange Schleuseneinfahrt verzweigt. Kurz nach dem Wehr setzt sich der Weg auf der Rückseite des **Zoos (2)** fort. Mit etwas Glück können wir Zebras oder rosa Flamingos im Außengehege beobachten. Unter schattenspendenden Büschen und Bäumen verläuft der geruhsame Weg am Freibad und an

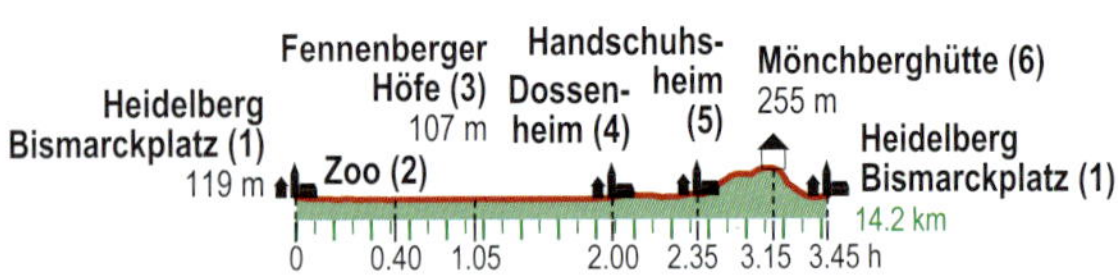

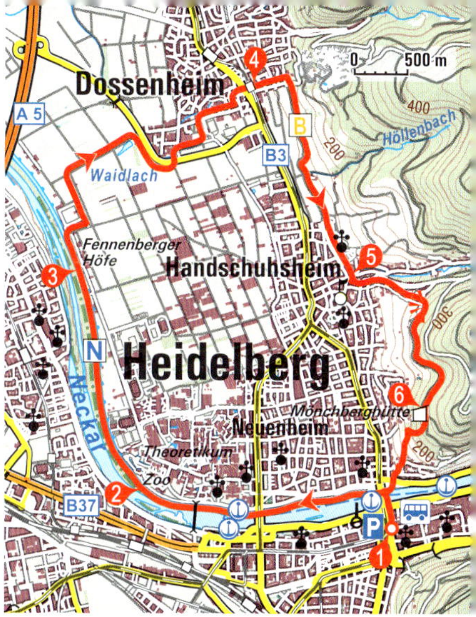

Sportanlagen vorbei. Nach einer knappen Stunde passieren wir die Gartenbaubetriebe der **Fennenberger Höfe (3)**. Wer einen Abstecher zum sehr malerisch direkt am Neckar gelegenen Restaurant Zum Anker in Schwabenheim machen möchte, wandert einfach ca. 2 km weiter geradeaus am Fluss entlang. Alle anderen wechseln auf den Weg, der ein kurzes Stück landeinwärts parallel verläuft und vor der Kläranlage rechts einbiegt. Auf der kleinen Asphaltstraße geht es sofort wieder links. Nach einem Fluggelände für Modellflieger rechts haltend führt unser Weg direkt auf die vor uns liegende Bergstraßengemeinde Dossenheim zu. Nach einem Fischteich biegen wir rechts ab und wandern in einigem Abstand parallel zur Autostraße bis zu einer Fußgängerampel. Wir überqueren die Straße und biegen unmittelbar danach rechts auf einen kleinen Weg an einem Bachlauf ab. Er passiert den Tennisplatz und mündet in eine Teerstraße. Links haltend erreicht man nach wenigen Metern die beiden Gaststätten am Sportplatz, wo man angenehm im Freien pausieren kann. Danach geht es rechts ab in die Gerhart-Hauptmann-Straße, an Sporthalle und Schwimmbad vorbei. Am Ende nach links in die Goethestraße, dann überquert man rechts haltend auf der Heinrich-von-Kleist-Straße die B3 und die Gleise der Straßenbahn. Die Straße nach links führt Interessierte in den Ortskern der Steinbrechergemeinde **Dossenheim (4)**. Bis in die 90er-Jahre des letzten Jahrhunderts wurde in Dossenheim der Quarzporphyrabbau betrieben, heute werden die Abbauareale zum Teil zu Freizeitzwecken genutzt. Wir aber folgen der geradeaus ansteigenden Friedrich-Ebert-Straße und nach knapp 300 m rechts dem mit gelbem B markierten Blütenweg. Gemütlich wandern wir vorbei an liebevoll angelegten Kleingärten vor den Hügeln des Hohen Nistler. Je nach Jahreszeit bieten manche Gartenbesitzer ihre Produkte auf kleinen Tischchen vor ihrem Garten an. Vorbei an der Gaststätte Schützenhaus erreichen wir bald die ersten Häuser von Heidelbergs ländlich geprägtem und beliebtem Vorort Handschuhsheim. An einer Sitzgruppe mit einer kleinen Sandsteinsäule, die auf die Gründung des Ortes im Jahre 765 hinweist, führt uns die Markierung längs des Friedhofes nach links bergan und schließlich nach einer Kuppe in den

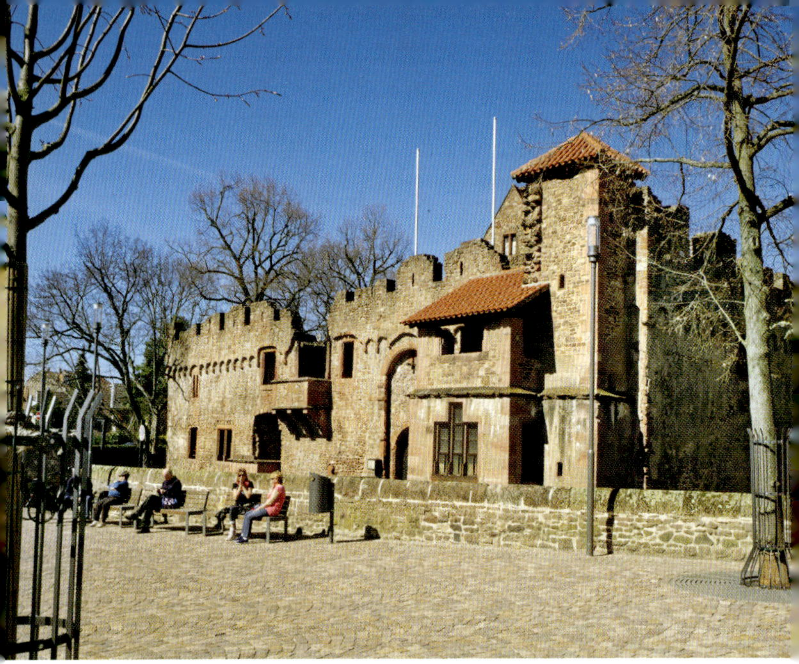

Tiefburg in Handschuhsheim.

alten Ortskern von **Handschuhsheim (5)**. Die Tiefburg im Zentrum des Vororts war als kurmainzisches Lehen an die begüterten Herren von Handschuhsheim vergeben, eine Linie, die 1600 nach einer Fehde ausstarb. An der Kreuzung gehen wir geradeaus weiter und biegen nach ca. 100 m nach links in die Amselgasse (wer einen Abstecher zur Tiefburg – siehe Bild – machen möchte, geht noch ein Stück geradeaus und dann nach rechts durch die Kriegsstraße). Ein steiler, gepflasterter Fußweg führt uns zwischen herrschaftlichen alten und neuen Villen schattig bergan. Nach 10 Min. mündet der Weg in ein Asphaltsträßchen, in das man rechts einbiegt. Auf dem fantastischen Terrassenweg genießen wir nun eine herrliche Sicht auf die östlichen Stadtteile Heidelbergs und die Rheinebene. In einer langen Kurve bringt uns der Blütenweg anschließend durch lockeren Buchen-Mischwald zur **Mönchberghütte (6)**. Hier führt ein schmaler und steiler Pfad rechts abwärts, der uns in mehreren Kehren durch den Wald hinunter in die Stadt geleitet (an der Hütte geradeaus würden wir zum Philosophenweg gelangen, der ebenfalls in die Stadt führt). Über Bergstraße und Neckarbrücke geht es zurück zum **Bismarckplatz (1)** in **Heidelberg**.

3.30 Std.

Von Gaiberg zum Kohlhof 6

Schattige Rundwanderung im Kleinen Odenwald

Nur wenige Minuten von der Touristen-Metropole Heidelberg entfernt liegt das ländliche Gaiberg. Das Örtchen im Naherholungsgebiet des Kleinen Odenwaldes mit Blick zum Kraichgau lockt mit einer Vielzahl beschaulicher Wanderwege zu lohnenden Zielen am Königsstuhl, darunter die hier beschriebene Waldrunde zum Aussichtsturm am Kohlhof und ins malerische Lingental.

Ausgangspunkt: Ortsmitte Gaiberg beim ehemaligen Rathaus. Erreichbar vom Hbf. HD mit Bus 757. Alternative mit dem PKW am Waldparkplatz Bärenbrunnen (2).
Höhenunterschied: 290 m.
Anforderungen: Beschauliche Runde auf angenehmen Forst- und Wirtschaftswegen.
Markierung: Bis kurz vor Kohlhof folgen wir dem günen X des Europäischen Fernwanderweges E1, danach der gelben 5. Nach Lingental leitet uns der G1-Wanderweg.
Einkehr: Landgut Lingental, Öffnungszeiten auf www.landgut-lingental.de. Berghof Weinäcker Gaiberg, Mi. bis Sa. ab 15 Uhr, So. ab 11 Uhr, Sa. oft geschlossene Gesellschaften.
Karte: Wanderkarte Heidelberg Neckartal-Odenwald (GNBO Blatt 12, 1:20.000).

Los geht's an der Bushaltestelle in der Ortsmitte von **Gaiberg (1)** neben der evangelischen **Peterskirche**, deren Ursprünge bis ins 12. Jh. zurückreichen. Gegenüber der Kirche finden wir das grüne X des E1 Fernwanderweges. Ihm folgen wir in nördlicher Richtung bis zum **Bärenbrunnen (2)** am Waldrand. Der früher aus Holz, heute aus Sandstein gefertigte Brunnen wird gerne als Trinkwasserquelle genutzt. Die Markierung leitet uns stetig bergauf, an der Stephanshütte vorbei, zuletzt auf einem malerisch mit Felsbrocken gespickten Pfad zum **Michelsbrunnen (3)**. Der vielfältige Wald gehört zum ökologisch wertvollen Naturpark Michelsbrunnen mit Buchen, Hainbuchen und Bergahorn, der von kleinen Gewässern durchzogene Blockhaldenbereich mit Moosen und Farnen ist Nist- und Brutstätte vieler Kleintiere und Vogelarten. Direkt nach dem Brunnen geht es nach links in Richtung Kohlhof. Hier verlassen wir den Fernwanderweg mit dem grünen X und benutzen die gelbe 5 als Orientierungshilfe. Der Wiesenweg mündet in eine Asphaltstraße, die längs der Parkanlage der Fachklinik Königstuhl bergauf führt. Nun geht es über die mehr als 300 Jahre alte Rodungsinsel **Kohlhof** mit Streuobstwiesen, die als Weideland für Angusrinder

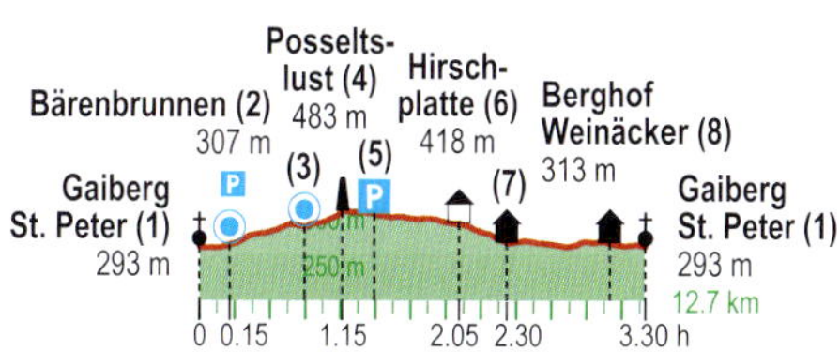

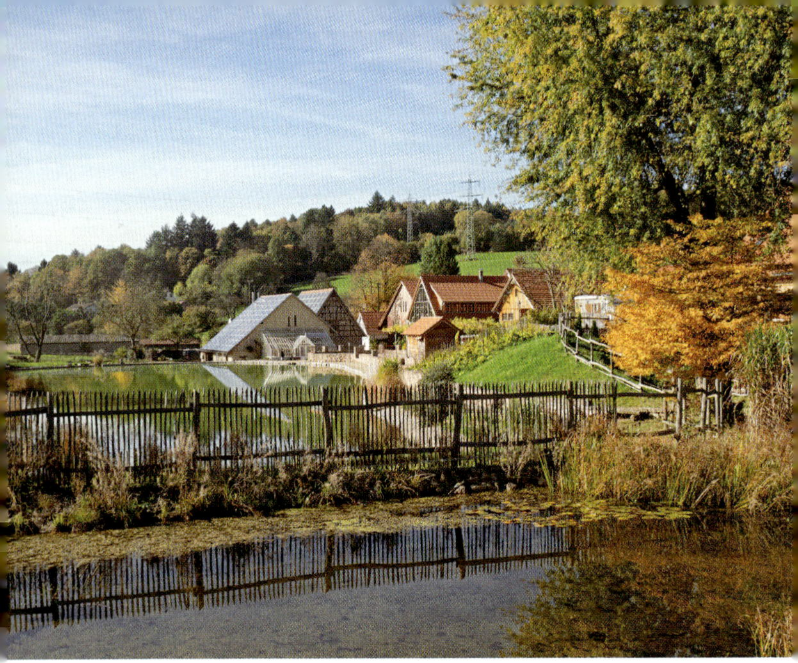

Landgut Lingental.

genutzt werden. Im Zuge der Landgewinnung für österreichische und schweizerische Neusiedler nach dem Pfälzer Erbfolgekrieg (1688–1697) wurde hier der Wald gerodet. Ein früher beliebter Restaurationsbetrieb, den die Heidelberger gerne an Wochenenden aufsuchten, existiert heute leider nicht mehr. Wir biegen am Haus mit der Nr. 13 links ab und wandern zwischen den Weideflächen einen Wiesenweg hoch. Nach 5 Min. leitet uns die Markierung zur **Posseltslust (4)**, dem höchsten Punkt unserer Wanderung. An Wochenenden ist der Turm geöffnet und bietet einen guten Rundumblick. Der Heidelberger Stadtrat und Professor der Pharmazie Dr. Louis Posselt (1817–1880) spendete das »Aussichtstürmchen und Lusthäuschen« in seinem Testament der Bevölkerung. Wir wandern linker Hand des Turms vorbei und sofort noch mal nach links zur Straße, die wir geradeaus überqueren. Dem grünen Plus-Zeichen folgend erreichen wir nach ca. 1 km den im Sommer wie im Winter gut frequentierten Wanderparkplatz **Drei Eichen (5)**. Wir queren die Kreuzung, orientieren uns kurz am grünen Plus, gehen aber geradeaus weiter, wenn dieses nach rechts auf den Pfad leitet. An der ersten Möglichkeit biegen wir links ab. Der schnurgerade Waldweg stößt bei zwei

Wegsteinen auf den asphaltierten Waidhausweg (links in 250 m die Schutzhütte Waidhaus). Wir überqueren den Weg und wandern links haltend auf dem Fichtenweg weiter. An der T-Kreuzung rechts und sofort wieder links geht es weiter durchs Unterholz bis zur Schutzhütte **Hirschplatte (6)**. Wir ziehen auf dem Wieslocher Weg links an der Hütte vorbei und stoßen kurz danach auf eine Lichtung mit Rastplatz unter der Hochspannungsleitung. Nun leitet uns die Markierung mit der gelben 10, zunächst über einen Grasweg zum Wald. Nach Durchquerung des Wäldchens knickt der Weg nach links ab. Wieder rechts haltend durchstreifen wir eine Wiese hinunter nach **Lingental (7)**. Der aus einem Landgut hervorgegangene Weiler geht auf Schweizer Siedler des 17. Jh. zurück. Links auf die Durchgangsstraße und nach 50 m rechts über den Parkplatz geht es um das Ausflugslokal Lingentaler Hof herum. Am Teich des Anwesens vorbei (L4 Wanderweg) wandern wir auf den vor uns liegenden Höhenzug, der uns oben mit weiten Blicken in den Kraichgau belohnt. Oben wenden wir uns nach links und sofort wieder nach rechts in Richtung Wald. Kurz davor, an einer Gehölzgruppe, führt uns der Wanderweg G1 nach links und wir schlendern durch Felder und Streuobstwiesen zurück in Richtung Gaiberg. Unser Weg stößt auf die stark befahrene L 600, an der wir – wenn möglich auf der Wiese – wenige Meter entlanggehen und sie dann nach rechts wieder verlassen. Am Waldrand strebt unser Weg auf die Kreisstraße zu, die wir jedoch hier nicht überqueren. Stattdessen biegen wir direkt davor links ab und gehen 300 m parallel zur Straße nach Norden. Dann erst überqueren wir sie und orientieren uns an der Beschilderung zum **Berghof Weinäcker (8)**. Ein Besuch des großen Bauern- und Pferdehofes mit dem dazugehörigen Gasthaus samt Aussichtsterrasse lohnt allein schon wegen seiner attraktiven Lage mit weitem Blick, der an guten Tagen bis zum Nordschwarzwald reicht. Nach der Einkehr kehren wir zurück zu den Pferdeställen, biegen links ab und wandern talwärts. Nach 250 m finden wir das grüne X und folgen ihm nach links zurück zur Hauptstraße von **Gaiberg (1)**.

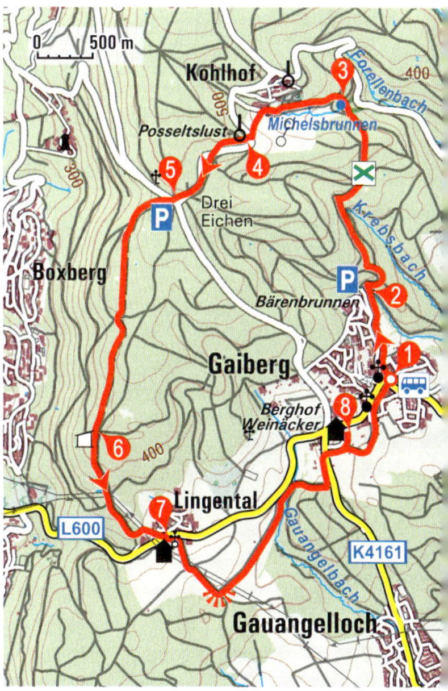

7 Königstuhl: über die Himmelsleiter zum Felsenmeer

2.30 Std.

Steine, Wald und Panoramablicke

Von 1888 bis 1907 zogen sich die Arbeiten für die Heidelberger Bergbahn hin. Anfangs noch mit Wasserballast betrieben, wurde sie nach und nach auf Elektrizität umgestellt. Im oberen Abschnitt zwischen Molkenkur und Königstuhl rumpeln immer noch die ursprünglichen historischen Waggons. Die einmalige Anfahrt zum Heidelberger Wanderrevier sollte man sich nicht entgehen lassen. Hoch über den Dächern der Heidelberger Altstadt wandern wir auf beliebten und gut beschilderten Wegen rund um den Königstuhl.

Ausgangspunkt: Aussichtsterrasse auf dem Königstuhl. Zu erreichen mit der Heidelberger Bergbahn vom Kornmarkt aus oder – günstiger – mit der RNV-Buslinie 39 vom Bismarckplatz (siehe Tour 1).
Höhenunterschied: 310 m.
Anforderungen: Anfänglich auf alten Sandsteinstufen steil bergab. Ansonsten breite, schattige Forstwege.
Markierung: Bergab auf Neckarsteig und rotem Balken. Ab Hohler Kästenbaum auf Neckarsteig zurück.

Einkehr: Erfrischungen und Snacks bieten der Kiosk am Märchenparadies, Mitte März bis Mitte Nov. 10–18 Uhr, sowie der Kiosk Fuchsbau an der Bergstation, im Sommer 11–20 Uhr, im Winter 11–17 Uhr.
Karte: Wanderkarte Heidelberg Neckartal-Odenwald (GNBO Blatt 12, 1:20.000). Hessischer Odenwald Süd (Meki Landkarten GmbH, 1:30.000).
Hinweis: Achtung, im Winter und bei Nässe sind die Stufen der Himmelsleiter gefährlich rutschig.

Blick auf Heidelberg in der Nähe des Rindenhäuschens.

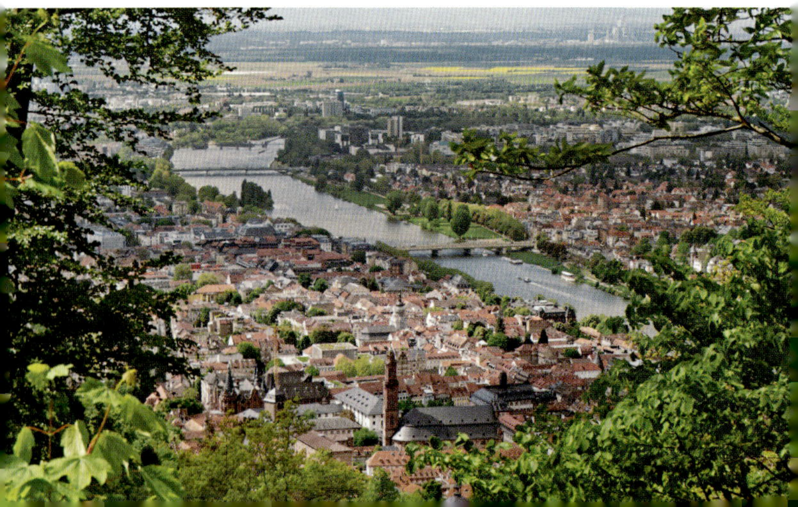

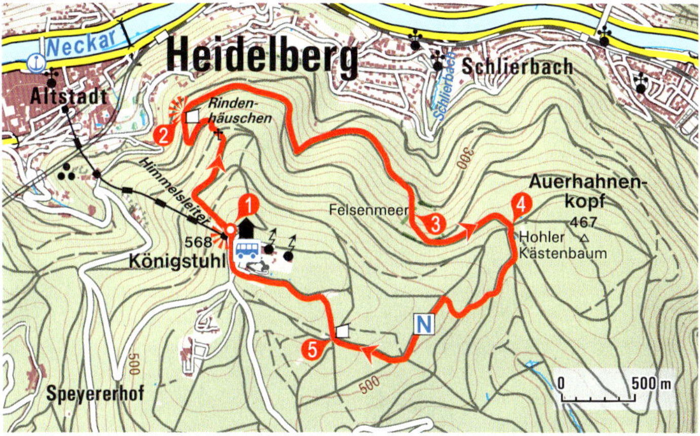

Wir beginnen unsere Runde an der Aussichtsterrasse auf dem Heidelberger Hausberg **Königstuhl (1)** und genießen erst mal den atemberaubenden Ausblick über das Rheintal hinüber zur Pfalz, im Norden zum Melibokus an der Bergstraße, im Süden zu den Kraichgauer Hügeln. Rechts neben uns führt nach wenigen Metern die berühmte Himmelsleiter über 1200 grob bearbeitete Sandsteinstufen hinunter bis zum Molkenkurweg (Neckarsteig). Aber keine Sorge, wir benutzen nur knapp die Hälfte davon. 1844 wurde die Treppe zum Schutz des Waldes vom damaligen Forstamtsleiter angelegt. An der zweiten Querung eines Forstweges, bei einer Sitzbank, verlassen wir die Stufen, folgen dem roten Balken des Odenwald-Vogesen-Weges nach rechts und an der Gabelung nach links. Nach ca. 400 m orientieren wir uns an einem Hochsitz nach links in Richtung **Wildererkreuz**. In mehreren Kehren schlängelt sich ein schmaler Pfad hinab zum alten Sühnekreuz von 1738. Nach mündlicher Überlieferung soll ein Wilderer hier erschossen worden sein. Tatsächlich war es vermutlich ein Waldarbeiter, der an dieser Stelle zu Tode kam. Am zweiten Forstweg biegen wir links ab, wenden uns bei nächster Möglichkeit nach rechts und verlassen den roten Strich. Am **Rindenhäuschen (2)** endet der Verbindungsweg. Die historische Schutzhütte ist beliebter Treffpunkt bei den »Heidelberger Schlossbeleuchtungen«, einem eindrucksvollen Feuerwerk an vier Samstagen im Sommerhalbjahr. Wir halten uns rechts und folgen vorübergehend dem gelben V. An der Gabelung nach der Rechtskurve verlassen wir das gelbe V

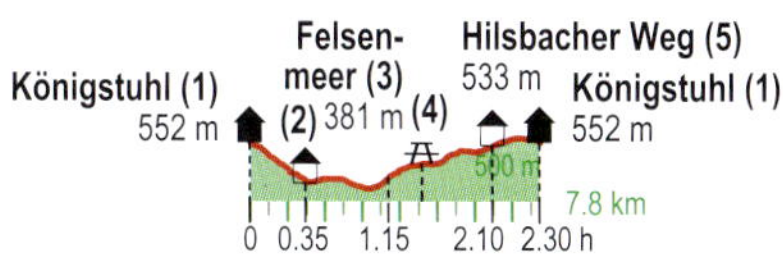

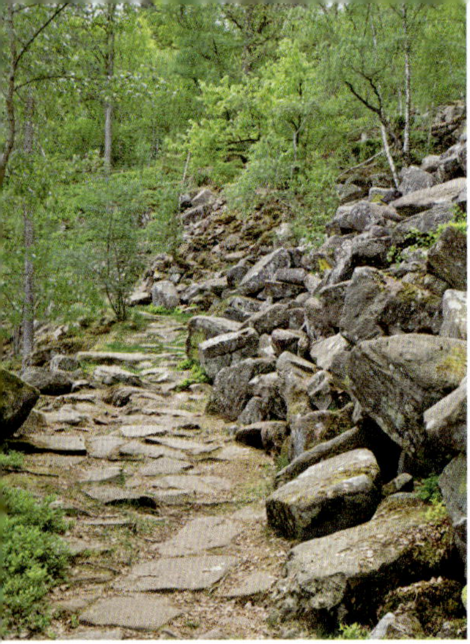

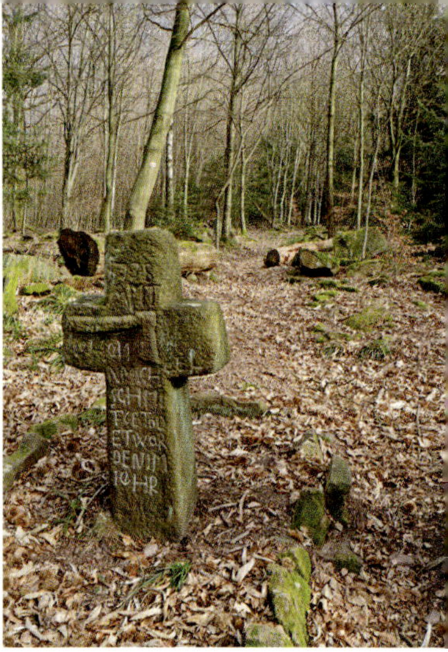

Am Felsenmeer.

Das Wildererkreuz.

wieder und ziehen links bergab in Richtung Wolfsbrunnen. Am Wegstein folgen wir leicht rechts haltend dem wieder sanft bergauf führenden Brandplattenweg. Auf der gegenüberliegenden Neckarseite blicken wir auf Ziegelhausen und Peterstal. Kurz hinter einer gewaltigen Eiche, in der Linkskurve (wieder mit Wegestein) nehmen wir rechts den unmarkierten Pfad, der uns zum imposanten **Felsenmeer (3)** hinaufführt. Gewaltige, übereinandergeschobene Felsblöcke in allen Größen, zum Teil mit Moos überzogen, bilden eine eindrucksvolle Kulisse. Die Blockströme entstanden in den letzten Eiszeiten durch Bodenfließen (Solifluktion), das auf das kurzzeitige Auftauen des Dauerfrostbodens zurückzuführen ist (siehe auch Wanderung 23). Unser Weg mündet in einen asphaltierten Waldweg, in den wir rechts einbiegen. Über die gleich folgende Linkskurve leitet dieser uns bergauf zur Wanderwegkreuzung **Hohler Kästenbaum (4)** mit Picknickmöglichkeit. Wir folgen abwärts dem Neckarsteig, der anfänglich auf breitem Wirtschaftsweg unter mächtigen Tannen zum **Erlenbrunnen** führt. An der malerisch gefassten Quelle biegen wir nach rechts auf einen urigen überwachsenen Waldpfad ab: den märchenhaften Eisenlohrweg. Erst links, später rechts haltend geht es zur Kreuzung **Hilsbacher Weg (5)** mit Schutzhütte. Wir biegen noch einmal rechts ab und gelangen nach Durchquerung eines bunten Mischwaldes zu einer Lichtung mit Ruhebänken. Hier biegen wir links ab und wandern an allerlei originellen Spielen aus Naturmaterialien und am »Märchenparadies« vorbei zurück zum **Königstuhl (1)**.

4.30 Std.

Über den historischen Dilsberg nach Neckarsteinach

8 TOP

Zu einem malerischen Bergdorf hoch über dem Neckar

Bei diesen Anblicken schlägt jedes Wandererherz höher: Inmitten einer Neckarschleife liegt auf dem gleichnamigen Umlaufberg das schmucke Bergdörfchen Dilsberg. Verwinkelte Gässchen zwischen Fachwerkhäusern, die sich teilweise an die Festungsmauer schmiegen, prägen das Gesicht des malerischen Örtchens. Über allem thront die weithin sichtbare Bergfeste aus dem 13. Jh. Zu ihren Füßen, in der Biegung des Flusses, die Vier-Burgen-Stadt Neckarsteinach mit einer zauberhaften Flusspromenade.

Ausgangspunkt: S-Bahnhof Neckargemünd Altstadt. Zu erreichen von Heidelberg aus mit der S5. Parkmöglichkeit (außerhalb der Schulzeiten) an der Schule gegenüber.
Höhenunterschied: 500 m.
Anforderungen: Anspruchsvolle Wanderung mit drei Anstiegen auf guten Wanderwegen.
Markierung: Linker Neckarrandweg mit gelbem R bis Dilsberg. Ns3-Weg bis Neckarsteinach. Zurück auf dem roten R des rechten Neckarrandwegs. Zuletzt blauer Balken (HW13).
Einkehr: Gasthaus Zur Sonne Dilsberg, 11.30–14 Uhr und 18–24 Uhr, Mi. und Do. Ruhetag. Chocolaterie im Gasthaus zur Burg Dilsberg, Mi. bis So. 11–18 Uhr. Gastronomie in Neckarsteinach und Neckargemünd.
Karte: Wanderkarte Heidelberg Neckartal-Odenwald (GNBO Blatt 12, 1:20.000). Hessischer Odenwald Süd (Meki Landkarten GmbH, 1:30.000).

Los geht's am **S-Bahnhof Neckargemünd Altstadt (1)**. Vorbei an der Schule folgen wir den Wanderwegzeichen bergauf. Nach knapp 10 Min. weisen uns die Wegweiser nach links auf einen Treppensteig. Nach den Stufen halten wir uns links und steigen zwischen Buchen auf angenehmem Waldpfad weiter empor. Oben auf dem breiten Forstweg wenden wir uns nach links zur **Bockfelsenhütte (2)**, wo wir schon einen guten Überblick unserer Wanderung bekommen. Auf dem wunderbar schattigen Bockfelsenweg, der immer wieder einen Blick ins Neckartal freigibt, wandern wir parallel zum 100 m tiefer liegenden Fluss. Nach 20 Minuten verlassen wir den Forstweg nach links und folgen bergab dem gelben R. Anfangs geradeaus bringt uns der Weg zum Schluss in mehreren Kehren zur Straße, an der wir uns in spitzem Winkel nach rechts wenden. Bei den ersten Häusern des Weilers **Rainbach (3)**

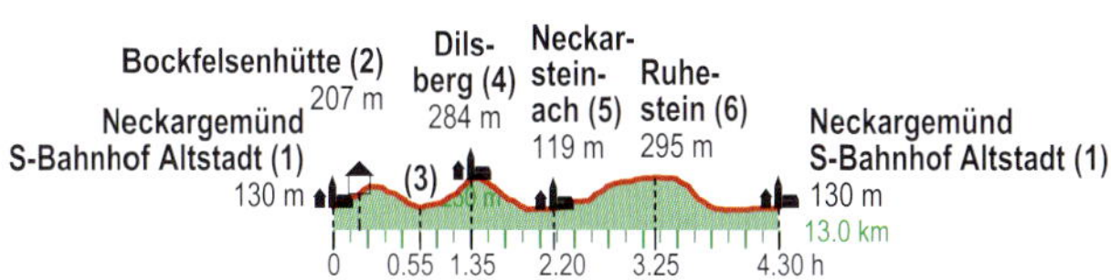

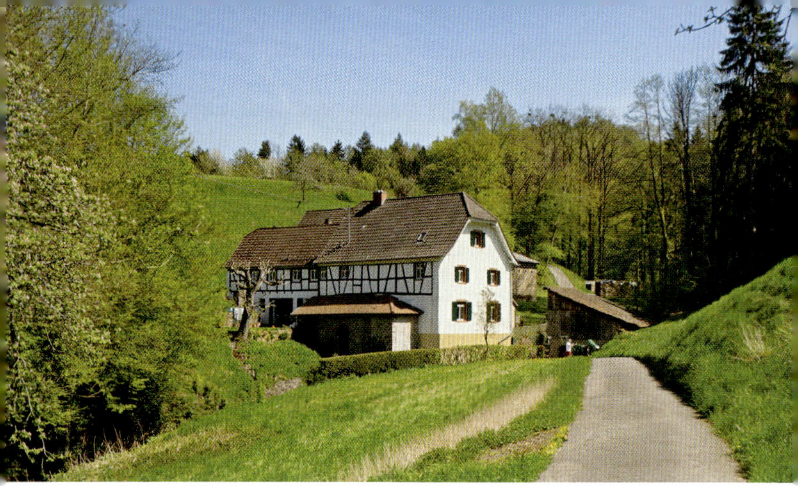

Die Lochmühle in Dilsberg-Rainbach.

weist uns das gelbe R nach rechts auf die Straße Am Mühlwald. An der Gabelung biegen wir links ab und wandern von Wiesen umsäumt zur idyllisch im Tal gelegenen **Lochmühle**. Das schmale Asphaltsträßchen führt danach wieder steil bergauf und quert die Neckargemünder Straße. An der Halle eines Busbetriebes geht es weiter nach rechts. Während der Neckarrandweg den Bergsporn umrundet, führt uns das rote Plus-Zeichen nun schweißtreibend den Hang hinauf. Oben an einem Parkplatz angekommen, ignorieren wir das rote Kreuz, halten uns stattdessen rechts und erreichen nach 50 m das Stadttor der Burgfeste **Dilsberg (4)**. Durch seine markante Lage war der gleichnamige Hügel in der Neckarschleife vermutlich schon früh besiedelt. Die erste urkundliche Erwähnung der Burg stammt von 1208. Nach mehreren Besitzern gelangte sie 1344 in die Hände des Pfalzgrafen Ruprecht I., der Burg und Stadt festungsartig ausbaute. Im Dreißigjährigen Krieg war der Dilsberg schwer umkämpft. Nach dem Ende der kurpfälzischen Regentschaft diente die Burg noch als Arrestanstalt und Karzer für Heidelberger Studenten. Nach einer Erkundungstour durch das anmutige Bergdörfchen finden wir am Gasthaus Zur Sonne die Markierung des Wanderwegs Ns3, der wir an der Kirche vorbei folgen. Nach den Treppenstufen biegen wir rechts ab und verlassen durch ein Tor (Privatbesitz, aber Durchgang erlaubt) den pittoresken Ort. Dahinter rechts und unmittelbar wieder links haltend geht es nun im Zickzack durch schattigen Buchenwald stramm bergab. Nach der Neckarschleuse schlendert man nach links auf der angenehmen Uferpromenade ins Zentrum der »Vierburgenstadt« **Neckarsteinach (5)**. Am Schiffsanleger halten wir uns rechts, wandern am Eichendorff-Museum vorbei und passieren auf dem Ns4-Weg die imposante spätgotische Kirche, die 250 Jahre lang als Simultankirche von drei Konfessionen genutzt wurde. Das Schild »Zu den Burgen« weist nach links und bringt uns zur **Mittelburg**. Die im neogotischen Stil veränderte Burg stammt aus dem 12. Jh. und ist bis heute bewohnt. Die Infotafel befindet sich nach 50 m in Richtung Neckar links. Nach weiteren 400 m sind wir an der eindrucksvollen Ruine der **Hinterburg** angelangt, die aus derselben Epoche stammt, aber während des Dreißigjährigen Krieges zerstört wurde. Der Bergfried ist zugänglich und bietet einen herrlichen Blick über das Neckartal. Rechts an der gewaltigen Burganlage vorbei führen die Wanderwege Richtung Wald. Wir folgen dem roten R nach links steil die Stufen hinauf, die uns nach einer kurzen Geraden zur letzten im Bunde, der **Burg Schadeck** (siehe Tour 28), führen. Nach einem kurzen Abstecher zu der aus dem Fels gehauenen Burg steigen wir die Stufen hoch und halten uns auf dem breiten Forstweg links. Am Teufelstein und kurz darauf an der 450 Jahre alten Bligger-Linde vorbei, finden wir 300 m danach einen links abgehenden unmarkierten Pfad. Er bringt uns auf den darunter liegenden Waldweg, auf dem wir nach rechts fortsetzen. 50 m dahinter, an der Verzweigung beim **Ruhestein (6)**, leitet uns wieder das rote R nach links weiter. Bei der nächsten Gabelung verlassen wir unser Wegzeichen und ziehen links den Ruhesteinweg hinab. Den Forstweg überquerend finden wir den blauen Strich, der uns hinunter nach Kleingemünd leitet. Über die Bergstraße steigen wir hinab bis zum Neckar und wenden uns nach rechts. Über die Friedensbrücke führt unsere Tour zur anderen Neckarseite zurück nach **Neckargemünd**, wo wir auf der Uferpromenade stromaufwärts (kurz vor der Bahnbrücke rechts hoch) zurück zum **S-Bahnhof Altstadt (1)** schlendern.

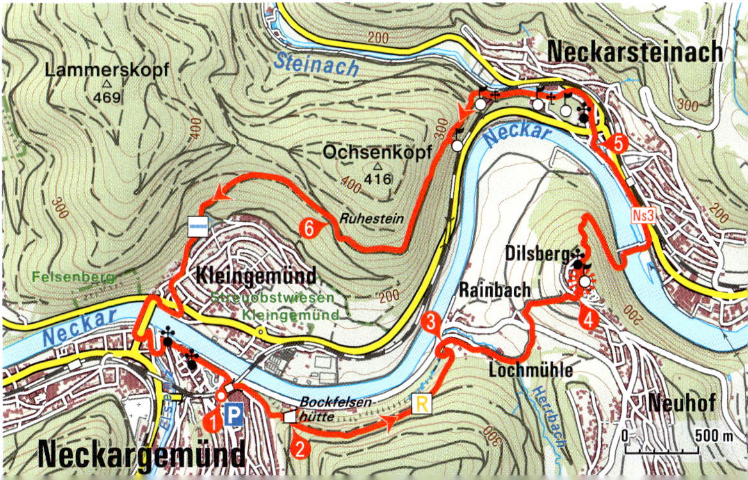

9 Zum Homo Heidelbergensis nach Mauer

5.00 Std.

Ein Unterkiefer, der Geschichte schrieb

Römische Siedlungsspuren, mittelalterliche Brunnen und Burgreste begegnen uns auf dieser Wanderung rund um die ehemalige Neckarschleife, die durch die Spuren unserer ältesten Vorfahren berühmt wurde. Weniger spektakulär als der Odenwald nördlich des Neckars, bietet die beschauliche Landschaft des Kleinen Odenwaldes südlich des Flusses dennoch einiges an Sehenswertem.

Ausgangspunkt: S-Bahnhof Neckargemünd Altstadt. Zu erreichen von Heidelberg aus mit der S5. Parkmöglichkeit (außerhalb der Schulzeiten) an der Schule gegenüber.
Höhenunterschied: 450 m.
Anforderungen: Abwechslungsreiche und einfache Rundwanderung auf Forst-, Wald- und Feldwegen mit nur geringen Steigungen.
Markierung: Grünes Dreieck (HW38), gelbe 1 bis Wiesenbach, gelbe 2 und V bis Mauer, blauer Balken (Hw13) zurück nach Neckargemünd.
Einkehr: Gastronomie in Wiesenbach und Mauer.
Karte: Wanderkarte Heidelberg Neckartal-Odenwald (GNBO Blatt 12, 1:20.000).

Vom **S-Bahnhof Neckargemünd Altstadt (1)** geht es wie bei Wanderung 8 hoch zur **Bockfelsenhütte**. Oben angekommen genießen wir am Aussichtspunkt den malerischen Blick ins Neckartal und auf den Dilsberg gegenüber. Anschließend gehen wir auf dem Weinbergweg wieder zurück und ca. 200 m in südlicher Richtung weiter bis zur Kreuzung. Dort folgen wir links dem ansteigenden Weg mit dem grünen, auf dem Kopf stehenden Dreieck. In einem lang gezogenen Bogen führt der Forstweg auf der Talschulter stetig bergan. Auf dem höchsten Punkt, an einer Kreuzung mit einer Waldarbeiterhütte, biegen wir um fast 180 Grad rechts ab. Nach 300 m verlassen wir das grüne Dreieck und schwenken links in den abwärts führenden Weg namens An der Grenze ein. Kurz danach, an einer Infotafel zur Waldgeschichte während der Römerzeit, verzweigt ein kleiner Pfad nach rechts, der uns nach wenigen Minuten zum **Römischen Gutshof (2)** führt. Die 1970 ausgegrabenen Fundamente stammen aus dem 2. Jh. n. Chr. und lagen an der Römerstraße von Heidelberg nach Neckarburken. Die gelbe 3 leitet uns nun auf dem

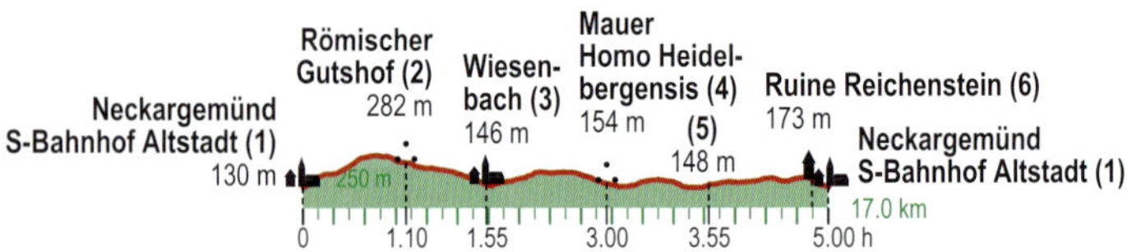

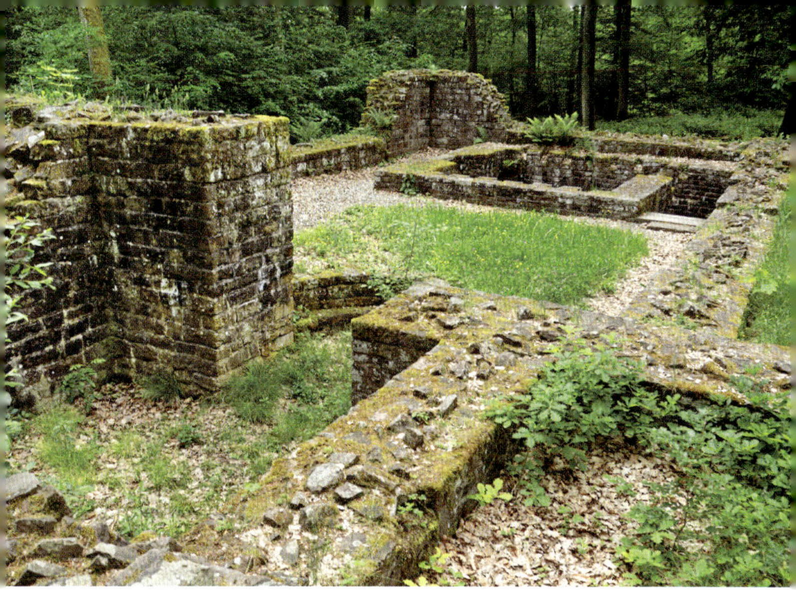

Der Römische Gutshof bei Neckargemünd.

schmalen Waldpfad weiter. Nach Überquerung eines Forstweges stoßen wir auf einen größeren Weg und laufen wenige Meter nach rechts zum **Nonnenbrunnen** mit dem Nachbau eines römischen Holzkastenbrunnens aus dem 3. Jh., der hier gefunden wurde. Daneben ein steinerner mittelalterlicher Brunnen. Weiter auf dem Pfad bergab gelangen wir nach 100 m zum Rast- und Picknickplatz Herrenwaldhütte. Hier folgen wir links der geteerten Herrenwaldstraße mit der gelben 1. Nach Verlassen des Waldes wandern wir auf einer kleinen Asphaltstraße mit Blick zu den gegenüberliegenden Hügeln des Kleinen Odenwaldes zwischen Hecken und Feldern hinunter nach **Wiesenbach (3)**. Wir überqueren die Hauptstraße und den Biddersbach und orientieren uns nun an der gelben 2. Zuerst an Streuobstwiesen entlang, danach im Wald, führt uns die Markierung bergan zu einer großen Waldkreuzung. In spitzem Winkel geht es nun scharf nach rechts. Nach ca. 750 m geht es wieder rechts haltend bis zu einem Hochbehälter. Geradeaus führt uns der mit V gekennzeichnete Feldweg hinab zu einem Wirtschaftsweg, den wir nach rechts einschlagen und unmittelbar danach wieder nach links verlassen. Am Klingenhof vorbei geht's weiter bergab durch ein grünes, üppig bewachsenes Tal. Nach ca. 300 m biegen wir links ab und erreichen nach einem dschungelartigen Wald die Sandgrube der Gemeinde **Mauer** mit der Fundstelle des **Homo Heidelbergensis (4)** und diversen Schautafeln. Die Entdeckung des mehr als 600.000 Jahre alten Unterkiefers im Jahr 1907 war eine wissenschaftliche Sensation. Ein Grubenarbeiter fand das älteste menschliche Fossil Europas in den Sanden der ehemaligen Neckarschleife. »Heit haw ich de Adam g'funne«, soll sein Finder, Daniel Hartmann, abends am Stammtisch erzählt haben. Wer mehr dazu erfahren

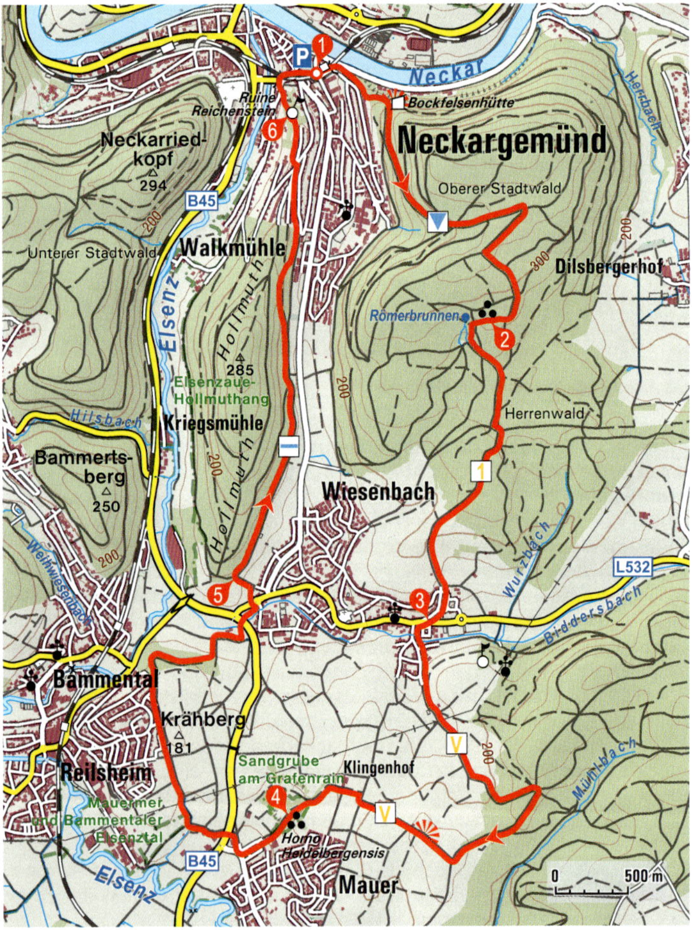

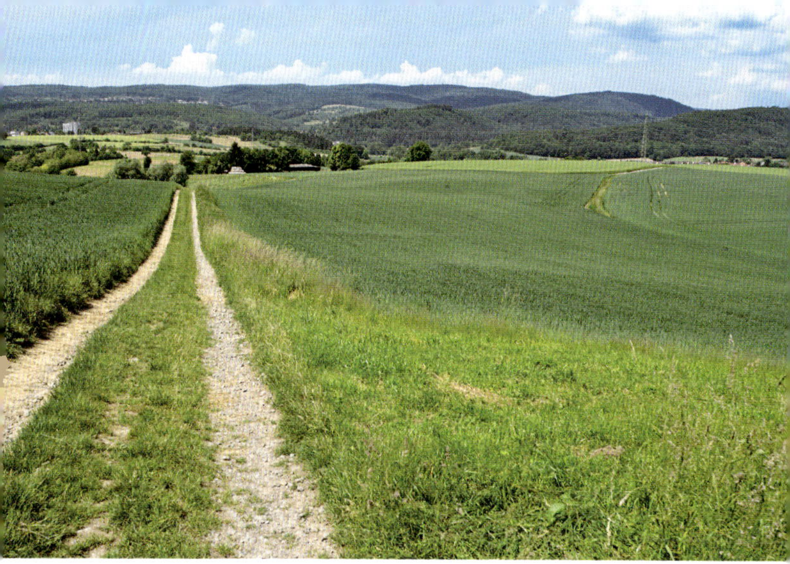

Blick von Mauer auf den Kleinen Odenwald.

möchte, kann sich im Urgeschichtlichen Museum im Rathaus von Mauer informieren. Aus dem Wald tretend, biegen wir am Einkaufsmarkt rechts und kurz danach links ab. Nach Unterquerung der B 45 halten wir uns in Höhe einer Baumschule rechts und wandern auf einem Wirtschaftsweg bergan. Entlang der Bebauungsgrenze von Reilsheim führt unser Weg geradeaus bis zu einem Wäldchen. Hier folgen wir dem grünen Kreuz nach rechts. Bergab geht es nun zum westlichen Ortsende von Wiesenbach. Nach der Straßenunterführung halten wir uns links, verlassen an der Brücke über den Biddersbach das grüne Plus-Zeichen und überqueren am Kreisverkehr die Durchgangsstraße. Ein kurzes Stück Feldweg führt uns zum Kalkbrunnenweg am Waldrand des **Hollmuth (5)**, auf dem wir rechts zurück nach Neckargemünd wandern (blauer Balken). Der ehemalige Umlaufberg eines alten Neckararmes gehörte als Burgwald zur Burg Reichenstein. Das Waldökosystem wurde 1998 zum Bannwald erklärt, der keine forstliche Nutzung erlaubt und sich selbst überlassen wird. Nach Austritt aus dem Wald geht es die Carl-Beck-Straße hoch. Am Ende links und gleich wieder rechts bringt uns die Reichensteinstraße zur gleichnamigen staufischen **Ruine Reichenstein (6)** aus dem 13. Jh., von der nur wenige Mauerreste erhalten sind. Ein begrünter Fußgängerweg führt uns zum Karlstor von Neckargemünd, von dem der **S-Bahnhof Neckargemünd Altstadt (1)** nur wenige Schritte entfernt ist (vgl. Tour 3).

Die Bergstraße – wo der Frühling beginnt

Zwischen Darmstadt im Norden und der Weinstadt Wiesloch im Süden verläuft längs des Westabfalls des Odenwaldes die viel gerühmte Bergstraße. Überschwängliche Attribute rücken die Region gerne in die Nähe mediterraner Landstriche. Neben dem Habsburger Kaiser Joseph II., dem der Ausruf »Hier fängt Deutschland an, Italien zu werden!« nachgesagt wird, waren es vor allem Dichter und Schriftsteller, die den Landstrich mit blumigen Worten rühmten. Johann Wolfgang von Goethe, der auch dem Bergsträßer Wein nicht abgeneigt war, hielt fest: »Kommst du zur Zeit der Mandel-, Pfirsich- und Kirschblüte an die Bergstraße, fühlst du, dass das Paradies nicht schöner gewesen sein kann.« Und Heinrich von Kleist berichtete von einer heiteren Wanderung an der von warmen Lüften verwöhnten Bergstraße.
Tatsächlich begünstigen klimatische Bedingungen mit Durchschnittstemperaturen über 10 °C – im benachbarten Odenwald sind es lediglich 7,5 °C – eine fast mediterrane Flora. Mandeln, Feigen, Zitronen und andere Obstsorten machen die Region vor allem im Frühjahr zu einem gerne besuchten Landschaftspark, dessen Reiz sich kaum einer entziehen kann. Bei einer Wanderung auf dem »Blütenweg«, der sich längs der Bergstraße durch die Weinberge schlängelt, vorbei an Gärten, Streuobstwiesen und Reben, kann

Blick über die Rebflur auf den Hemsberg bei Bensheim (Touren 15 und 16).

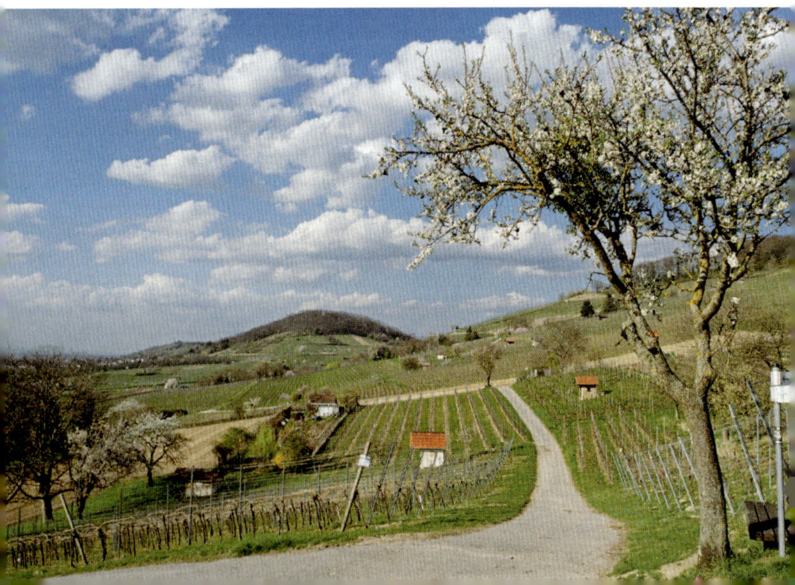

man das mit allen Sinnen nachvollziehen. Die von eiszeitlichem Löss bedeckten Hänge des Odenwaldes bieten hervorragende Voraussetzungen für den Weinbau. Die Qualität der sonnenverwöhnten hessischen und badischen Bergstraßenweine lässt manchen Weinkenner in Verzückung geraten. Die vorgeschlagene Wanderung bei Heppenheim (Tour 15) bietet reichlich Informationen zum Weinanbau an der Bergstraße, den vor ca. 2000 Jahren die Römer mitbrachten. Mit der Anlage einer Heerstraße am Westrand des Odenwaldes schufen sie im 2. Jh. n. Chr. die Grundlage für die Besiedlung. Im Mittelalter betrieben die Klöster Lorsch und Worms, später Heidelberger und Darmstädter Kurfürsten den weiteren Ausbau der »strata montana« zur bedeutenden rechtsrheinischen Heer- und Handelsstraße.

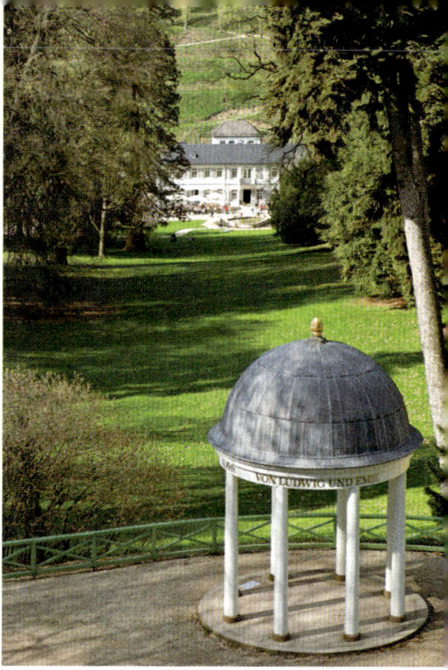

Im Fürstenlager bei Bensheim-Auerbach (Tour 17).

Neben Obst, Wein und Gemüse sicherte bis vor wenigen Jahrzehnten mancherorts auch der Bergbau den Lebensunterhalt. Auf Wanderwegen zwischen Schriesheim und Leutershausen findet man noch Zeugnisse des einstigen Abbaus. Fast schon pittoresk wirken die inzwischen vernarbten Hügel des Quarzporphyr-Steinbaus bei Dossenheim, wo ein Lehrpfad die harte Arbeit der Steinhauer beschreibt. Viele weitere Themen-Wanderwege, auf die in den Wegbeschreibungen hingewiesen wird, geben gründliche Einblicke in Geschichte, Geologie und Weinanbau.

Die Harmonie der geomorphologischen Struktur mit den kleinteiligen landwirtschaftlichen und Wein-Anbaugebieten, lieblichen verträumten Kleinstädten in Fachwerkstil, gemütlichen Weinbau-Dörfern und mittelalterlichen Burgen ist einzigartig. Fast überall bieten sich herrliche Panoramablicke ins Rheintal, zur Pfalz, auf den Donnersberg oder die südlich anschließenden Hügel des Kraichgaus. Beste Wanderzeit für die Bergstraße sind die Frühlingsmonate März und April, wenn die Hänge von gelben und rosa Blütentupfen gesprenkelt sind. Aber auch im Herbst, zwischen rot und gelb gefärbtem Weinlaub, bietet eine Wanderung stimmungsvolle Bilder, die man auf einem der gemütlichen Weinfeste oder in einer Besenwirtschaft mit einheimischem Rebensaft nachwirken lassen kann.

TOP 10

Auf dem Blütenweg von Dossenheim nach Weinheim

5.30 Std.

Wandern zwischen Wald und Reben mit Panoramablick

Das Aushängeschild der Bergstraße, der Blütenweg, darf mit Recht als einer der schönsten Weitwanderwege der Kurpfalz bezeichnet werden. Vorbei an Burgen und gemütlichen Bergstraßendörfern führt die Streckenwanderung in ständigem Auf und Ab durch Weinberge, Wald und Streuobstwiesen. Eindrucksvolle Weitblicke in die Rheinebene und hinüber zur Pfalz runden das Wohlfühlerlebnis ab.

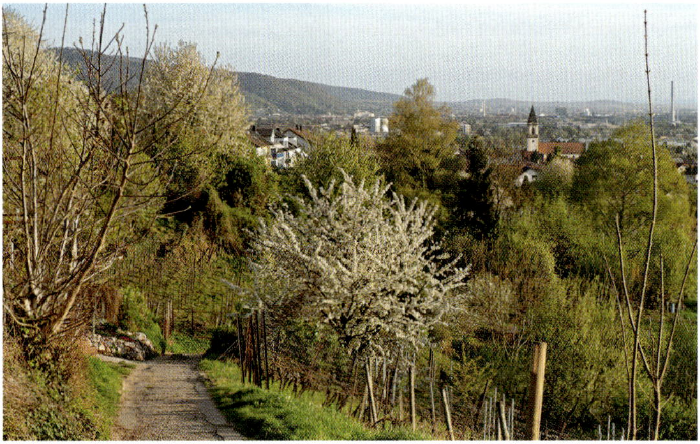

Rückblick auf Dossenheim.

Ausgangspunkt: Haltestelle Dossenheim Mitte. Erreichbar von Heidelberg und Mannheim mit Linie 5 (OEG). Parkplätze daneben.
Endpunkt: Haltestelle Weinheim Hbf. Rückkehr nach Dossenheim mit Linie 5.
Höhenunterschied: 600 m.
Anforderungen: Wir wandern auf angenehmen Wald- und Weinbergswegen mit einigen wenigen Steilpassagen.
Markierung: Mit einer Ausnahme (vor Leutershausen) fast durchgängig gelbes B des Blütenweges.
Einkehr: Burggasthof Zur Strahlenburg, Mi. bis So. ab 11 Uhr. Café Chocolaterie Erdmann Leutershausen, Mi. bis So. 10–17 Uhr. Gastronomie in Schriesheim, Hohensachsen und Weinheim.
Karte: Wanderkarte Heidelberg Neckartal-Odenwald (GNBO Blatt 12, 1:20.000). Hessischer Odenwald Süd (Meki Landkarten GmbH, 1:30.000).
Hinweis: Die Wanderung kann unterwegs problemlos unterbrochen werden, da in allen Bergstraßengemeinden eine Haltestelle der Linie 5 (OEG) zu finden ist.

Wir starten an der **Haltestelle Dossenheim Mitte (1)** und wandern auf der Bahnhofstraße ins Zentrum der Bergstraßengemeinde. Am Rathausplatz, vorbei an der Statue eines Steinbrechers als typisches Berufsbild Dossenheimer Männer des vergangenen Jahrhunderts, geht es auf der Hauptstraße hoch bis zur Conditorei Meisel. Hier biegen wir links ab und laufen durch die Hintergasse zur Schauenburgstraße. Nun nimmt uns der mit gelbem B markierte Blütenweg auf, der hangparallel verläuft. Kurz nach dem Wanderparkplatz führt rechts ein asphaltierter Weg hinauf zur **Schauenburg** aus dem 13 Jh., die der Spitzhacke fast vollkommen zum Opfer fiel, als in der zweiten Hälfte des letzten Jahrhunderts Proteste den Stopp des Quarzporphyrabbaus erzwangen. Wer die Mauerreste am Südwesthang des Ölbergs besichtigen möchte, kann hier hochgehen, trifft an der Ruine den Burgensteig mit dem Emblem der blauen Burg und folgt diesem bis zur Strahlenburg nach Schriesheim. Der Blütenweg hingegen schlängelt sich romantisch am Waldrand oberhalb der Weinberge und unterhalb des Ölbergs dahin. An den Schildern von Müllers Weinstube geht unser Weg geradeaus weiter durch die Schriesheimer Weinlage Kuhberg, über die ein Themenweg informiert. Ein asphaltierter Weinbergsweg führt uns hoch zur **Strahlenburg**. Die Burg wurde im 13. Jh. als Lehen des Klosters Ellwangen errichtet und schon um 1500 wieder zerstört. Nach einem Abstecher zur Burg mit ihrem einladenden Panoramarestaurant benutzen wir vor den Mauern links den Wirtschaftsweg abwärts in den Ort. Wir biegen nach rechts in die Obere Bergstraße und an deren Ende links ins Zentrum von **Schriesheim (2)**. Am Ende der Heidelberger Straße gehen wir rechts 50 m die Talstraße hoch, biegen

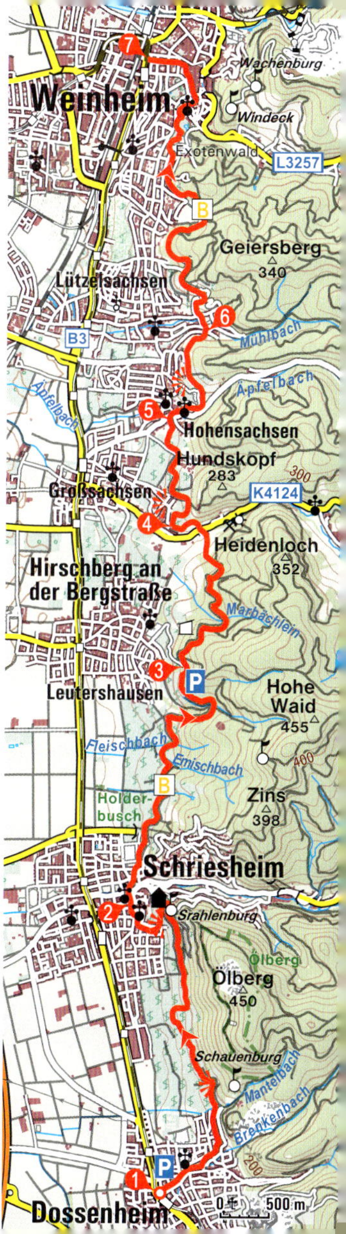

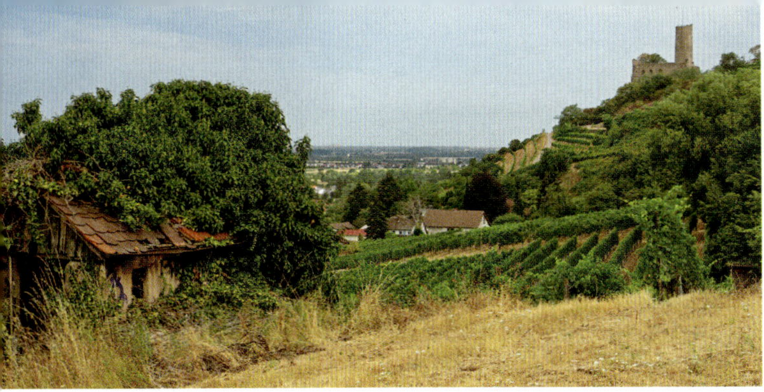

Schriesheim: Blick auf die Strahlenburg.

nach links durch einen Torbogen ab und stoßen über einen Schlenker am nett angelegten Mühlgraben auf die Weinheimer Straße. Links haltend geht es unterhalb des Villenviertels Branich aus dem heimeligen Weinstädtchen und zwischen alten Obst- und Walnussbäumen hinaus in die Rebflur. Achtung, an der Gabelung mit drei Wegen ca. 10 Min. hinter dem Ort nehmen wir den links bergab führenden Weg in den Wald. Um weniger Asphalt unter den Füßen zu haben, verlassen wir am **Wanderparkplatz Kehrrang (3)** oberhalb von **Leutershausen** den Blütenweg und benutzen den Burgensteig nach rechts bergauf. Kurz danach, am Waldlehrpfad Hirschberg mit informativen Tafeln, folgen wir unserem Weg an der Schutzhütte links bergab. Vorbei am Amphibienteich erreichen wir den Gedenkstein **Jägersruh**. Knapp 200 m dahinter gehen wir kurz vor einer Kurve spitzwinklig nach links den unmarkierten Weg bergab. Nach wenigen Metern stoßen wir vor einem Freizeitgelände wieder auf den Blütenweg und halten uns rechts und queren die Talstraße. Bei der Brücke wenige Meter unterhalb der Straße kann man einen Blick in einen ehemaligen Grubenschacht werfen (Lichtschalter betätigen). Im Mittelalter wurde hier wie auch in benachbarten Bergstraßengemeinden Silber, Bleierz und Kupferkies abgebaut. Nach strammem Aufstieg auf der anderen Talseite biegen wir kurz nach den ersten Häusern von **Großsachsen (4)** rechts ab. Im Zickzack führt uns der Blütenweg zwischen Gärten und Weinbergen weiter. An zwei T-Kreuzungen geht es jeweils nach

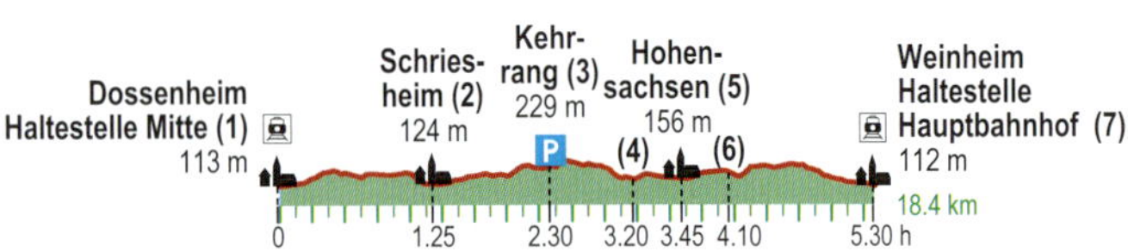

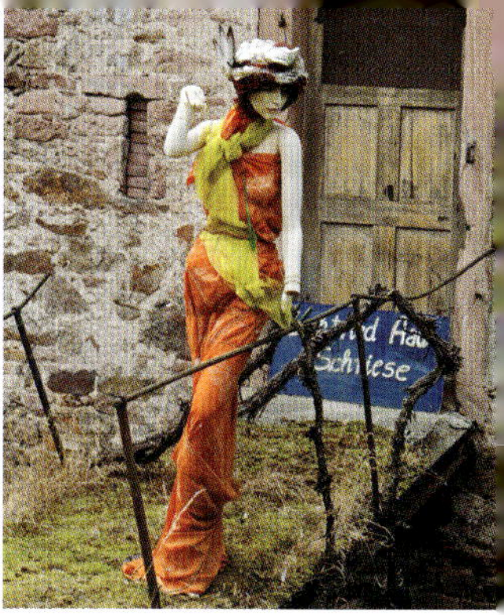

Am Mühlgraben in Schriesheim.

links, bevor uns das gelbe B nach **Hohensachsen (5)** geleitet. Vor dem schmucken Kirchlein St. Jakobus führt uns das Wegzeichen links hoch und am Friedhof vorbei, nach einem kurzen Anstieg öffnet sich wieder oberhalb der Weinberge ein eindrucksvoller Weitblick ins Rheintal. Wir treffen auf die Straße Holzweg des beliebten Weinheimer Vororts **Lützelsachsen (6)**. Die Markierung leitet uns sicher durch den Ort. Nach dem Ortsaustritt, am Vereinsheim vorbei, erwartet uns eine heftige und schweißtreibend steile Passage auf einem Wiesenweg, die zu einem Wirtschaftsweg führt. Wir halten uns links und genießen den wunderbaren Panoramaweg. Am Standpunkt Exotenwald haben wir zwei Möglichkeiten. Nach rechts führt die etwas längere Variante durch den Exotenwald von Weinheim, in dem seit 1872 fremdländische Baumarten angepflanzt wurden (s. auch Tour 13). Wir benutzen die Direttissima und wandern geradeaus weiter. Achtung, nach 300 m an der Lichtung ist die Markierung schwer zu erkennen. Es geht über den festgetrampelten Grasweg links abwärts. Nach den ersten Häusern mündet unser Wanderweg direkt in den Schlosspark von Weinheim mit Blick hinüber zur Wachenburg und zur Burg Windeck. Jenseits des Schlossparks erwartet uns der belebte Marktplatz. An seinem Ende halten wir uns links, wandern durch die Fußgängerstraße und biegen auf der Bahnhofstraße erneut links ab. Nach 150 m verlassen wir sie nach links in die Luisenstraße, an deren Ende wir links die **Haltestelle Hauptbahnhof** der Linie 5 in **Weinheim (7)** finden, die uns entlang der Bergstraße zurückbringt.

Im Schlosspark Weinheim.

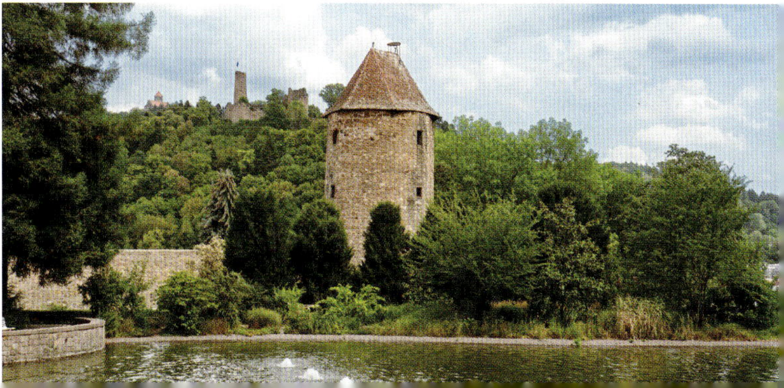

11 Zur Schriesheimer Hütte

4.30 Std.

Bergbau und Burgenreste am Rand des Odenwaldes

Kaum ein Bergstraßenort bietet eine solch hübsche Kulisse wie das Weinstädtchen Schriesheim mit der markanten Strahlenburg zwischen Waldrand und Weinbergen. Von der gemütlichen Kleinstadt leitet uns der Weg zu Relikten des Bergbaus am Rande des Odenwaldes. Allen voran die fast gruselig wirkende, tief eingeschnittene Spatschlucht. Die ruhige Waldtour führt zur Schriesheimer Hütte, die an Wochenenden müde Wanderer zur Rast einlädt. An spärlichen Resten ehemaliger Burgen vorbei geht es auf dem Blütenweg zurück. Das gemütliche Café im historischen Ortskern neben dem Alten Rathaus bietet sich zum Ausklang an.

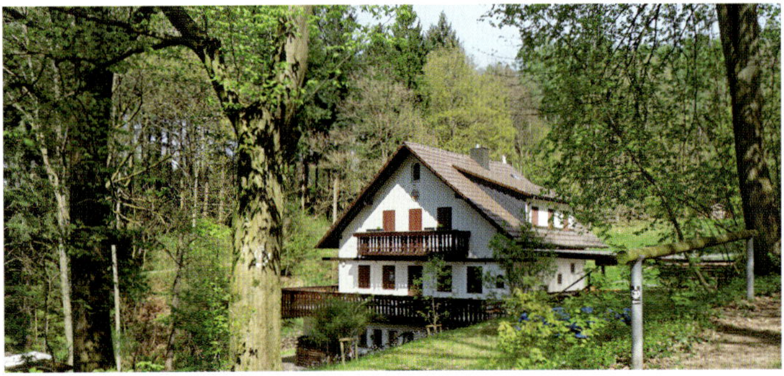

Das Naturfreundehaus Schriesheimer Hütte.

Ausgangspunkt: Haltestelle Schriesheim Bahnhof. Erreichbar von Heidelberg und Mannheim mit Linie 5 (OEG). Parkplatz an der Talstraße.
Höhenunterschied: 440 m.
Anforderungen: Anfangs durch den Ort etwas asphaltlastig, dann meist auf Forstwegen mäßig bergan und ebenso wieder bergab. Ein kurzer, steiler Pfad vor der Mündung in den Blütenweg ist die einzige Herausforderung.
Markierung: S3-Beschilderung bis zur Schriesheimer Hütte, danach zwei gelbe Balken bis zum Abzweig auf den S6, auf Blütenweg mit gelbem B zurück.
Einkehr: Schriesheimer Hütte, geöffnet an Wochenenden und Feiertagen, www.naturfreunde-schriesheim.de.
Karte: Wanderkarte Heidelberg Neckartal-Odenwald (GNBO Blatt 12, 1:20.000). Hessischer Odenwald Süd (Meki Landkarten GmbH, 1:30.000).
Variante: Werktags, wenn die Schriesheimer Hütte nicht geöffnet hat, bietet sich diese um 6,2 km kürzere Variante an: Wir folgen nach der Spatschlucht dem Burgensteig, der uns am Schanzenköpfle wieder mit der Hauptroute zusammenbringt.

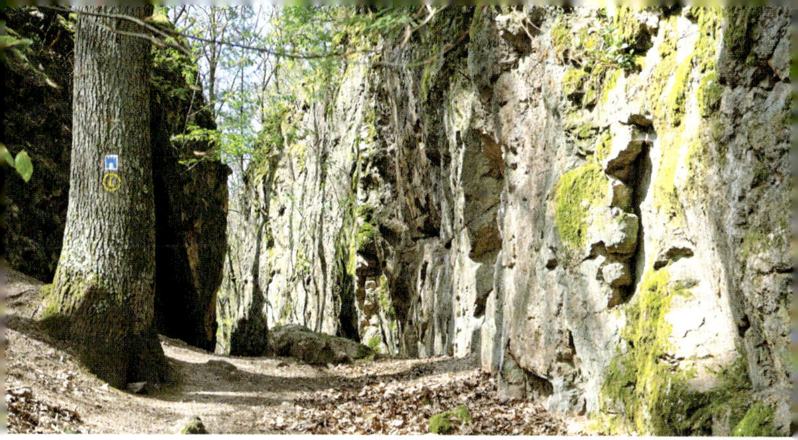

Spatschlucht bei Schriesheim.

Wir beginnen unsere Wanderung am **Bahnhof in Schriesheim (1)**. Hinter der modernen Bebauung des Platzes verläuft die Schillerstraße, der wir wenige Meter Richtung Innenstadt folgen. Am Ende geht unser Weg nach rechts in die Bahnhofstraße und wir wandern mit Blick auf die imposante Ruine der Strahlenburg ca. 100 m bis zur Bismarckstraße, in die wir nach links einschwenken. An der belebten Talstraße geht es nach rechts und nach knapp 100 m überqueren wir sie vor dem neuen Rathaus an der Ampel. Hinter dem kleinen Fachwerkhaus, dem »Bachschlössl« von 1891, führen uns die Wanderwege nach rechts auf den kleinen, hübsch ausgebauten Fußgängersteig entlang des Mühlgrabens. Auf Holzbohlen geht es, begleitet vom Plätschern des Baches, an malerischen alten Fachwerkhäusern und der ehemaligen Mühle vorbei. An der einstigen Gaststätte Goldene Rose überqueren wir die Talstraße und gehen die Straße Schmale Seite bergan. Nach 100 m folgen wir rechts dem Burgweg und kurz darauf links dem Wanderwegschild S5 in den Huberweg. Auf der gegenüberliegenden Talseite kann man oberhalb der Felswand das Weiße Kreuz am sogenannten Hirschsprung erkennen. Angeblich soll ein gejagter Hirsch an dieser Stelle den Abhang hinuntergesprungen sein. Wir folgen weiter dem Huberweg, passieren das Restaurant Neues Ludwigstal und biegen kurz danach links ab in die Strahlenberger Straße, die wir nach 100 m wieder nach rechts verlassen. Wir überqueren die Talstraße, wandern an den Gebäuden der Malzfabrik entlang und biegen links ab in den Griethweg. Nach 100 m zweigt nach links die mit S3 markierte Straße **Weites Tal (2)** ab (Wegweiser zur Schriesheimer Hütte), wo gleich zu Beginn das Gebäude des Freihofes auffällt. Das früher »Villa Hirschland« genannte Jugendstil-Haus wurde Anfang des 19. Jh. vom jüdischen Kaufmann Hirschmann aus Mannheim erbaut, der zur damaligen Zeit

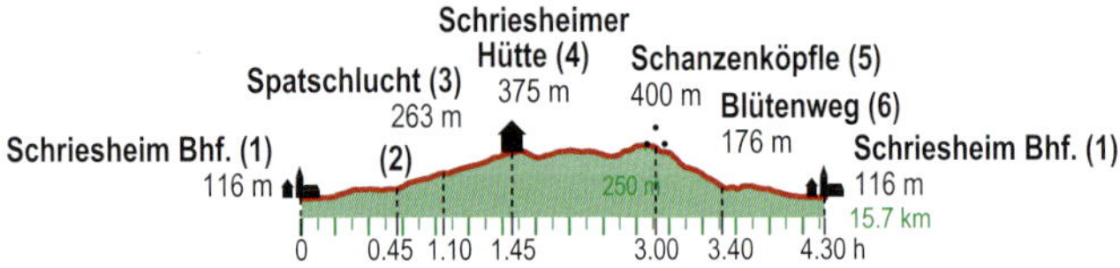

eines der führenden Mannheimer Warenhäuser besaß. Er konnte 1933 noch in die USA emigrieren und verkaufte zuvor sein Anwesen, das in der Zwischenzeit verschiedene Besitzer hatte. Gemächlich zieht der Weg hinein ins liebliche Tal. Nach einer Viertelstunde erreichen wir ein altes Jägerhaus, das heute als Waldkindergarten genutzt wird. Hier lassen wir die Markierung vorerst links liegen und gehen geradeaus weiter. Direkt nach dem Gebäude treffen wir auf das erste Relikt des Bergbaus im Vorderen Odenwald. Der vergitterte Wilhelmstollen zum Abbau von Schwerspat ist 139 m lang und war bis 1939 in Betrieb. Wir setzen unseren Weg fort und zweigen nach wenigen Minuten kurz vor der Kreuzung nach links auf einen kleinen Pfad (Burgensteig) ab. Eine Schautafel beschreibt hier die Historie des Bergbaus. Das Gestein, in der Fachsprache Baryt genannt, wurde zur Farb- und Papierherstellung verwendet und bis zur Aufgabe des Stollens abgebaut. Kurz dahinter wandern wir auf schmalem Pfad zwischen den eindrucksvollen Wänden der **Spatschlucht (3)** hindurch, einem oberirdischen Abbaugebiet. Nach einem Waldweg mündet der Abstecher wieder in den mit S3 markierten, etwas verwachsenen Weg, in den wir nach rechts einschwenken. Die in der Kurzinfo beschriebene Variante folgt hier weiter dem Burgensteig

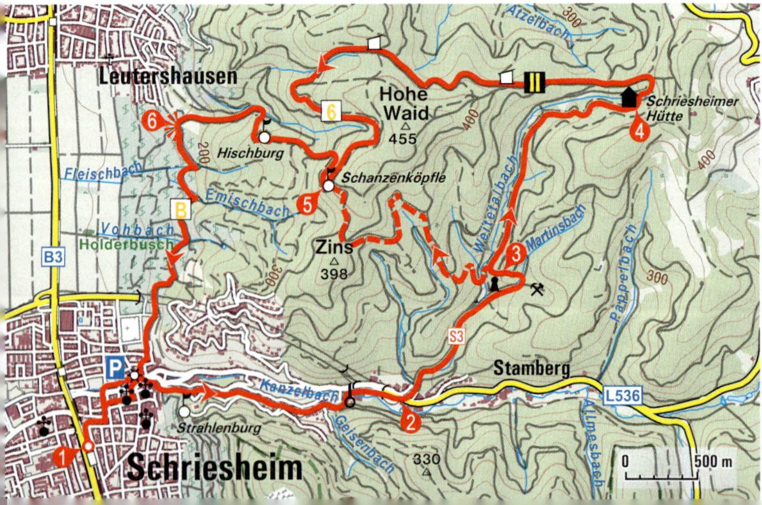

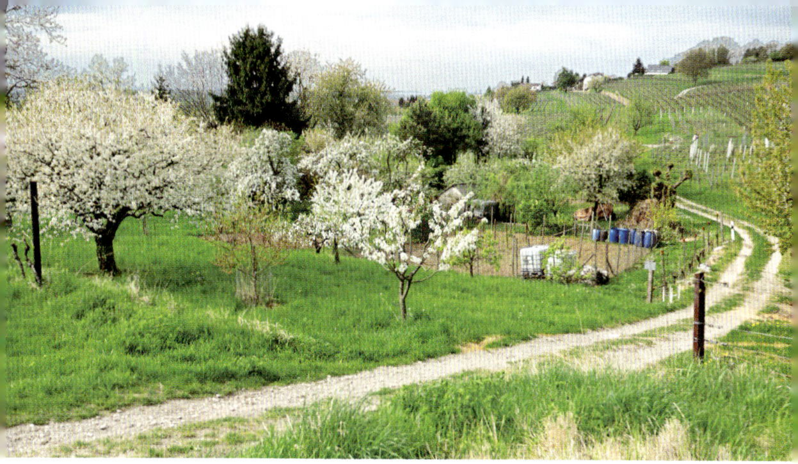

Blütenweg zwischen Leutershausen und Schriesheim.

und quert das Tal. Auf der Hauptroute halten wir uns kurz nach der Weitung des Tales an der sogenannten Ziegenhütte rechts und erreichen nach einer Viertelstunde die von den Naturfreunden betriebene **Schriesheimer Hütte (4)**. Wir gehen links die Treppen hinunter, wenden uns nach dem Haus nach rechts, überqueren die Wiese und laufen einen kurzen Stichweg wieder hoch. Hier stoßen wir auf den mit zwei gelben Balken markierten HW32, der uns auf dem breiten Forstweg weiter talwärts geleitet. Nach 20 Min. nehmen wir an einer Gabelung mit Schutzhütte den rechts aufwärts führenden Weg, der uns nach zwei Biegungen zum nächsten Unterstand mit Picknickplätzen führt. Wenig später verlassen wir den breiten Forstweg nach links und folgen dem Wanderweg mit der gelben 6. Sanft ansteigend gehen wir im Bogen um eine Sandsteinkuppe herum und gelangen nach einer langen Rechtskurve zum Bergsporn **Schanzenköpfle (5)**. Von den überwachsenen Ruinen der einstigen Burg auf der Erhöhung rechts vom Weg ist kaum etwas erhalten. Vermutlich stammt sie aus dem 11. Jh. und wurde schon im 12. Jh. wieder aufgegeben. Wir umrunden den Hügel auf romantischem Pfad bergab. Nach einer scharfen Linkskehre weist bald das Schild **Hirschburg** nach links zur nächsten Burgruine. Die Burg wurde im 12. Jh. als Adelssitz der Edelfreien von Hirschberg-Strahlenberg erbaut und schon im 13. Jh. wieder zerstört. An der Sitzgruppe mit Schautafel zweigt ein kurzer Stichweg zu den wenigen Mauerresten ab. Wieder auf schmalem Pfad wandern wir an der Flanke des Burgberges talwärts. Wir biegen nach links und gelangen nach wenigen Metern zum **Blütenweg (6)** mit gelbem B, der uns im Zickzack-Kurs durch Weinberge mit bezaubernden Blicken ins Rheintal zurück nach **Schriesheim (1)** führt.

12 Von der Bergstraße zu Odenwälder Höhen

5.30 Std.

Bergauf und bergab auf einsamen Waldwegen

In der Bergstraßengemeinde Großsachsen am Ausgang des Apfelbachtales beginnt diese Wanderung, auf der man Relikten mittelalterlichen Bergbaus begegnet. Ruhige Forstwege mit wunderbaren Weitblicken machen den Übergang von der Bergstraße zum Vorderen Odenwald erlebbar. Eine der wenigen Hütten im Odenwald liegt am Weg und lädt (am Wochenende) auf einer lieblichen Waldlichtung zur Einkehr.

Ausgangspunkt: Haltestelle Großsachsen Bahnhof. Erreichbar von Heidelberg und Mannheim mit Linie 5 (OEG). Mit dem PKW Wanderparkplatz Kohlbach oberhalb der Weinberge in Großsachsen.
Höhenunterschied: 750 m.
Anforderungen: Anspruchsvolle, lange Wanderung, vorwiegend auf Forstwegen.
Markierung: Zuerst gelbe 2, in Höhe Rittenweier das gelbe V, danach gelbe 4 bis Ursenbacher Höhe, zuletzt noch wenige Meter auf dem Burgensteig.
Einkehr: Odenwälder Traditionsgaststätte Jöste Andres in Rittenweier (kleiner Abstecher ins Tal). Gasthaus Zur Rose in Oberflockenbach, Mo. bis Mi. ab 17 Uhr, Fr. bis So. ab 12 Uhr. Schriesheimer Hütte, geöffnet an Wochenenden und Feiertagen, www.naturfreunde-schriesheim.de. Gastronomie in Großsachsen.
Karte: Wanderkarte Heidelberg Neckartal-Odenwald (GNBO Blatt 12, 1:20.000). Hessischer Odenwald Süd (Meki Landkarten GmbH, 1:30.000).
Hinweis: Führungen in der Grube Marie von Mai bis Sept. am 4. Samstag im Monat. Voranmeldung unter hohensachsen@weinheim.de oder Tel. +49 6201 592823.

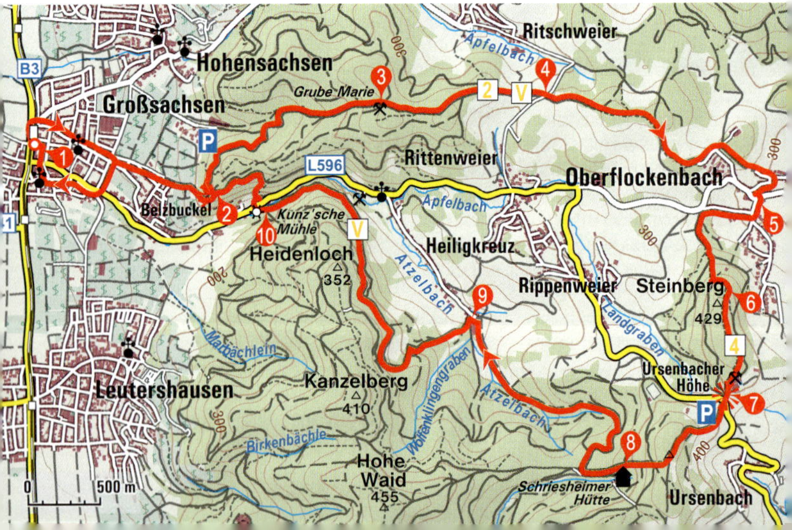

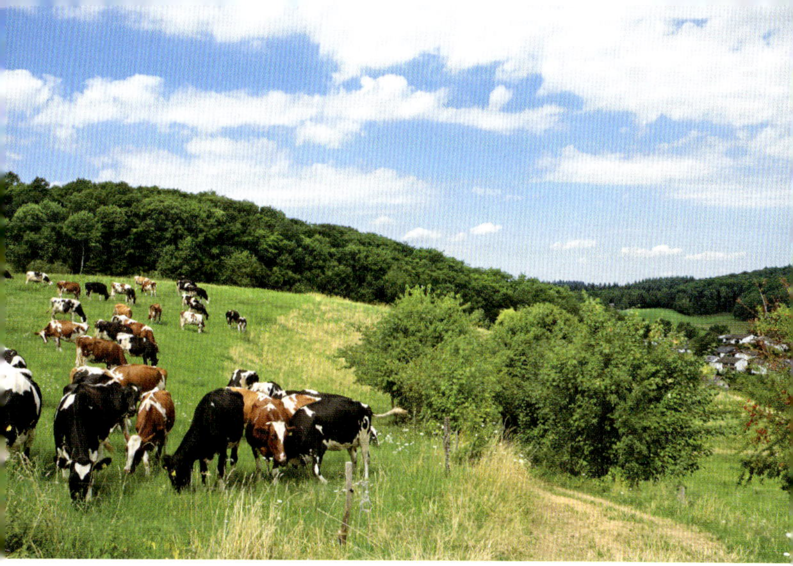

Bei Rittenweier.

Nördlich der Haltestelle **Großsachsen Bahnhof (1)** finden wir die Friedrich-Ebert-Straße, die mit sanftem Anstieg zu den Weinbergen von Hohensachsen führt. Nach guten 500 m wechseln wir mit einem kleinen Links-Rechts-Schwenk auf den Weg neben den Rebflächen bis zum Siedlungsende. Schon bald setzt sich der Weg als Hohlweg im Löss fort. Wir passieren den Beltzhohl-Stollen, der 2013 freigelegt wurde. Man vermutet, dass hier schon im 15. Jh. Blei und Silbererz abgebaut wurde. Zwischen mächtigen Lösswänden wandern wir weiter steil bergan bis zur Wegkreuzung mit der Hinweistafel **Hindenburgweg (2)**. Nach links verläuft nun der Weg mit der gelben 2 idyllisch am Waldrand entlang. Oberhalb eines Waldkindergartens führt uns die Markierung erst geradeaus weiter, bevor es nach rechts geht. Auf breitem, etwas eintönigem Forstweg geht es nun stetig bergan. Nach einer halben Stunde finden wir das Hinweisschild zur **Grube Marie (3)**. Ein kurzer Stichweg führt links hinunter zum Einstieg in die Grube, in der schon im späten Mittelalter Erz gewonnen wurde, Informationstafeln geben darüber Auskunft. Zurück vom Abstecher lassen wir uns weiter von der gelben 2 führen. An der Gabelung mit ein paar mächtigen Buchen halten wir uns rechts. Auf der Kuppe gehen wir geradeaus weiter, ignorieren den Rechtsabzweig des 2er-Weges und folgen nun dem gelben V eines Verbindungsweges. Nach einer rot-weißen Schranke treten wir aus dem Wald und genießen den idyllischen Ausblick auf die sattgrünen Wiesen, die von Wäldern und Hecken eingerahmt

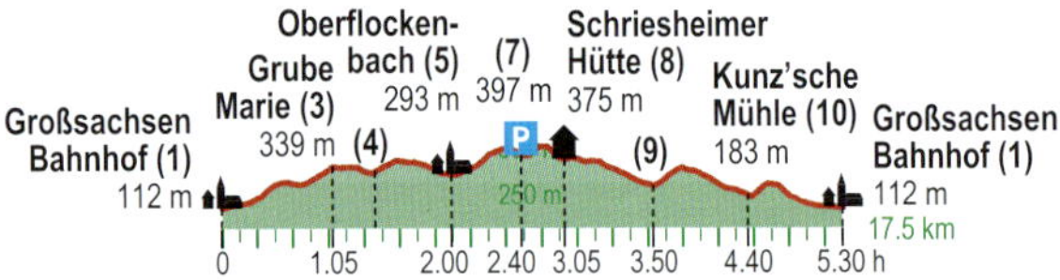

sind. Nachdem der Panoramaweg die **Landstraße nach Rittenweier (4)** gequert hat, leitet uns das Wegezeichen wieder zum Wald hoch. Am alten Wegestein schwenken wir nach links. Kurz darauf stoßen wir auf den roten Balken, dem wir uns bis **Oberflockenbach (5)** anvertrauen. Auf der Durchgangsstraße biegen wir links ab und verlassen sie nach dem Autohaus wieder nach rechts, es sei denn, wir besuchen das Traditionsgasthaus Zur Rose, das an der Straße 100 m vor uns einlädt. Wieder dem gelben V folgend, geht es an hübschen Odenwälder Fachwerkhäusern vorbei den Bildstockweg hoch bis zum Wanderparkplatz. Mit grandiosem Weitblick ins Rheintal biegen wir links ab, gehen kurz vor der Schranke rechts hoch und verlassen den Weg hinter dem Picknickplatz auf einem schmalen und steilen Pfad nach links. Nach kurzem und heftigem Anstieg halten wir uns am Pumpwerk links. Je höher wir kommen, desto mehr Granitblöcke in abgerundeter Wollsackverwitterung finden wir beiderseits des Weges. Durch chemische Verwitterung und Frosterosion bilden sich meist bei Tiefengesteinen wie Granit oder Granodiorit kantengerundete Gesteinsblöcke, die mancherorts auch flächenförmig auftreten, wie im Felsenmeer bei Lindenfels. Im Halbkreis umrunden wir den sagenumwobenen **Steinberg (6)**, an dessen höchster Stelle ein keltischer Kultplatz oder eine Fluchtburg vermutet wird. Wir queren den Höhenzug in südlicher Richtung, passieren noch einige Hinweistafeln auf das örtliche kristalline Gestein und erreichen den Wanderparkplatz an der **Ursenbacher Höhe (7)**, wo auf einer Hinweistafel geologische Zusammenhänge von Odenwald und Rheintal erläutert sind. Die Höhenstraße querend geht es auf der kleinen Asphaltstraße stramm aufwärts. Nach 10 Min. verlassen wir die Straße an einer Gabelung und folgen wieder der gelben 2, die uns zum höchsten Punkt der Wanderung führt. Kurz darauf führt uns ein abschüssiger Forstweg an der **Schriesheimer Hütte (8)** vorbei, die im Sommer an Wochenenden bewirtschaftet ist. Zur Einkehr machen wir den kurzen Abstecher nach links. Zurück von der

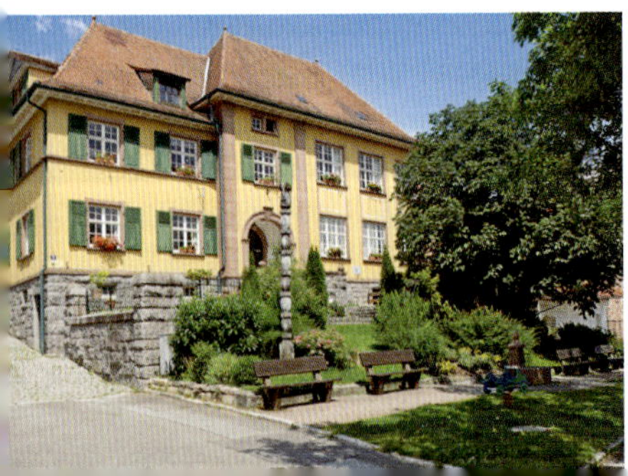

Alte Schule Oberflockenbach.

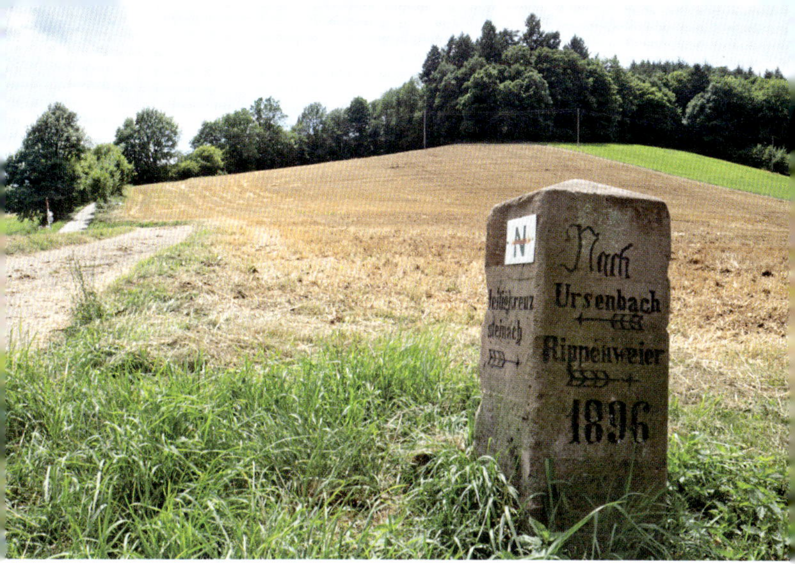

Alter Wegestein an der Ursenbacher Höhe.

Hütte bleiben wir an einem Waldkreisel auf dem markierten Weg, der spitzwinklig nach rechts abknickt (gelbe 2). An der ersten Gabelung halten wir uns rechts und nehmen kurz darauf in der Linkskurve den breiten, nach links bergab führenden Forstweg. Alle Abzweigungen ignorierend wandern wir nun durch das liebliche Atzelbachtal hinunter zum kleinen Weiler **Heiligkreuz (9)** im Talgrund. Nach einem Pferdehof biegen wir links ab und wie so oft im vorderen Odenwald geht es unmittelbar danach wieder steil bergauf. Wir folgen nun wieder dem gelben V. An der Gabelung mit dem Wegweiser nach Großsachsen gehen wir nach rechts (gelbe 3) und wandern eine halbe Stunde auf dem Forstweg bergab ins Apfelbachtal bis zur **Kunz'schen Mühle (10)**. Die in fränkischem Fachwerkstil errichtete Mühle mit großer Tradition erzeugt mittels eines neu erstellten Mühlrads eigenen Strom. Gegenüber geht es, nun auf dem Burgensteig, in einigen Kehren auf steilem Pfad empor. Über einen breiten Forstweg kehren wir zurück zur Wegkreuzung am **Hindenburgweg (2)**, gehen links den Hohlweg hinab und biegen am Ende des Winzerwegs links in die Brunnengasse. Nach 200 m an der Durchgangsstraße laufen wir mit einem Linksschwenk durch die Kirchgasse, verlängern in die Jahnstraße, halten uns bei erster Gelegenheit rechts und überqueren die gut befahrene Breitgasse. Wir behalten die Richtung bei, schwenken nach 150 m nach links und kommen zurück zur Haltestelle der Linie 5 in **Großsachsen (1)**.

13 Durch den Exotenwald zu den zwei Burgen von Weinheim

4.30 Std.

Runde um die beliebte Bergstraßenstadt mit Flair und Tradition

Einladende Parkanlagen, zwei mehr und weniger alte Burgen und die bucklige Landschaft des Vorderen Odenwaldes sind nur einige Highlights dieser abwechslungsreichen Wanderung rund um die Kleinstadt Weinheim an der badischen Bergstraße. Allein die Bauwerke der Stadt mit Schloss, Patrizierhäusern und Gerberviertel sind eine Augenweide. Eine Einkehr am Ende, in einem der zahlreichen Lokale auf dem belebten Marktplatz, der an sonnigen Tagen fast südländisch wirkt, rundet die Tour ab.

Ausgangspunkt: Haltestelle Weinheim – Alter OEG-Bahnhof. Erreichbar von Heidelberg und Mannheim mit Linie 5. Oder Weinheim Hbf. (100 m entfernt). Parkplatz in der nahen Luisenstraße.
Höhenunterschied: 450 m.
Anforderungen: Abgesehen von einem kurzen Steilanstieg im hügeligen Buchklingen verläuft die Strecke auf gut begehbaren Wegen.
Markierung: Weitwanderweg Odenwald-Vogesen mit rotem Balken, danach gelbe 2 und 3 bis zur Wachenburg, von dort mit gelber 2 und Blütenweg zurück nach Weinheim.
Einkehr: Gasthaus Grüner Baum in Buchklingen, Mi. bis So. 11–22 Uhr. Gastronomie in Weinheim, v.a. am malerischen Marktplatz sowie auf der Wachenburg und Burg Windeck (dort Mo. und Di. Ruhetag).
Karte: Wanderkarte Bergstraße-Weschnitztal (GNBO Blatt 8, 1:20.000). Hessischer Odenwald Süd (Meki Landkarten GmbH, 1:30.000).

Schlosspark Weinheim.

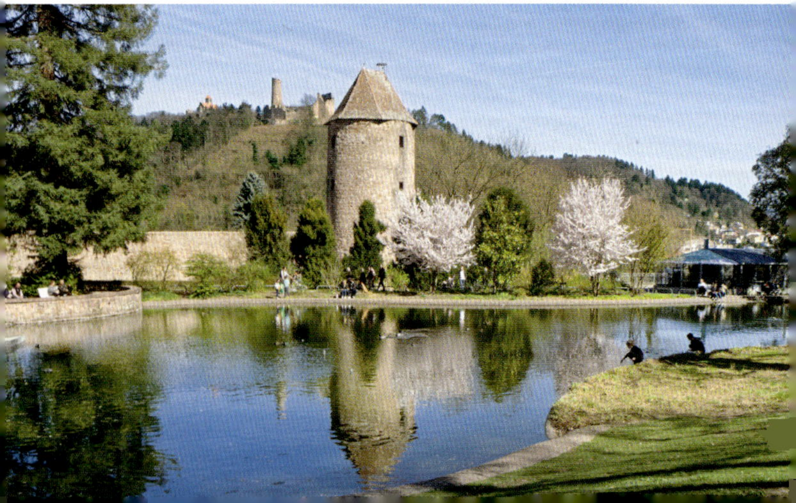

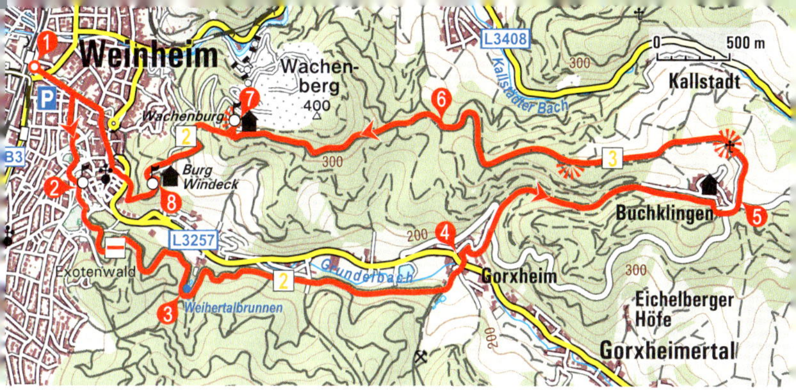

Von Bahnhof oder der Haltestelle der Linie 5 in **Weinheim (1)** marschieren wir die geschäftige Bahnhofstraße hoch bis zum Ehrendenkmal. Wir gehen nach rechts in die Ehretstraße, stoßen am Ende auf eine Grünanlage, die wir nach links halb umrunden, und finden in der Babostraße den Eingang zum **Hermannshof**. Das ca. 2 ha große Gartenareal mit einem klassizistischen Herrenhaus dient bei freiem Eintritt als Erholungs- und wissenschaftlicher Lehrgarten mit einer Vielzahl von Blumen und Gehölzen. Sein Besuch ist vor allem während der Frühjahrsblüte beeindruckend. Wir durchqueren den Garten und verlassen ihn am nördlichen Eingang Grabengasse. Rechts und wieder links haltend erreicht man das Weinheimer Schloss, in dem heute das Rathaus untergebracht ist. Seit dem 15. Jh. wurde das Ensemble der Gebäude im Barock- und Renaissance-Stil umgebaut und erweitert. Mitglieder der kurfürstlichen Familie bewohnten zeitweise das Schloss, bevor es Mitte des 19. Jh. in Privatbesitz gelangte und seit 1938 der Stadt Weinheim gehört. Wir biegen nach links und gehen zwischen den Amtsgebäuden hindurch zum **Schlosspark (2)** auf der Rückseite. Hier halten wir uns links, umrunden halb den kleinen Teich und verlassen die im Stil eines englischen Landschaftsparks errichtete Anlage durch das kleine Eisentor in Richtung **Exotenwald**. Der Ende des 19. Jh. von Freiherr von Berckheim angelegte Erholungswald beherbergt eine Vielzahl gewaltiger exotischer Laub- und Nadelbäume. Die mehr als 55 m hohen Mammutbäume zählen zu den höchsten Bäumen Europas. Bis zur ersten Gabelung zeigt uns der rote

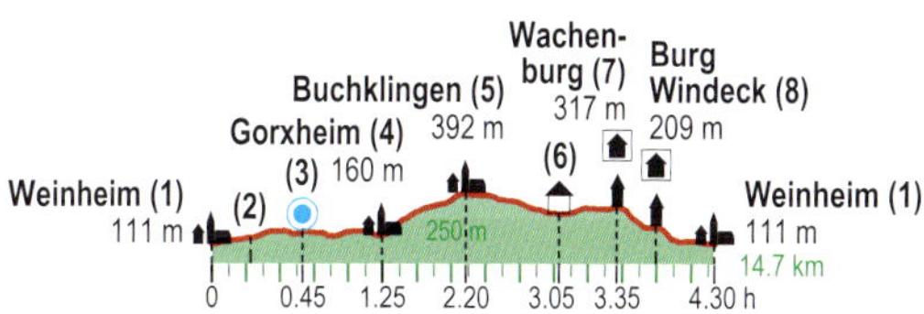

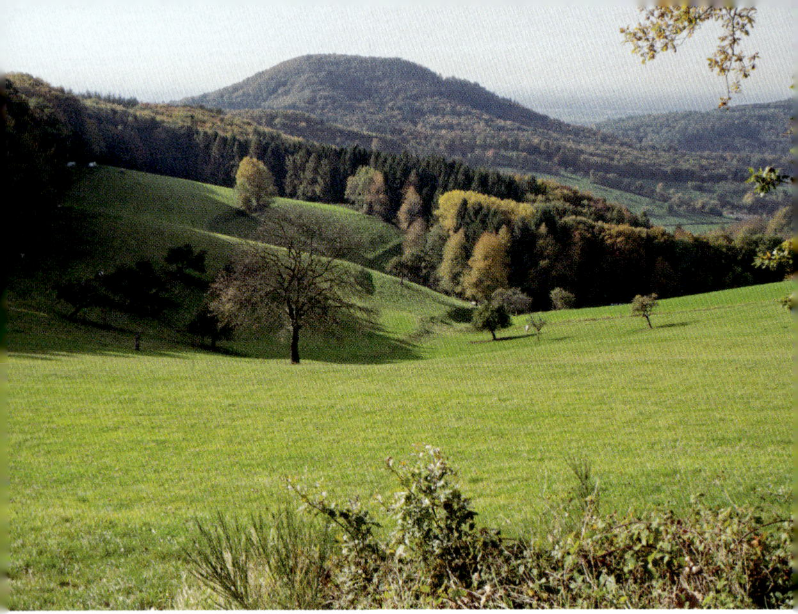

Sanfte Odenwaldhügel bei Buchklingen.

Balken des Weitwanderweges Odenwald-Vogesen den Weg. Danach bleiben wir auf dem asphaltierten Weg und folgen nun der gelben 2. Vorbei an prächtigen Baumriesen geht es zur Kneippanlage am **Weihertalbrunnen (3)** und dem benachbarten kleinen Teich mit seltenen amerikanischen Sumpfzypressen. Nach der großen Kehre wandern wir nun fast parallel zur Gorxheimer Talstraße. Kurz vor Ende des Waldes verlassen wir an der Gabelung vor einer Rechtskurve den Forstweg nach links auf einen kleinen, abwärts führenden Pfad. Vor der Pferdekoppel halten wir uns erneut links und gelangen nach **Gorxheim (4)**. An der Hauptstraße geht es noch einmal nach links, bevor uns die Markierung an der ehemaligen Gaststätte Gorxheimer Tal nach rechts in den Buchklinger Weg verweist. Gegenüber befindet sich ein altes Sühnekreuz aus Sandstein zu Ehren von 16 Odenwälder Bauern, die sich hier 1799 ein Gefecht mit französischen Soldaten lieferten. Wir folgen dem G1-Wanderweg, biegen nach einer lang gezogenen Rechtskurve nach links und wandern das Tal hoch. Nach Überqueren der Straße steigt der anfangs steile Weg etwas gemächlicher in dichtem Mischwald bergauf. An der Gabelung verlassen wir den G1 und bleiben auf dem geradeaus führenden Weg an der Schranke vorbei entlang des plätschernden Baches. Er führt uns hinauf zu den ersten Häusern von **Buchklingen (5)**. An der Gaststätte vorbei geht es auf der Brunnenstraße ein letztes Mal steil bergauf. Am Ende der Straße benutzen wir rechter Hand die Stufen, die uns zu einer Bushaltestelle führen. Hier weist uns die gelbe 3 nach links in Richtung Friedhof zum höchsten Punkt unserer Wanderung mit fantastischem Panoramablick. Ein einzigartiger Kammweg mit Blick ins Kallstädter Tal schließt sich an und führt uns auf federndem Boden in einen hochstämmigen Buchenwald. An einer Waldkreuzung nehmen wir den rechts abwärts führenden Forstweg, der uns zur **Friedrichshütte (6)** bringt. Wir orientieren uns an der Beschilderung zur Wachenburg und nehmen den ansteigenden Weg geradeaus. Nach einer halben Stunde stoßen wir auf den Abzweig zur Burg. Über den kleinen schmalen und steilen Pfad nach rechts (oder den halbrechts führenden breiteren Weg) sind wir in wenigen Minuten vor dem Tor der im mittelalterlichen Stil erbauten **Wachenburg (7)**. Die Burg entstand zwischen 1907 und 1928 als Begegnungsstätte des Weinheimer Senioren-Convents. Heute beherbergt sie ein Restaurant mit Blick auf Pfalz, Donnersberg und die Rheinebene. Zurück an der Ruhebank geht unsere Tour nach rechts, nun der gelben 2 folgend. An einem Freizeitgrundstück geht es geradeaus weiter und nach einem Links-Rechts-Knick ist bald schon die nächste Burg vor uns in Sichtweite. Auf der asphaltierten Zufahrtsstraße legen wir die letzten Meter zur **Burgruine Windeck (8)** auf dem 222 m hohen Schlossberg zurück. Die Anlage wurde im 11. Jh. als Schutzburg des Klosters Lorsch angelegt. Nach schweren Beschädigungen im Dreißigjährigen Krieg wurde sie 1674 von französischen Truppen endgültig zerstört. Auch hier gibt es Möglichkeiten zur Einkehr mit Ausblick. Direkt nach dem Burgtor nehmen wir rechts die Stufen, gehen zurück zum Parkplatz und wenden uns nach rechts bergab zum asphaltierten Weg mit dem Sackgassenschild. Nach ungefähr 200 m führt links ein Treppenweg zurück in die Altstadt von Weinheim (Vorsicht, bei Nässe Rutschgefahr!). Durch das malerische Gerberviertel wandern wir die Richtung beibehaltend zum alten Rathaus und lassen in einem der attraktiven Lokale auf dem Marktplatz unsere Tour Revue passieren. Durch die Fußgängerzone und entlang der Bahnhofstraße geht es zurück zu den Bahnhöfen von **Weinheim (1)**.

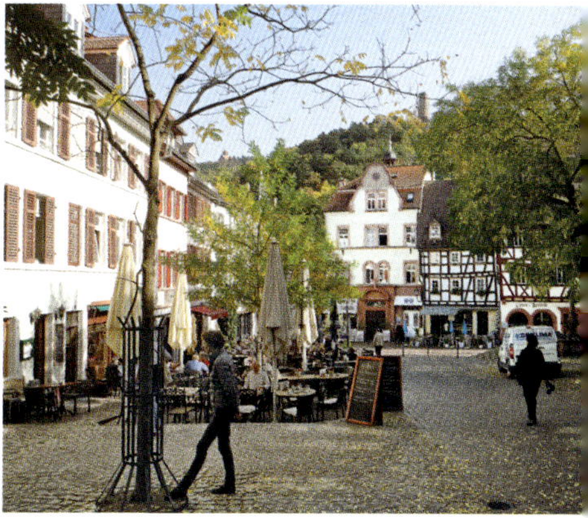

Am Marktplatz in Weinheim.

14 Von der Starkenburg in Heppenheim zum Görzklinger Tal

4.15 Std.

Eine Altstadt wie aus dem Bilderbuch

Links und rechts des Kirschhäuser Tals erwarten uns auf dieser Tour einladende Panorama- und ruhige Waldwege. Mit Blick zur weithin sichtbaren Starkenburg kehren wir über den Maiberg zurück zum bezaubernden Marktplatz von Heppenheim, der sogar schon von indischen Filmteams als Kulisse für triefende Liebesromanzen entdeckt wurde.

Ausgangspunkt: Bahnhof Heppenheim. Erreichbar von Heidelberg mit der Regionalbahn. Parkmöglichkeit nahe Bahnhof.
Höhenunterschied: 500 m.
Anforderungen: Forst- und Weinbergswege ohne schwierige Passagen.
Markierung: Anfänglich Burgensteig bis Helenenruhe, danach roter Balken, H2- und H4-Weg zurück.
Einkehr: Burgschänke Starkenburg, Mi. bis Fr. ab 14 Uhr, Sa. und So. ab 12 Uhr. Gasthof Zur Alten Mühle in Kirschhausen, 11–14 und ab 17 Uhr, Mo. geschlossen. Direkt dahinter Mühlenkeller mit Biergarten, Mi. bis Sa. ab 17 Uhr, So. 11.30–14 und ab 17 Uhr. Diverse lohnende Gasthäuser in Heppenheim, insbesondere am Marktplatz.
Karte: Wanderkarte Bergstr.-Weschnitztal (GNBO Blatt 8, 1:20.000).

Wehrturm auf der Starkenburg bei Heppenheim.

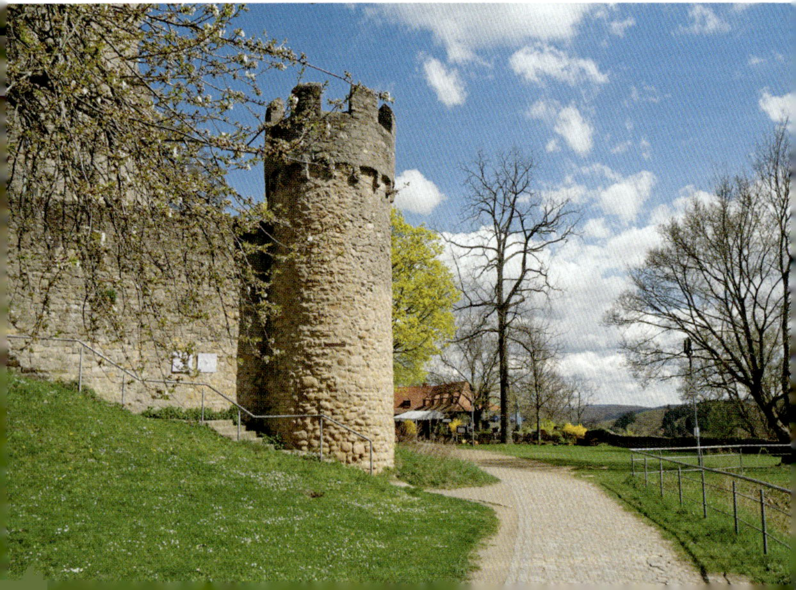

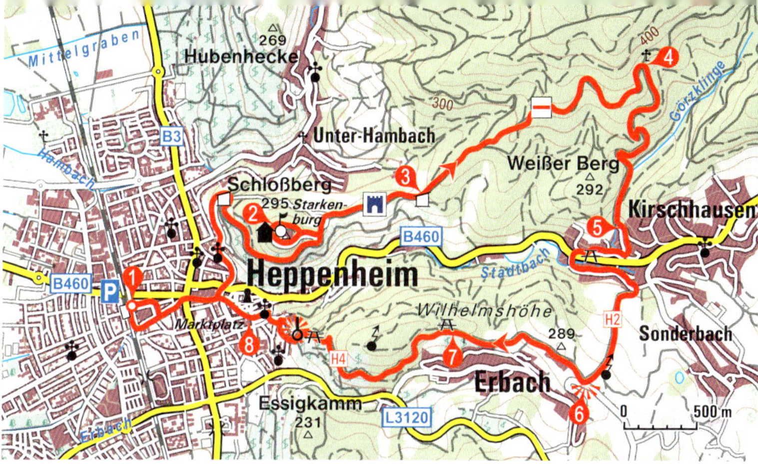

Vom **Bahnhof in Heppenheim (1)** kommend wandern wir die Bahnhofstraße hoch, biegen nach rechts in die Neckarstraße und an einem schönen Jugendstil-Haus wieder nach links in die von Bäumen gesäumte Ernst-Schneider-Straße. Am Ende der Fußgängerzone, vor dem Eingang zur Altstadt am Wormser Tor, halten wir uns links und orientieren uns am Schild in Richtung Starkenburg, zu der auch der Burgensteig führt. An der ehemaligen Synagoge vorbei wandern wir auf dem gepflasterten Weg an stattlichen Fachwerkhäusern vorbei sanft bergan. An einer Sitzgruppe vollziehen wir eine scharfe Rechtskehre und genießen auf dem Panoramaweg den Blick auf die Stadt mit dem Bergsträßer Dom. Gegenüber von uns die Freilichtbühne, auf der im Sommer die in der Region bekannten Heppenheimer Festspiele und andere Events aufgeführt werden. An der Sternwarte Starkenburg zweigt nach links ein Stichweg zur Burg ab. Die **Starkenburg (2)** wurde Mitte des 11. Jh. zum Schutz des Klosters Lorsch erbaut. Ab 1765 war sie nicht mehr bewohnt und verfiel zunehmend. Die Reste des Burgfrieds wurden 1923 gesprengt und danach neu aufgebaut. Drei der vier Türme aus dem 14. Jh. sind noch größtenteils im Originalzustand erhalten. Wir umrunden neben dem Wehrgraben die Burg und wandern zurück auf den Panoramaweg. Ihm folgen wir über den Höhenrücken bis zur Schutzhütte an der **Helenenruhe (3)** mit herrlichem Blick ins Ried und – entgegengesetzt – zum

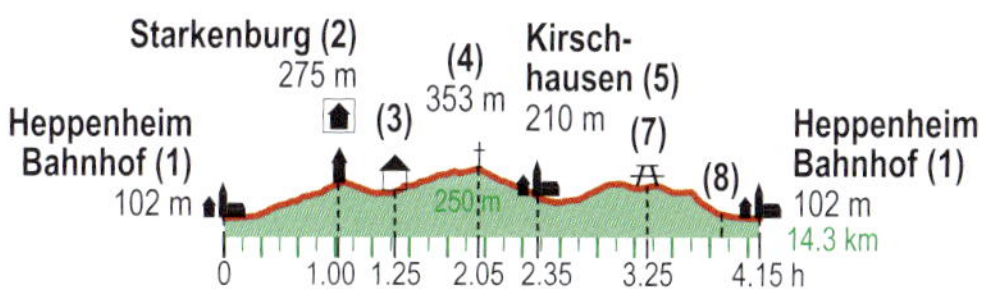

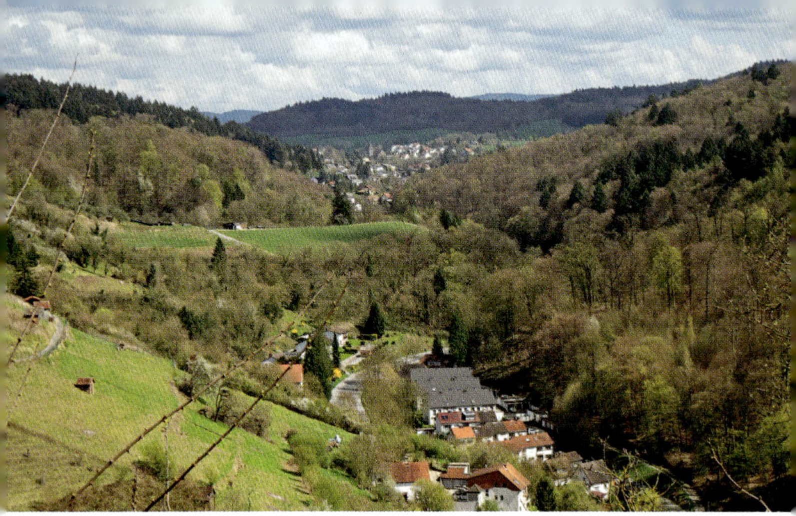

Blick von der Starkenburg nach Kirschhausen.

Kirschhäuser Tal. Wir schlagen den links an der Hütte vorbeiführenden Forstweg mit dem roten Balken ein. An einer Verzweigung halten wir uns rechts und wandern kurvenreich und mäßig ansteigend bis zu einer Gabelung mit **Gedenkkreuz (4)**, an der wir in spitzem Winkel nach rechts abbiegen. Vorsicht am nächsten Abzweig: Wir folgen nicht geradeaus dem H2-Weg, sondern nehmen den links abwärts führenden Forstweg. Er bringt uns nach einigen Biegungen ins idyllische Görzklinger Tal, dem wir bis **Kirschhausen (5)** folgen. Hier biegen wir wenige Meter vor der Durchgangsstraße rechts ab, wandern die Straße Am Weißen Berg hoch und treffen nach ein paar Stufen doch noch auf die Durchgangsstraße, die wir überqueren. Nach wenigen Metern talwärts biegen wir vor den beiden Gasthäusern links ab und wandern auf der Brentanostraße in entgegengesetzter Richtung. Am letzten Haus gehen wir scharf nach rechts und lassen uns vom H2-Weg leiten. Steil bergauf geht es zur Kammhöhe mit guter Fernsicht an der **Bärenhecke (6)**. Wir folgen rechts dem aussichtsreichen Höhenrücken, vorbei an grünen Wiesen und Obstbäumen, bis zum Picknickplatz **Wilhelmshöhe (7)** im Wald. Durch Weinberge mit Ausblicken zur Starkenburg und ins Rheintal geleitet uns der H4-Wanderweg über den Maiberg und am »Wasserturm« vorbei zurück zum historischen **Heppenheimer Marktplatz (8)**. Rund um den Marienbrunnen sind einige der schönsten Fachwerkbauten der Bergstraße versammelt. Durch die Marktstraße mit ihren alten und schön sanierten Wohnhäusern und die Fußgängerzone sowie die Ernst-Schneider-Straße wandern wir zurück zum **Bahnhof Heppenheim (1)**.

4.00 Std.

Auf dem Erlebnispfad »Wein und Stein« in Heppenheim

15

Alles Wissenswerte über den Wein

Der Wechsel der Fernblicke erst zum Rheintal, dann zu den Tälern und Höhen des Odenwaldes macht den Reiz dieser Tour aus. Von den bekannten Heppenheimer Weinlagen geht es über einen Schlenker durch eine grüne Tallandschaft mit Feldern und Steuobstwiesen hoch zum traditionellen Hemsberg, einem der Hausberge von Bensheim. Eine Vielzahl informativer Schautafeln des Erlebnisweges »Wein und Stein« bereichern den traumhaften Weg.

Ausgangspunkt: Bahnhof Heppenheim. Parkmöglichkeit nahe Bahnhof.
Höhenunterschied: 370 m.
Anforderungen: Gemütliche Rundwanderung durch Heppenheimer und Bensheimer Weinlagen auf angenehmen Spazierwegen.
Markierung: Gut beschilderter Themenweg Wein und Stein, H5-Weinblickweg, Burgensteig, kurzzeitig gelbe 2, Blütenweg und WLW.
Einkehr: Hemsbergturm, geöffnet meist an Wochenenden, wenn die rote Fahne weht. Gastronomie in Heppenheim.
Karte: Wanderkarte Bergstraße-Weschnitztal (GNBO Blatt 8, 1:20.000).
Variante: Wer die Runde auf den Hemsberg nicht laufen möchte, geht am Schild zum Hemsberg geradeaus weiter, stößt nach 300 m auf das Wegekreuz (6) und verkürzt die Wanderung damit um 2 km.

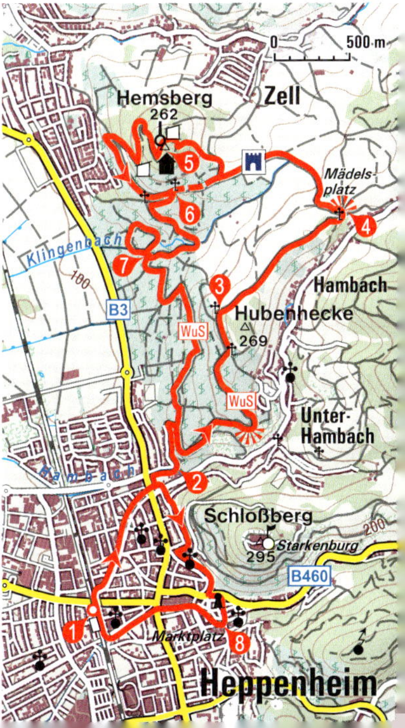

Vom **Bahnhofsgebäude** in **Heppenheim (1)** aus wenden wir uns nach links, laufen über die Straßenbrücke und biegen halbrechts ab in die Kettelerstraße, der wir bis ans Ende folgen. Nach wenigen Metern nordwärts auf der Bergstraße geht unser Weg nach rechts in Richtung der Weinberge. Vor der Skulptur eines arbeitenden Winzers informiert die erste von 68 Infotafeln über das Weinanbaugebiet Bergstraße. Hier beginnt der äußerst informative Erlebnispfad **»Wein und Stein« (2)**, der uns über weite Strecken begleitet. Vorbei an einem Kunstwerk in Form einer Weinrebe aus heimatlichen Gesteinen schwenkt der Weg um beinahe 180 Grad und bietet schon erste Rundblicke auf den Ort und die darüber liegende Starkenburg. An der Winzerrast mit zwei einladenden Bänken halten wir uns rechts und verlassen den Weg nach 200 m links bergan durch den Weinberg. An hübsch mit Weinlaub umrankten Gerätehäusern vorbei führt der gut markierte Weg bergauf. In Höhe eines markanten Walnussbaums geht es erst nach rechts, bevor der Weg nach 300 m nach links abknickt. Bei der nächsten Gabelung gehen wir nach rechts auf den mit H5 bezeichneten Wanderweg. Kurz danach erreichen wir am modernistischen Kreuz **Hubenhecke (3)** mit Picknickgruppe einen ersten eindrucksvollen Aussichtspunkt. Nach der Rechtskurve bietet sich uns ein nächster imposanter Blick, nun in entgegengesetzter Richtung zum Hemsberg und dem Melibokus dahinter. An Wiesen, Weiden und Walnussbäumen vorbei marschieren wir nun auf einem wunderbaren Kammweg zwischen dem Hambacher Tal zur Rechten und dem Klingenbachtal zur Linken. Ein kleiner Laubwald beendet den malerischen Weg. Nach Austritt aus dem Wald begegnet uns erneut ein Wegekreuz, an dem wir uns links halten. Am »Hoambescher« (Hambacher!) **Mädelsplatz (4)**, wie ein Schild vermerkt, gehen wir noch einmal links und folgen nun dem Burgensteig abwärts in Richtung Ahlengasse. Nach einem lang gezogenen Linksbogen durch das Klingenbachtal geht es noch eine Weile geradeaus, dann leitet uns die Wegmarkierung am Schild nach rechts. Nach 200 m verlassen wir den Weg nach links zu einem Hohlweg. Danach geht es auf einen schmalen Pfad in den Wald. An der Schutzhütte führt der Wanderweg nach links und kurz darauf sind wir am 22 m hohen **Bismarckturm** auf dem **Hemsberg (5)**, 262 m. Der 1902 erbaute Turm wurde von Heinrich Metzendorf entworfen, dem »Baumeister der Bergstraße«, der viele Häuser, Villen und Fabrikanlagen in der Region gestaltet hat. Er gehört zusammen mit Auerbacher Fürstenlager, Blauem Türmchen und anderen landschaftsgestaltenden Gebäuden in der Umgebung zu einem Konzept einer harmonisch gestalteten Landschaft an der Bergstraße. An Sonn- und Feiertagen ist der Turm bewirtschaftet. Links neben der Schutzhütte führt ein kleiner Pfad mit der gelben 2 durch dichtes Buschwerk abwärts. Wir stoßen auf einen Forstweg, halten uns rechts und biegen an der folgenden Waldkreuzung scharf links ab. Nach 5 Min. treten wir an einer Schutzhütte aus dem Wald und biegen nach rechts. Am Ende des Hohlweges ändern wir die Richtung und gehen in spitzem Winkel nach links, nun dem Blütenweg folgend. Durch die Weinlage Paulus

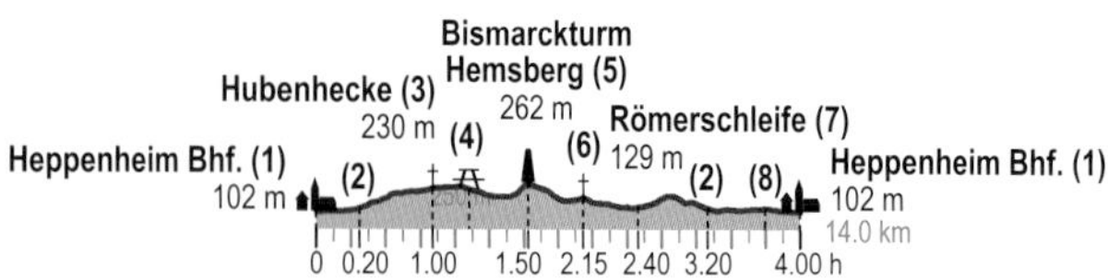

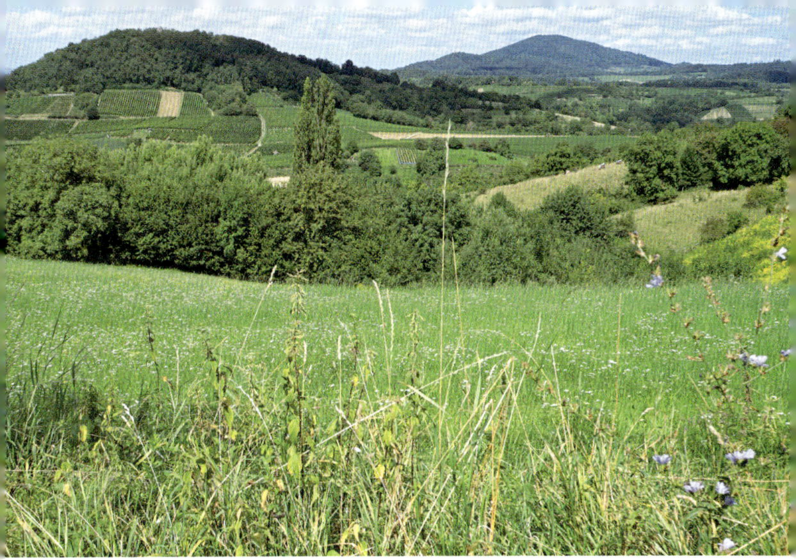

Blick zum Hemsberg und zum Melibokus.

mit Blick auf Heppenheim und die Starkenburg führt uns das gelbe B zum nächsten **Wegekreuz (6)**. Hier folgen wir nach rechts dem mit WLW (Weinlagenweg) markierten Weg, biegen an einem Bildstock links ab und erreichen bald den Klingenbach. Dort wenden wir uns nach links und wandern bis zum Hinweisschild auf die **Römerschleife (7)**. Auf dem kleinen Rundweg findet man Schautafeln über eine römische Villa, deren Reste an dieser Stelle gefunden wurden. Zurück am Hinweisschild setzen wir unseren Weg fort bis zur Infotafel zum Jahreszyklus der Rebe, dann biegen wir nach links und folgen dem Erlebnispfad »Wein und Stein« an weiteren interessanten Schautafeln vorbei nach Heppenheim zurück. Um einen Abstecher zur wundervollen historischen Innenstadt zu machen, folgen wir der Bergstraße 150 m stadteinwärts, gehen kurz die Hambacher Straße hoch und bei der ersten Gelegenheit nach rechts. Die Straßen Am weißen Rain und Beethovenstraße bringen uns zur Maria-Hilf-Kapelle. Hier halten wir uns links und folgen dem Bensheimer Weg bis zur Ehemaligen Synagoge. Rechts geht es auf dem Starkenburgweg hinüber zur Altstadt mit dem von prächtigen Patrizierhäusern umrahmten **Marktplatz (8)**. Durch die Marktstraße, die in die Fußgängerzone übergeht, und auf dem einladenden Weg am Stadtbach entlang geht es zurück zum **Bahnhof Heppenheim (1)**.

Nachfolgende Doppelseite: Am Wanderweg »Wein und Stein«.

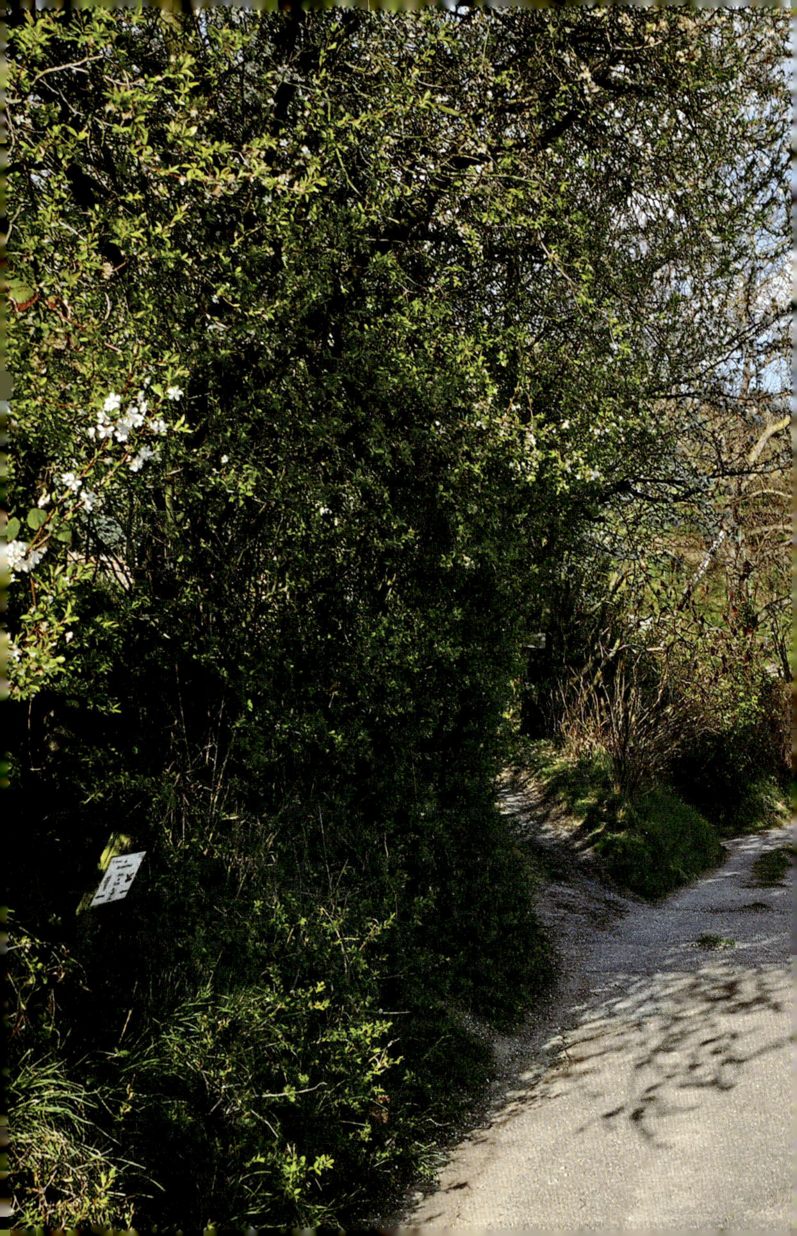

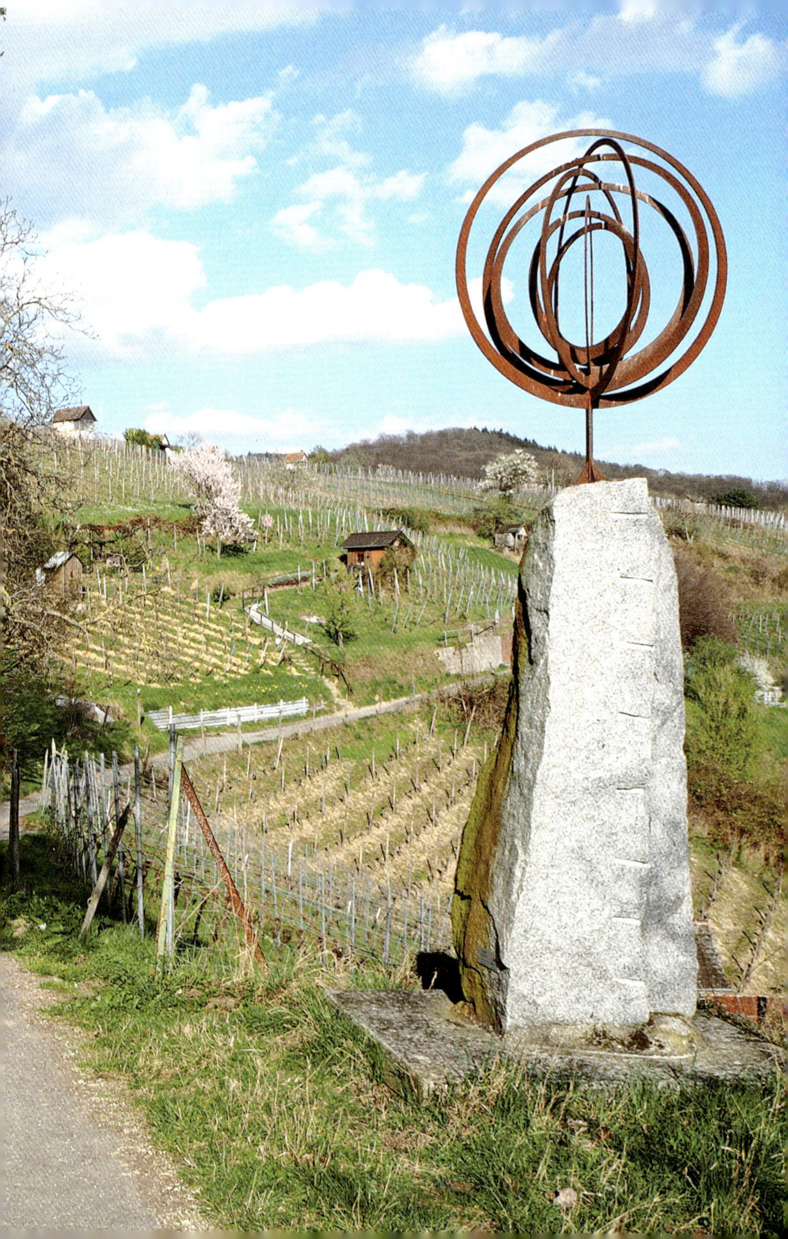

16 Durch Bensheimer Weinberge zum Schönberger Kreuz

4.15 Std.

Wein- und Obstbanbau an der Bergstraße

Eingebettet zwischen Rebhängen liegt im Zentrum der Bergstraße die südhessische Weinstadt Bensheim, unter Einheimischen auch Bensem genannt. Die fabelhafte Natur- und Kulturlandschaft rundherum bietet ein umfassendes Angebot an Wanderwegen mit vielen Facetten. Über Hügel, durch Wald und Hohlwege führt die Tour zu ländlichen Vororten und wieder zurück in die heimelige Innenstadt.

Ausgangspunkt: Bahnhof Bensheim. Tiefgarage am Bahnhof.
Höhenunterschied: 430 m.
Anforderungen: Angenehmer Höhenweg durch Wald, Wiesen und Weinberge ohne problematische Stellen.
Markierung: Zuerst gelbe 1, danach gelbes L bis kurz nach Bordmühle, auf gelber 1 und gelber 2 bis zum Hemsberg, zurück auf Burgensteig.
Einkehr: In Bensheim-Gronau Scholzehof, aktuelle Öffnungszeiten unter Tel. +49 6251 9891689 oder www.scholzehof.com, meist Fr. bis Sa. ab 17 Uhr, So. ab 11 Uhr. In Bensheim-Zell Vetters Mühle (Mo. und Di. Ruhetag) und Hahnmühle (Mo. Ruhetag). Viele nette Gaststätten in Bensheim.
Karte: Wanderkarte Bergstraße-Odenwald (GNBO Blatt 5, 1:20.000). Hessischer Odenwald Nord (Meki Landkarten GmbH, 1:30.000).

Wir beginnen unsere Wanderung am **Bahnhof in Bensheim (1)**. In der Unterführung queren wir die B 3 und gehen dann geradeaus bis zum modernen Bürgerhaus. Hier halten wir uns links und biegen gleich wieder nach rechts in die Schlinkengasse, die uns in die Fußgängerzone führt. Rechter

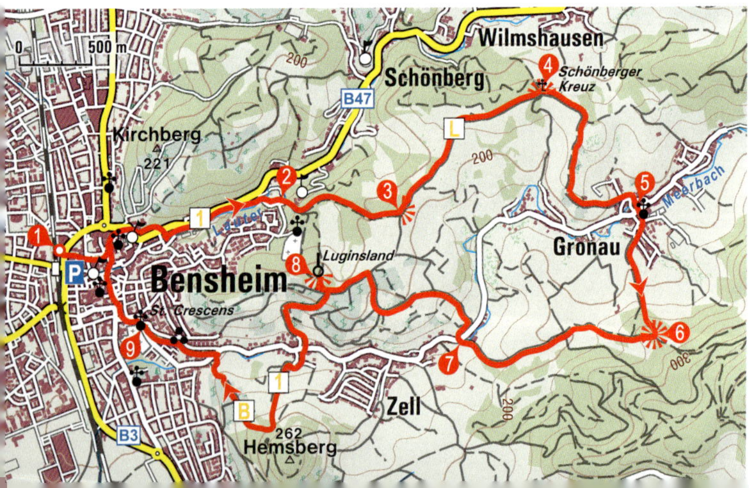

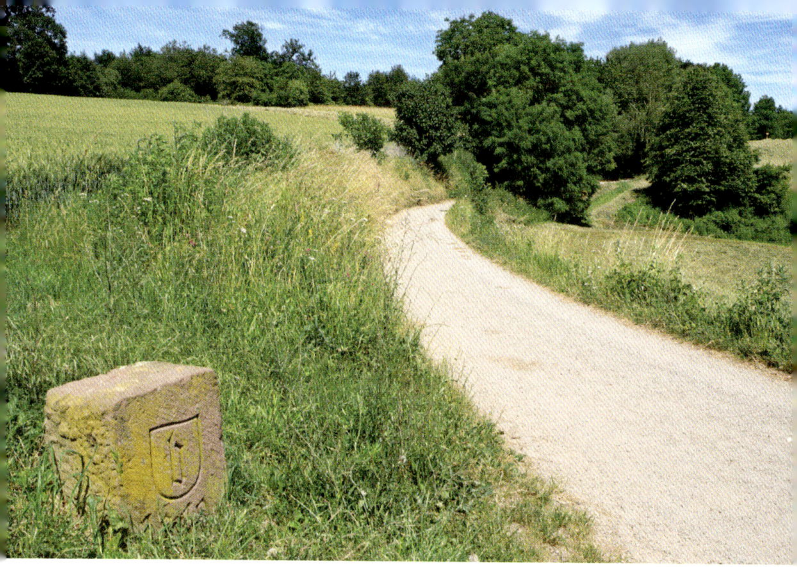

Alter Wegestein in der Striet bei Bensheim.

Hand von uns liegt der malerische Marktplatz. Nach einem Links-Rechts-Schwenk geht es durch die Obergasse zur stark befahrenen Nibelungenstraße ins Lautertal. Wir orientieren uns an der gelben 1 und gehen ca. 100 m die Richtung beibehaltend an der Straße entlang, bevor uns die Markierung nach rechts in die Elisabethenstraße weist. Nach der Bachüberquerung biegen wir links ab und wandern an behäbigen alten Sandsteinvillen vorbei talaufwärts. Der idyllische Weg führt bald nach einem Picknickplatz in einen angenehmen, schattigen Mischwald. Am Ende des Weges biegen wir gegenüber einer Ziegelsteinmauer rechts ab und lassen uns nun vom gelben L leiten. Wir passieren die Klinik Schloss Falkenhof, unterqueren nach einer **Hinweistafel (2)** des Geo-Naturparks zum Thema Hohlwege eine überwucherte alte Steinbrücke und tauchen in den Wald ein. Eine hohe Lösswand zur Linken vermittelt einen ersten Eindruck der Mächtigkeit dieser eiszeitlichen Sedimentschichten. Kurz danach bleiben wir an der Verzweigung auf der linken Seite des kleinen Bachs und wandern durch den dunklen

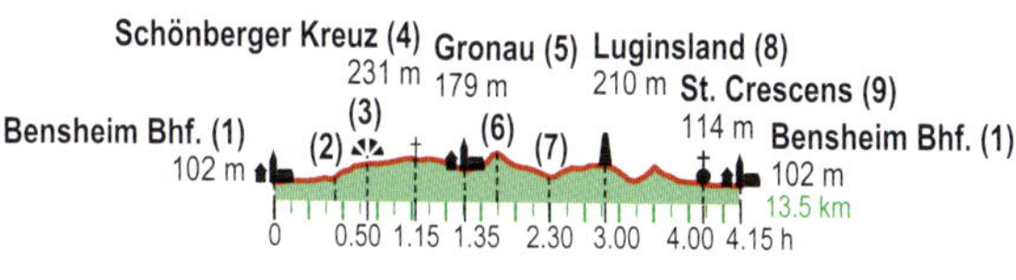

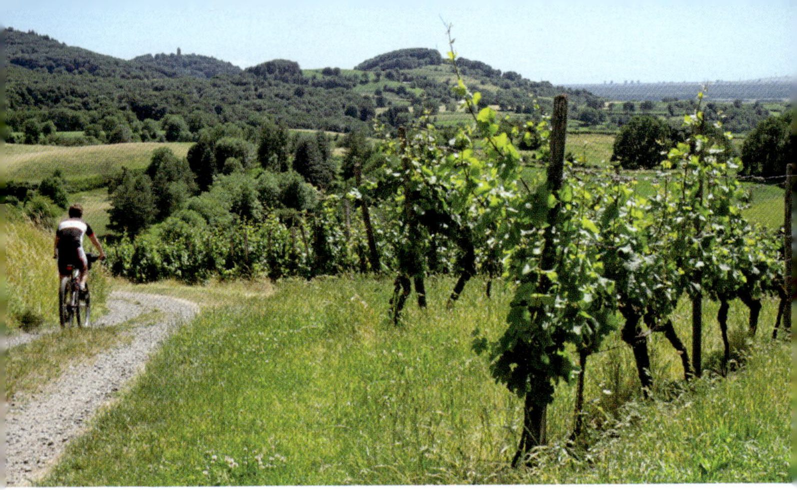

Blick ins Rheintal bei Gronau.

Hohlweg bergan. Nach einer halben Stunde verlassen wir den Wald und erreichen den Höhenzug der **Striet (3)** mit Ausblicken bis hinüber zu Pfalz und Donnersberg. Das gelbe L führt uns links auf einen Panoramaweg durch eine fast parkähnliche Natur- und Kulturlandschaft. Durch saftige Wiesen vorbei an knorrigen alten Eichen verläuft der Weg bis zum **Schönberger Kreuz (4)**. Das Kreuz am Verbindungsweg zwischen Gronau im Meerbachtal und Schönau im Lautertal wurde 1915 im Auftrag von Fürstin Marie zu Erbach-Schönberg errichtet und trägt die Inschrift »Land, Land, Land, höre des Herren Wort«. Auf dem asphaltierten Weg geht es geradeaus weiter bis zur Gabelung, an der wir rechts abbiegen in Richtung Gronau. Zwischen Viehweiden, Rebhängen und Freizeitgrundstücken führt uns der malerische Hügelweg abwärts, dann zieht er in einer Linkskurve in einem steilen Hohlweg hinab in den ländlichen Vorort von Bensheim. Nach zwei wunderbar sanierten Fachwerkhöfen biegen wir rechts ab in die Straße Am Römer. Gegenüber der Kirche und dem ehemaligen Rathaus haben wir am Brunnen den gemütlichen Ortsmittelpunkt von **Gronau (5)** erreicht. Auf der gegenüberliegenden Seite der Talstraße geht es in der Hambacher Straße nach wenigen Metern nach rechts. Wir verlängern über die Kreuzerstraße in den ansteigenden Kandelbornweg, verlassen das Dorf und erreichen im Wald den nächsten Hohlweg, der uns zur Hinweistafel **»Steiniger Weg« (6)** führt. Nun zeigt die Beschilderung nach rechts auf den alten Verbindungsweg zwischen Bordmühle und Schannenbach, der früher mit Steinen befestigt war, daher der Name. Zwischen malerisch ausgewaschenen Wurzeln gigantischer Buchen an der Oberkante des Hohlweges wandern wir talwärts. An einer Kreuzung folgen wir dem Talverlauf mit der grünen Raute geradeaus bis zur **Bordmühle (7)** im Ortsteil Zell. Das gelbe L führt uns nach rechts auf die Gronauer Straße, die wir nach dem Friedhof halblinks bergan wieder verlassen. An der zweiten Gabelung geht es nach links auf einen unbefestigten Weg. Nach einer Kuppe steigt der Weg ab zum nächsten Hohlweg, den wir nach einer Kehre nach rechts steil bergan wieder hinter uns lassen. An der T-Kreuzung wandern wir nach links und behalten den Weg oberhalb der Weinberge bei. Ein kleiner Abstecher nach rechts führt zum **Luginsland (8)**. Der auch als »Blaues Türmchen« bezeichnete, im Stil des Späthistorismus erbaute Aussichtsturm war Teil des Baßmannparks, eines ehemaligen Landschaftsparks, der zur Zeit der vorletzten Jahrhundertwende von einem Wormser Textilfabrikanten angelegt wurde. Wir gehen ein kurzes Stück zurück und folgen dann rechts der gelben 1 auf einem üppig überwucherten Weg zwischen den Weinbergen nach Bensheim-Zell. Hier könnten wir den Fußweg entlang der Gronauer Straße benutzen. Ruhiger hingegen ist jedoch die Route, die zunächst geradeaus auf der Gegenseite bergan führt. Nach Eintauchen in den Wald knickt der Weg nach rechts; geradeaus ginge es hoch zum Hemsberg-Turm (s. Wanderung 15). Auf dem aussichtsreichen Panoramaweg lassen wir uns vom Burgensteig vorbei an der Kirche **St. Crescens (9)** in die Altstadt leiten. Auf bekanntem Weg geht es zurück zum **Bahnhof** der Weinstadt **Bensheim (1)**.

Der Treffpunkt Mittelbrücke in der Bensheimer Altstadt.

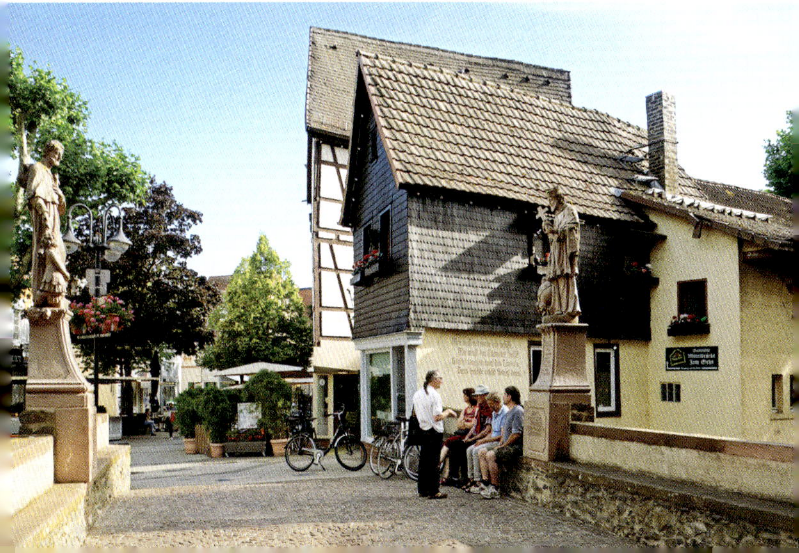

TOP 17

Auf »adligen Pfaden« von Auerbach zum Fürstenlager

4.00 Std.

Über Schloss und Landschaftspark zum gemütlichen Weinausschank

Die eindrucksvollste Ruine an der Bergstraße ist zweifelsohne das Auerbacher Schloss. Von ihrem Nordturm, dessen Zugang mit einer uralten Kiefer bewachsen ist, genießt man einen prächtigen Blick auf die Rheinebene und die Pfalz gegenüber. Weniger Ausblick, dafür umso mehr Idylle inmitten einer parkähnlichen Landschaft bietet die ehemalige landgräfliche Sommerfrische des Fürstenlagers. Die einmalige Anlage aus dem 18. Jh. ist ein Gesamtkunstwerk, das bis heute nichts an Attraktivität eingebüßt hat.

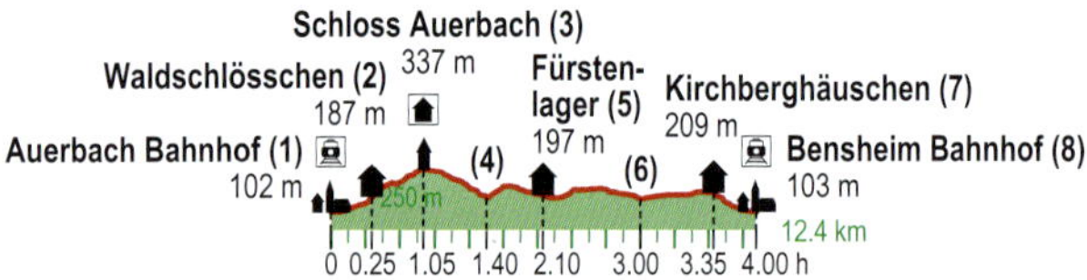

Ausgangspunkt: Bahnhof Auerbach (Bensheim). Erreichbar von Heidelberg mit der Regionalbahn. Parkmöglichkeit.
Endpunkt: Bahnhof Bensheim. Rückkehr mit der Regionalbahn.
Höhenunterschied: 410 m.
Anforderungen: Nach steilem Anstieg zum Auerbacher Schloss auf schmalen Pfaden folgen angenehme Waldwege.
Markierung: Alemannenweg bis zum Schloss, gelbe 3 bis Mühltal, danach erst gelbe 8, gelbes Quadrat, dann gelbe 6.
Einkehr: Restaurant-Café Waldschlösschen, tgl. außer Mo. ab 15 Uhr, So. ab 10 Uhr. Burgschenke Schloss Auerbach, April bis Okt. Mi. bis So. ab 11.30 Uhr. Landgasthof Herrenhaus im Fürstenlager, Mi. bis So. 12–21 Uhr. Kirchberghäuschen, Di. bis So. ab 10 Uhr bis Sonnenuntergang, offen, wenn die Fahne weht. Lokale und Weinstuben in Bensheim.
Karte: Wanderkarte Bergstraße-Odenwald (GNBO Blatt 5, 1:20.000). Hessischer Odenwald Nord (Meki Landkarten GmbH, 1:30.000).

Vom **Bahnhof in Auerbach (1)** folgen wir zunächst dem roten N, das hier den Zubringer zum Nibelungensteig markiert. Über die B 3 hinweg geht unser Weg geradeaus die Karlsbader Straße hoch (die Markierung weist hier nach rechts, da der Nibelungensteig durch Bensheim-Auerbach führt). Am Ende der Straße schwenken wir nach links in die Schlossstraße mit prächtigen Jugendstilvillen und folgen der Beschilderung zum Auerbacher Schloss. Nach dem Ehrendenkmal halten wir uns halblinks und wandern auf steilem, anfangs betoniertem Weg bis zum Restaurant **Waldschlösschen (2)** mit einladender Aussichtsterrasse. Auf schattigem und urigem Serpentinenweg gewinnen wir nun rasch an Höhe. Am breiten Forstweg ignorieren wir die Beschilderung und folgen dem gut begehbaren schmalen Pfad durch jungen Buchenwald hinauf. Wir schwenken links auf den Alemannenweg mit dem roten A ein und bezwingen die letzte steile Passage zum **Auerbacher Schloss (3)**. Die gewaltige Burganlage wurde von den Grafen Katzenelnbogen im 13. Jh. erbaut und diente zur Sicherung der Bergstraße. Durch Erbschaft fiel das Schloss im 15. Jh. an die Hessischen Landgrafen. Über den Palas besteigt man den begehbaren Nordturm mit der 300-jährigen Kiefer und genießt einen atemberaubenden Ausblick über das Rheintal und den Vorderen Odenwald. Wir verlassen die Burg und biegen ca. 300 m nach dem Tor am Parkplatz rechts ab, der gelben 3 folgend. Am Rande eines tief eingeschnittenen Tobels senkt sich die Waldstraße abwärts. Im **Mühltal (4)** halten wir uns rechts und überqueren nach 50 m am Gelände des ehemaligen Marmorwerks die Straße (Infotafeln). Hinter dem ehemaligen Forsthaus biegen wir rechts ab. Wir könnten dem bequemen A1 Weg hinauf zum Rindenhäuschen (Eremitage) folgen. Romantischer und kürzer hingegen ist der unmarkierte Pfad, der zwischen der Infotafel für Mountainbiker und dem A1 Weg bergan führt. Oben angekommen stoßen wir, uns rechts haltend, auf die gelbe 8. Nach wenigen Metern erreichen wir die 1787 errichtete, mit Rinden-

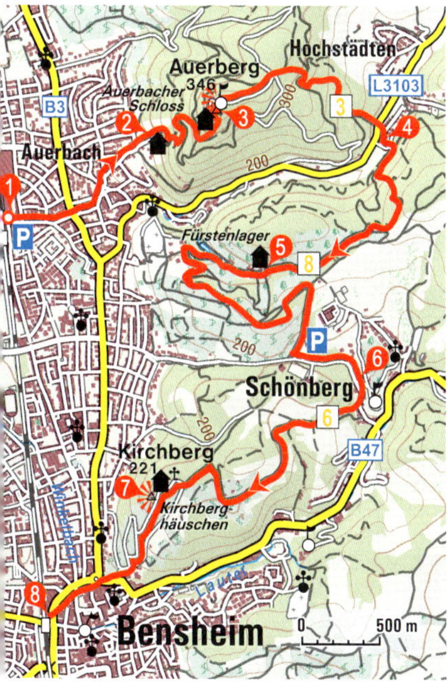

Der Auerbacher Schlossturm.

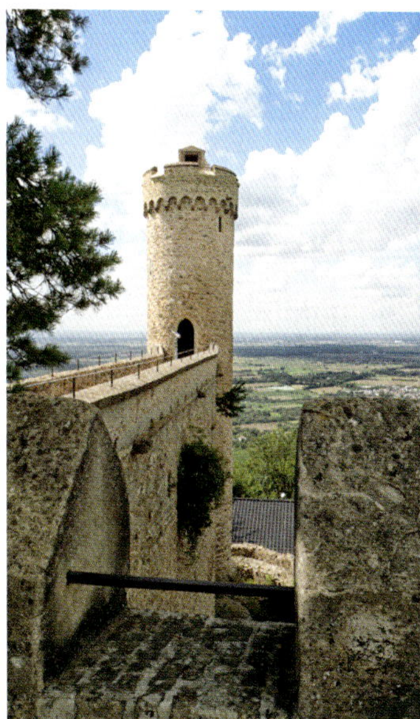

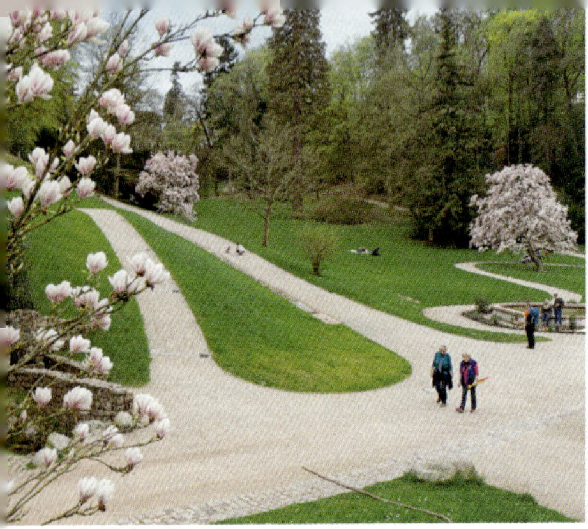

Landschaftspark Fürstenlager.

holz verkleidete Eremitage. Wir biegen vor dem Bauwerk links ab und gelangen nach einem Links-Rechts-Schwenk zum Dr.-Lommel-Weg, auch bekannt als Apfelallee. Durch parkähnliches Gelände geleitet uns die gelbe 8 zum **Fürstenlager (5)**, das zu den schönsten Landschaftsgärten Deutschlands zählt. Die ehemalige Sommerfrische der Landgrafen von Hessen-Darmstadt wurde nach Entdeckung einer mineralischen Heilquelle 1739 hier errichtet und in den Jahrzehnten danach stetig ausgebaut. Rund um das Herrenhaus gruppieren sich die Gebäude eines künstlichen Dorfes, die die natürliche Umgebung mit Weinbergen, Obstwiesen und landwirtschaftlichen Flächen harmonisch mit einbeziehen. Exotische Bäume, wie der gewaltige, etwa 140 Jahre alte Mammutbaum gegenüber dem Herrenhaus, zieren den Park. Wir durchschreiten die Anlage abwärts und biegen vor dem letzten Haus (Fremdenbau), in dem sich das Standesamt befindet, links und wieder rechts ab. Wir flanieren 300 m den ansteigenden Parkweg hinauf, biegen links ab und folgen bis zum Marienplatz dem gelben Quadrat. Am Pavillon mit weitem Blick zur gegenüberliegenden Pfalz halten wir uns links und queren den Höhenrücken. Kurz vor dem Ende der Weinlage Schönberger Herrenwingert, am letzten Aussichtspunkt mit Picknickbänken, biegen wir links ab, wenden uns sofort wieder nach rechts und erreichen den **Marienplatz** mit Ruhebank. Nach rechts führt uns der Weg zum Parkplatz Herrenwingert. Links haltend geht es nun auf der kleinen Asphaltstraße mit der gelben 6 nach **Schönberg (6)**. Gegenüber dem gewaltigen Schloss aus dem 16. Jh., das heute als Erholungsheim der Rentenversicherung dient, führt rechts ein schmaler Pfad durch einen naturbelassenen Mischwald hoch. In den Wirtschaftsweg biegen wir rechts ein, an seinem Ende wandern wir wieder rechts auf einem Fußweg zwischen Hecke und Weinberg aufwärts. Der 6er-Weg führt uns über den Kamm in den Wald, wo wir bald die Hauptwanderwege finden und nach links einschwenken. Wir kommen am einladenden **Kirchberghäuschen (7)** mit traumhaftem Blick ins Rheintal vorbei, an dem eine Rast fast zum Pflichtprogramm gehört. Dann laufen wir den abschüssigen Weg durch den Weinberg hinunter in die Stadt. Den Wanderwegen folgend stoßen wir auf die Durchgangsstraße, die uns zum **Bahnhof von Bensheim (8)** führt.

4.30 Std.

Von Zwingenberg zum Melibokus 18

Wo Literaten gerne Station machten

Goethe, der sich gerne an der Bergstraße aufhielt, vermerkte 1797: »Bis Zwingenberg bleibt der Melibokus sichtbar, und das schöne wohlbebaute Tal dauert. Die Weinberge fangen an, sich über die Hügel bis an das Gebirge auszubreiten.« Zwingenberg ist die älteste Stadt der Bergstraße unterhalb des höchsten Berges des Vorderen Odenwaldes – zwei Superlative, die unbedingt einen Besuch wert sind. Fast ein Wahrzeichen der Bergstraße ist die auf einem Sporn thronende, von Weinbergen umrankte Bergkirche von Zwingenberg. Hoch darüber erhebt sich der weithin sichtbare Melibokus, der auch schon in früheren Jahrhunderten gern bestiegen wurde, so zum Beispiel im Jahr 1833 von Georg Büchner und seinem Bruder.

Ausgangspunkt: Bahnhof Zwingenberg. Erreichbar von Heidelberg mit der Regionalbahn.Parkmöglichkeit.
Höhenunterschied: 560 m.
Anforderungen: Mittelschwere Rundwanderung zum höchsten Berg an der Bergstraße auf meist gut ausgebauten Waldwegen.
Markierung: Blütenweg, ab Schöntal in Folge gelbe 2, gelbe 3 und gelbe 4 bis Melibokus, von dort gelbe 6 bis Not-Gottes-Kapelle, über Burgensteig und Nibelungensteig zurück.
Einkehr: Burgschänke Alsbacher Schloss, Mi. bis Fr. ab 13 Uhr, Sa., So. und feiertags ab 11 Uhr. Gastronomie in Zwingenberg.
Karte: Wanderkarte Bergstraße-Odenwald (GNBO Blatt 5, 1:20.000). Hessischer Odenwald Nord (Meki Landkarten GmbH, 1:30.000).

Vom **Bahnhof in Zwingenberg (1)** folgen wir anfänglich dem N-Schild des Nibelungensteigs. Vor uns in der Ferne der 517 m hohe Melibokus, die höchste Erhebung des Vorderen Odenwaldes. An der Durchgangsstraße gehen wir kurz rechts, überqueren sie und wandern am historischen Brunnen auf dem Löwenplatz die Straße Wetzbach hoch. Am Ende weist uns das gelbe B des Blütenweges nach links. Unser Weg beschreibt einen Linksbogen und führt durch ein gepflegtes Wohnviertel, dann geht es auf einem begrünten Wanderweg durch das Anbaugebiet Alsbacher Schöntal. Bei den ersten Häusern von **Alsbach (2)** folgen wir dem rechts hinaufführenden Treppenweg. Oben am Parkplatz finden wir die gelbe 2 vor, sie leitet uns weiter berg-

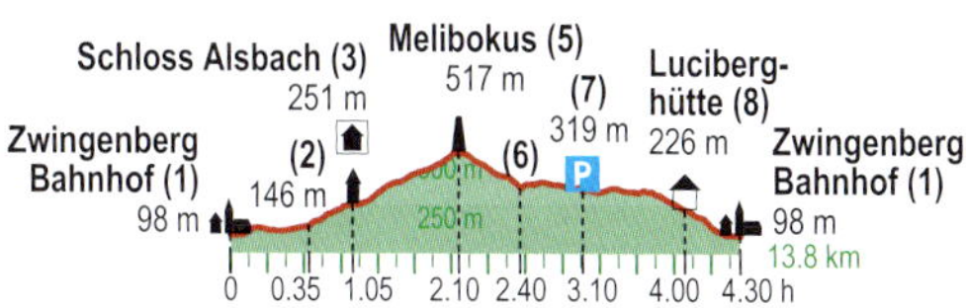

an. Zwischen Waldrand, Weinbergen und Obstbäumen lassen wir noch einen Blick in die Ebene schweifen, bevor es nach der ersten Kehre in den Wald geht. An einer Schranke halten wir uns rechts und orientieren uns nun an der gelben 3. Durch wunderbaren Laubwald führt der Wanderweg sanft bergan. Nach einem kurvenreichen Anstieg taucht fast unerwartet die gewaltige Ruine des **Alsbacher Schlosses (3)** vor uns auf. Im Bergfried des Schlosses aus dem 13. Jh. führt eine Holzwendeltreppe zur Aussichtsplattform (geöffnet Mi. bis So. ab 11 Uhr). Wir umrunden die mächtigen Mauern und folgen nun der gelben 4 und dem Schild »Fußweg zum Melibokus«. An der nächsten Gabelung wandern wir geradeaus weiter durch den Hohlweg oder auf der Wegschulter links daneben. Wieder zurück auf dem Fahrweg leitet uns die gelbe 4 nach links. Hartgesottene Wanderer können hier die ebenfalls markierte Diretissima zum Melibokus-Gipfel wählen. Der breite Forstweg bringt uns zu einer Schutzhütte, vor der wir um fast 180 Grad nach rechts schwenken. An der nächsten Kehre gehen wir nach links. Nach weiteren zwei Kehren auf dem mit Felsbrocken gesäumten Weg stoßen wir auf einen mit Sj2 bezeichneten Weg, halten uns rechts und erreichen die Wegekreuzung an der **Förster-Dörr-Eiche (4)**. Halbrechts führt nun ein Stichweg mit Markierungen mehrerer Wanderwege zum **Melibokus (5)**, 517 m. Der Aussichtsturm mit Erfrischungsraum ist an Wochenenden meist geöffnet. Schon 1772 ließ der hessische Landgraf hier einen Turm aus Sandsteinquadern erbauen, der im letzten Weltkrieg von der Wehrmacht gesprengt wurde. Bei guter Sicht blicken wir zum Donnersberg-Massiv und Pfälzer Bergland

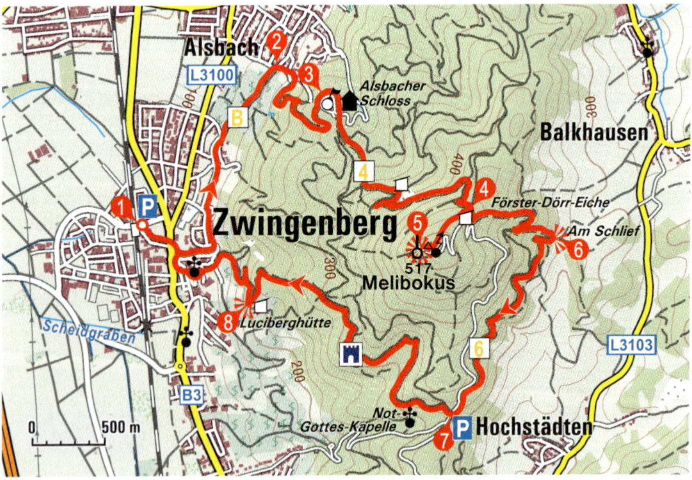

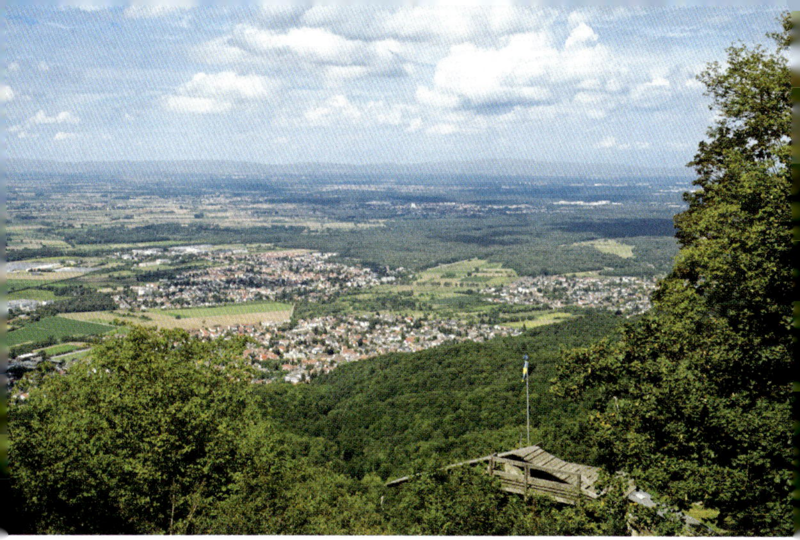

Blick vom Melibokus auf Alsbach und die Rheinebene.

im Westen, dem Taunus im Norden und können sogar die Silhouette der Hochhäuser von Frankfurt erkennen. Zurück an der **Förster-Dörr-Eiche (4)** folgen wir jetzt der gelben 6 nach rechts. Mit herrlichen Ausblicken über die bewaldeten Odenwald-Hügel geht es bergab. An der Kreuzung **Am Schlief (6)** gehen wir scharf nach rechts. Ein lang gezogener Forstweg zieht sich kurvenreich bis zum **Wanderparkplatz Not-Gottes-Kapelle (7)**. Wir wandern rechts an der Schranke vorbei und orientieren uns nun am Burgensteig. Mit leichtem Gefälle geht es längere Zeit auf dem »Comoder Weg« (comod = gemütlich) bergab. An der großen Wanderwegkreuzung verlässt uns der Burgensteig nach rechts, wir folgen dem Nibelungensteig links zum Aussichtspunkt an der **Luciberghütte (8)**, an dem man auf einer gemütlichen Liegebank den Panoramablick genießen kann. Hier halten wir uns mit der Markierung rechts und wandern in weiten Kehren bergab. Kurz vor der dritten Kurve verzweigt ein schmaler Pfad nach links, der den asphaltierten Weg unterbricht und in Serpentinen abwärts führt. Durch die Aul, einen Turm der alten Stadtbefestigung aus dem 14. Jh., treten wir ein in den hübsch sanierten und gepflegten alten Ortskern von Zwingenberg. Vor der malerisch am Hang liegenden Bergkirche, deren Ursprünge im 13. Jh. liegen, gehen wir rechts die Stufen zur Unterstadt. Links haltend wandern wir zurück zum **Bahnhof von Zwingenberg (1)**. Lohnenswert ist ein Umweg über die Obergasse und den historischen Marktplatz, der umrahmt ist von einladenden Restaurants.

Der Odenwald, sagenumwobenes Mittelgebirge

Kaum eine Region Deutschlands bietet mehr Sagen und Legenden von Hexen, Riesen, Gespenstern und furchtlosen Rittern als der Odenwald. Meist handelt es sich um örtliche Geschichten, wie den beiden Riesen von Lindenfels, die sich mit Steinen beworfen und dabei das Felsenmeer geschaffen haben sollen. Größte Berühmtheit erlangte das Nibelungenlied, in dem Siegfried der Drachentöter an einem Ort im Odenwald hinterrücks von seinem Widersacher Hagen von Tronje ermordet wird. Drei Ortschaften reklamieren die Siegfriedsquelle, den Ort, an dem der Meuchelmord angeblich stattgefunden haben soll, für sich.

Die vielgestaltige Mittelgebirgslandschaft des Odenwaldes, die im Osten in die Schichtstufen des Baulands übergeht, erstreckt sich zwischen Rheintal im Westen, Main im Norden und Neckar im Süden. Rund 400 Mio. Jahre Erdgeschichte schufen auf kleinem Raum eine reizvolle, abwechslungsreiche Landschaft. Der Geo-Naturpark Bergstraße-Odenwald erhielt sogar das Prädikat »UNESCO Global Geopark«; er geht südwärts in den Naturpark Neckartal-Odenwald über. Der Kristalline Odenwald, der sich östlich der Oberrheinischen Tiefebene an der Bergstraße entlang zieht, entstand vor ca. 350 Mio. Jahren. Im Zuge der variszischen Gebirgsbildung durch die Kollision zweier Urkontinente bildeten sich magmatische Tiefengesteine, die später an die Oberfläche gelangten und freigelegt wurden. Deckschichten aus Buntsandstein, Muschelkalk und Keuper aus der Triaszeit wurden im Zusammenhang mit der Bildung des Oberrheingrabens vor 50 Mio. Jahren

Odenwaldlandschaft bei Löhrbach (Tour 21).

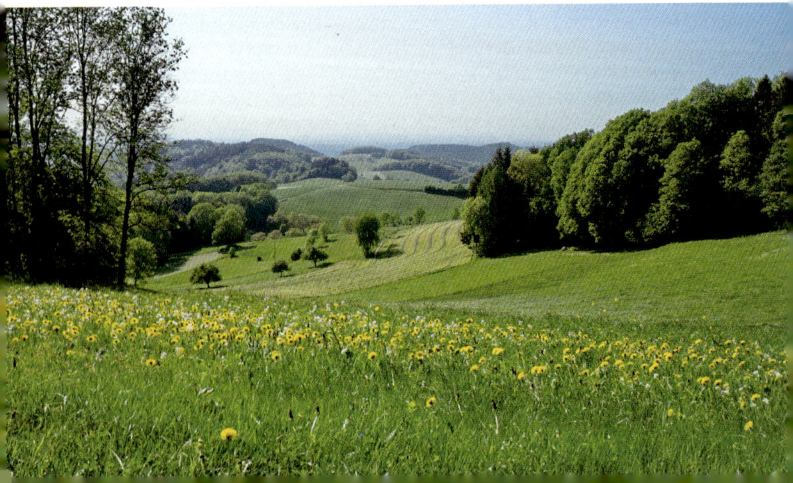

abgetragen und treten erst wieder im östlich anschließenden Buntsandstein-Odenwald und geringmächtig auch nördlich und südlich von Heidelberg zutage. So finden wir heute im kristallinen Teil ein stark gegliedertes, kuppiges Relief, dessen geologische Grundlage vorwiegend aus Graniten, Dioriten und Mischformen besteht. Eine bunte Vielfalt von artenreichen Laubmischwäldern, landwirtschaftlich genutzten Flächen, Streuobstwiesen, tief eingeschnittenen Tälern und Felsformationen bildet die Kulisse für abwechslungsreiche Wanderungen. Im Buntsandstein-Odenwald, der östlich des Tromm-Höhenzuges beginnt und über den sogenannten Kleinen Odenwald südlich des Neckars in den Kraichgau übergeht, sind waldbestandene Hochflächen und wasserreiche Täler die vorrangigen Landschaftselemente. Höchste Erhebungen des Odenwaldes sind der tertiäre Basaltkegel des Katzenbuckels (626 m) im Süden, die Neunkircher Höhe (605 m) und der kristalline Melibokus (517 m) an der Bergstraße.

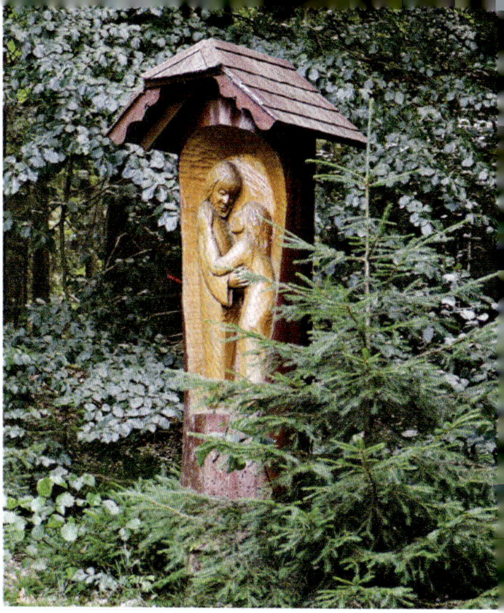

Geschnitzter Bildstock im Naturschutzgebiet Hirschwiese bei Hiltersklingen (Tour 25).

Schon vor 600.000 Jahren streiften unsere Vorfahren durch die Region rund um Heidelberg, wie der Sensationsfund des Homo Heidelbergensis bei Mauer bezeugt. Als die Römer die Bildfläche betraten, fanden sie im Odenwald vermutlich nur eine spärliche Besiedlung vor. Erst in fränkischer Zeit, zwischen 700 und 900 n. Chr., wurden die Grundlagen für die heutige Siedlungsstruktur geschaffen. Ausgehend von den mächtigen Klöstern Lorsch, Amorbach und Fulda wurden viele Orte gegründet. Einige verschwanden in späteren Jahrhunderten durch Kriege und Pest, mancherorts finden sich noch Reste solcher Wüstungen. Alte Bauernhöfe mit fränkischen Hoftoren, bunte Häuser aus örtlichem Sandstein und urige Landgaststätten sind heute die charakteristischen Siedlungselemente im Odenwald. Neben zahlreichen lokalen Wanderwegen des rührigen Odenwaldklubs bieten die Rund- und Themenwege der beiden Naturparks eine hervorragende Infrastruktur zum genüsslichen Wandern für jedes Bedürfnis. Mit dem Nibelungenweg, dem Alemannenweg und dem Weitwanderweg Odenwald-Vogesen durchkreuzen mehrere Fernwanderwege das Mittelgebirge. Die Beschilderung der Wanderwege ist fast überall ausgezeichnet.

19 Zur Kreidacher Höhe

5.00 Std.

Von rätselhaften Steinen im Wald zur Kunst am Wegesrand

Wir lernen den Überwald kennen, eine Region zwischen dem Kristallinen Vorderen und dem Hinteren oder auch Buntsandstein-Odenwald rund um die Gemeinden Abtsteinach und Wald-Michelbach. Der Name Überwald geht darauf zurück, dass man aus dem Weschnitztal über die (bewaldeten) Höhenzüge der Tromm blickt. Eine mystisch im Wald verborgene, ehemals keltische Kultstätte und ein malerischer Panoramaweg, geschmückt von Kunstobjekten, bilden die Kulisse für eine vielversprechende Runde.

Ausgangspunkt: Bushaltestelle Mackenheimer Straße in Ober-Abtsteinach. Erreichbar von Heidelberg oder Mannheim mit der Bahn oder Linie 5 (OEG) bis Weinheim, von dort Bus 681 Richtung Gras-Ellenbach. Parken im Ort.
Höhenunterschied: 560 m.
Anforderungen: Mehrere Anstiege erfordern etwas Kondition.
Markierung: A1 bis Götzenstein, danach gelbe 3, ab Weiher Weg We3, der mit einem Verbindungsweg übergeht in rotes Quadrat, ab Kreidacher Höhe auf gelbem Kreis 4 zurück.
Einkehr: Restaurant Bergblick auf dem Stallenkandel, tgl. außer Di. ab 11.30 Uhr. Kiosk an der Sommerrodelbahn auf der Kreidacher Höhe, April bis Sept. tgl. 10–18 Uhr, Okt. bis 17 Uhr. Gastronomie in Ober-Abtsteinach.
Karte: Wanderkarte Bergstraße-Weschnitztal (GNBO Blatt 8, 1:20.000). Hessischer Odenwald Nord (Meki Landkarten GmbH, 1:30.000).

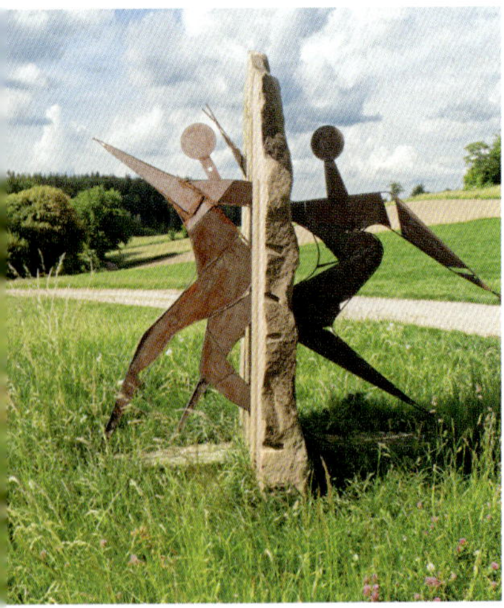

Von der Bushaltestelle in **Ober-Abtsteinach (1)** gehen wir zur barocken St.-Bonifatius-Kirche im Zentrum. Über Kirch- und Friedhofstraße verlassen wir den Ort in nördlicher Richtung. Kurz nach dem Friedhof passieren wir den Picknick- und Wanderparkplatz Steinachquelle und biegen dahinter an der zweiten Möglichkeit (gelber Kreis) links ab zum nahen Wald. Der aussichtsreiche Waldrandweg gibt weite Blicke frei über die Kuppen des Vorderen Odenwaldes. Am Ende des Panoramweges geht es rechts in den Wald zum ehemals keltischen Kultplatz am **Götzenstein (2)**. Wir

Kreidacher Kunstweg.

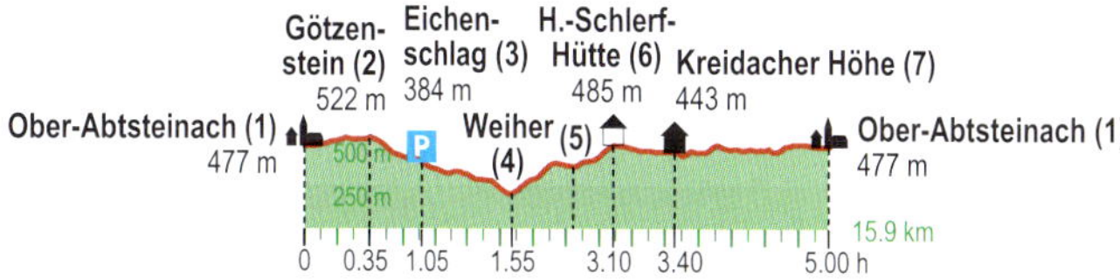

lassen uns nun von der gelben 3 leiten und biegen an der ersten Kreuzung nach rechts in Richtung Vöckelsbach. Nach der Schranke links haltend führt uns das Wegzeichen auf asphaltiertem Weg oberhalb des Dörfchens Vöckelsbach entlang. Am Waldaustritt erwartet uns am Wanderparkplatz **Eichenschlag (3)** erneut ein fabelhafter Panoramablick, diesmal auf die gegenüberliegenden Höhenzüge der Tromm. Auf dem Höhenrücken wandern wir bis zur einer Kreuzung. Gegenüber der Abzweigung nach Ober-Mumbach folgen wir rechts dem unmarkierten Feldweg bergab und unterqueren die Überwaldbahn, eine ehemalige Bahnstrecke, auf der im Sommer Draisinen-Fahrten angeboten werden. Kurz nach dem alten Steinviadukt durchqueren wir im Talgrund das beschauliche Örtchen **Weiher (4)**. Zunächst rechts haltend geht es nach dem Ehrendenkmal links ab auf den We3-Wanderweg, der überwiegend längs des Waldrandes das Tal hoch führt. Nach schweiß-

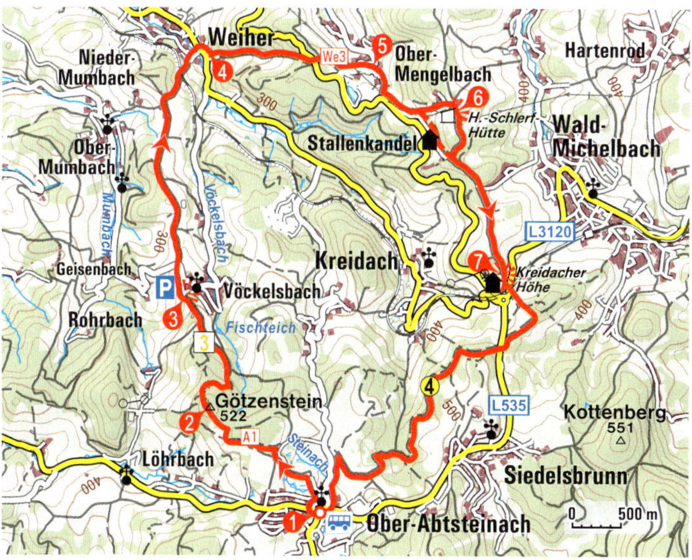

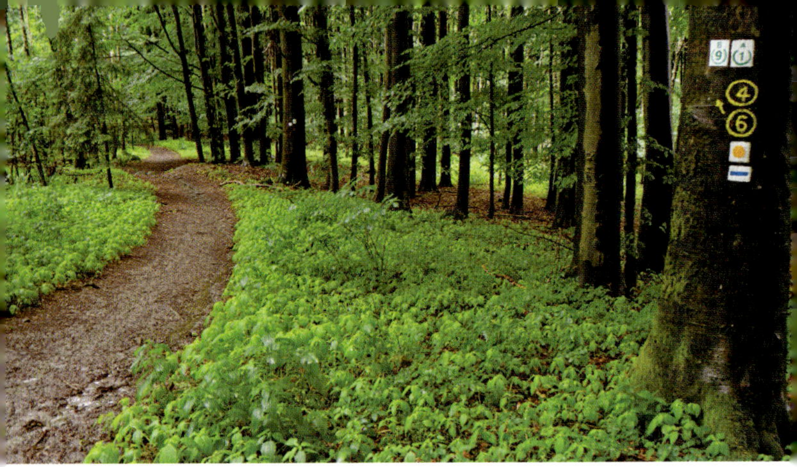

Waldweg bei Ober-Abtsteinach.

treibendem Anstieg überqueren wir nach links die Straße und orientieren uns an dem mit V gekennzeichneten Verbindungsweg. Der Wanderweg stößt auf eine Straße, der wir nach links hinunter ins Tal folgen. Rechts an den ersten Häusern von **Ober-Mengelbach (5)** vorbei geht es erneut bergauf. Wir tangieren kurz die Verkehrsstraße und verlassen sie nach 100 m wieder nach links hinauf zur Bushaltestelle von Stallenkandel. Zur Einkehr im empfehlenswerten Restaurant Bergblick mit Sonnenterrasse geht es hier nach rechts. Ansonsten erwartet uns die letzte steile Passage bis zur **Heinrich-Schlerf-Hütte (6)** auf der Anhöhe. Kurz davor steht mitten auf dem Feld – eine Umsetzung verheißt der Legende nach Unglück – ein alter Sühne-Bildstock aus Sandstein. Der Legende nach sollen sich hier zwei hungernde Soldaten um eine Maus gestritten haben, wobei beide ums Leben kamen. Wir folgen nun dem roten Quadrat und biegen an der Waldkreuzung links ab. Über den Kreidacher Kunstweg mit mehreren Kunstobjekten am Wegesrand zieht sich die herrliche Panoramastrecke bis zur **Kreidacher Höhe (7)**. Seit dem Jahr 2000 entstanden die Kunstwege in der Region, die vom Abtsteinacher Künstler Martin Hintenlang zusammen mit nationalen und internationalen Künstlern realisiert wurden. Geradeaus überqueren wir die stark befahrene Straße, halten uns nach einem kurzen Wegstück im Wald rechts und kreuzen erneut eine Straße. Durch schattigen Wald lassen wir uns von der gelben 4 kurvenreich leiten und biegen an der großen Waldkreuzung links ab. Nach Austritt aus dem Wald geht es rechts auf ein Asphaltsträßchen. An der Ruhebank mit dem Kopf aus Granit biegen wir links nach **Ober-Abtsteinach (1)** ab, wo uns die Haupstraße rechts zum Ausgangspunkt geleitet.

3.45 Std.

Auf mystischen Höhen: Steinberg und Eichelberg

20 TOP

Wo Kelten den Göttern huldigten und »wilde Leute« hausten

Um viele Kuppen und Hügel des Vorderen Odenwaldes ranken sich Sagen und Legenden. Zwei davon besuchen wir auf dieser interessanten und abwechslungsreichen Rundwanderung. Zahlreiche Informationstafeln des Geo-Naturparks Bergstraße-Odenwald geben Aufschluss über Geschichte und Geologie. Immer wieder ergeben sich fulminante Ausblicke auf die bewaldeten Bergkuppen und das Oberrheintal.

Ausgangspunkt: Bushaltestelle Rose (oder eine davor, Bildstock) in Oberflockenbach. Erreichbar von Heidelberg mit Linie 5 (OEG) bis Großsachsen, von dort Bus 682. Parkmöglichkeit gegenüber der Bushaltestelle.
Höhenunterschied: 450 m.
Anforderungen: Kurze Rundwanderung mit einigen steilen Anstiegen auf gemütlichen, ruhigen Waldwegen und -pfaden.
Markierung: Anfangs gelbes V, dann gelbe 4 bis Ursenbacher Höhe, danach gelbes L bis Eichelberg. Zurück vorwiegend grünes X (HW 11).
Einkehr: Mannheimer Hütte auf dem Eichelberg, So. und feiertags geöffnet von März bis Nov. Landgasthaus Zur Suppenschüssel in Steinklingen, wochentags außer Di. ab 16 Uhr, Sa., So. und feiertags ab 10 Uhr. Gastronomie in Oberflockenbach.
Karte: Wanderkarte Heidelberg Neckartal-Odenwald (GNBO Blatt 12, 1:20.000). Hessischer Odenwald Süd (Meki Landkarten GmbH, 1:30.000).
Hinweis: Empfehlenswert ist, die Wanderung sonn- oder feiertags zu machen. Nur dann kann man die herzliche Hüttenbewirtschaftung des Odenwaldklubs und die nette Atmosphäre auf der Mannheimer Hütte genießen.

Gegenüber dem schmucken alten Schulgebäude von **Oberflockenbach (1)** beginnen wir unsere Wanderung. Vor der Autowerkstatt links abbiegend erreichen wir den Bildstockweg, auf dem mehrere Wanderwege verzeichnet sind. Rechts haltend geht es vorbei an hübschen Fachwerkhäusern die steile Straße hoch (gelbes V). Am Wanderparkplatz Bildstock mit weitem Blick ins Rheintal – hier auch die Busstation Bildstock, an der ein Beginn möglich wäre – steuern wir links auf den Waldrand zu. Wir gehen kurz vor der Schranke rechts hinauf, der gelben 4 folgend, passieren einen Picknickplatz und biegen links ab. Ein steiler Pfad führt hoch zu einem Forstweg, an dem wir

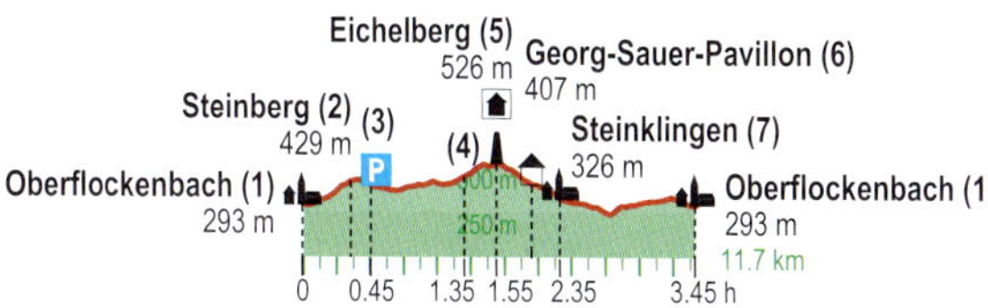

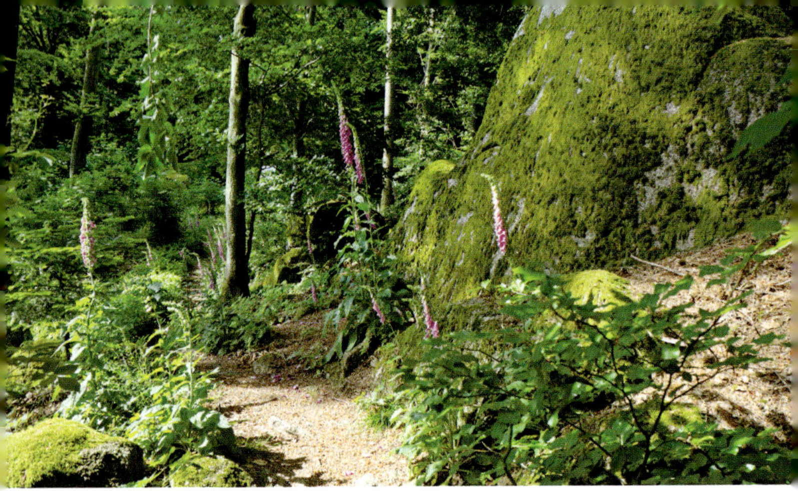

Am Steinberg.

links abbiegen. In der Rechtskurve verlassen wir den breiten Weg und wandern erneut auf schmalem Fußweg bergauf zum höchsten Punkt auf dem Plateau des **Steinbergs (2)**. Abgerundete, bemooste Felsbrocken aus Granodiorit rechts und links des Weges, entstanden durch Blocksackverwitterung, machen dem Namen des Hügels alle Ehre. Ob keltischer Kultplatz oder alte Fluchtburg, fest steht nur, dass manche der gewaltigen Steinblöcke von Menschenhand bewegt wurden. Wir folgen dem weichen und angenehmen Waldpfad über den Höhenrücken und informieren uns an aufgestellten Infotafeln über Geologie und Gesteine. Am Parkplatz **Ursenbacher Höhe (3)** biegen wir an der uralten Eiche links ab auf den mit L gekennzeichneten Panoramaweg. An der Wanderwegkreuzung gehen wir geradeaus und schlagen vor der großen Linde den rechts in den Wald führenden Weg ein. Der weiterhin mit L markierte Forstweg führt im Mischwald sanft bergan und geht über in einen ruhigen, mit alten Wegesteinen versehenen Wanderweg. Am Ende des Waldes weist uns an der Wegekreuzung **Hohe Straße (4)** ein alter Sandsteinblock die Richtung. Wir folgen weiter dem gelben L und gehen am Waldrand links einen Pfad Richtung Mannheimer Hütte hoch. Der Wanderweg schlängelt sich im Wald weiter bergauf zum Wildeleutestein. Der Sage nach sollen »wilde Leute« hier gewohnt haben und aus der Vertiefung des mächtigen Steinblocks ihre Suppe gegessen haben. Tatsächlich haben in früheren Zeiten Menschen ihr Auskommen im Sammeln von Eichenrinde für Gerbereien (eine große war z. B. in Weinheim) gefunden. Auch Lesesteinhaufen in der Umgebung zeugen von früherer Bewirtschaftung durch Waldfruchtbau. Weiter geht es zum höchsten Punkt unserer

Wanderung, dem **Eichelberg (5)** auf 525 m Höhe mit Aussichtsturm und der **Mannheimer Hütte** darin. Wir folgen dem geteerten Sträßchen steil bergab bis zur Waldkreuzung. Ab hier leitet uns das grüne Kreuz, zunächst nach links. Am **Georg-Sauer-Pavillon (6)** wandern wir rechts am Waldsaum über die Lichtung und verlassen das grüne Kreuz an der nächsten Kreuzung nach links. Nach ein paar Metern führt rechts ein Pfad bergab zu einer Waldwiese. An deren Ende halten wir uns rechts, noch mal vor dem Hohlweg (Schild: Radfahren verboten), und wandern auf dem romantischen »Suppenschüsseltrail« zwischen moosbewachsenen Granitblöcken hinunter nach **Steinklingen (7)**. An der Straße rechts haltend passieren wir die Suppenschüssel (siehe Erläuterungstafel) und die gleichnamige Gaststätte und folgen nach 100 m dem grünen Kreuz nach links. Nach dem Pferdehof führt unser Weg nun steil bergab. Im Talgrund verlassen wir das grüne Kreuz, halten uns links und folgen nach Überquerung der Straße der tief eingeschnittenen Klinge bergauf. In der Rechtskurve des Weges gehen wir geradeaus weiter am Waldrand entlang, biegen an der Kreuzung kurz vor der Anhöhe links ab und überschreiten die Lichtung. Wir treffen auf den roten Balken, der uns zurück nach **Oberflockenbach (1)** geleitet.

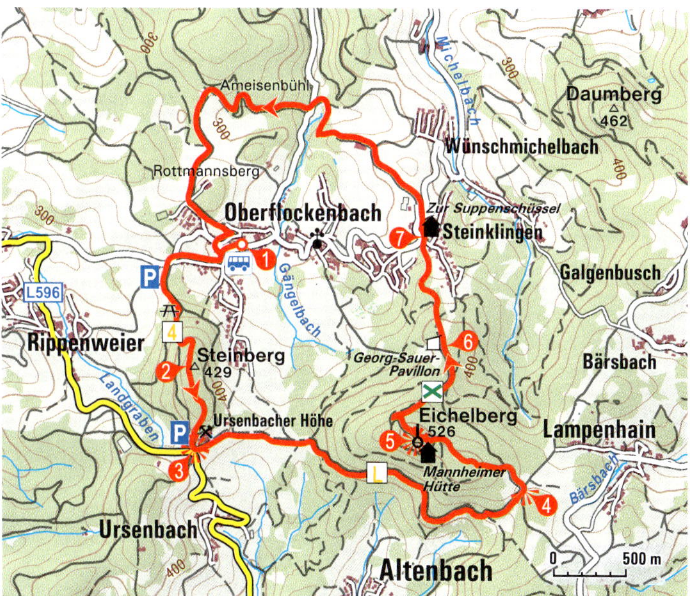

21 Auf dem Panoramaweg bei Unter-Abtsteinach

6.00 Std.

Vom ursprünglichen Eiterbachtal zur Ruine einer Kapelle

Größtenteils auf einem Qualitätswanderweg verläuft diese romantische Tour durch die abwechslungsreiche und hügelige Landschaft des Überwaldes. Am Wegesrand finden wir sagenumwobene Steine, die Ruine der verfallenen Kapelle Lichtenklinger Hof, eine urige Waldgaststätte und am Ende der Runde mitten im Odenwald ein buddhistisches Kloster mit einladender Teestube und einer goldenen Buddha-Statue im Park.

Ausgangspunkt: Bushaltestelle Mitte in Siedelsbrunn. Erreichbar von Heidelberg mit Regionalbahn oder Linie 5 (OEG) bis Weinheim, von dort Bus 681 Richtung Gras-Ellenbach. Parkplatz in der Straße Auf der Höh.
Höhenunterschied: 650 m.
Anforderungen: Die ausgedehnte Wanderung mit mehreren Anstiegen erfordert etwas Kondition.
Markierung: Qualitätswanderweg Si6 bis kurz vor Stiefelhütte, zurück vorwiegend auf dem A1.
Einkehr: Waldgaststätte Stiefelhütte, tgl. außer Do. und Fr. 10–18 Uhr, an Feiertagen immer geöffnet. Teehaus im Kloster Buddhas Weg, Do. bis So. und feiertags 13–17 Uhr. Gastronomie in Siedelsbrunn und Ober-Abtsteinach.
Karte: Wanderkarte Der Überwald (GNBO Blatt 9, 1:20.000). Hessischer Odenwald Süd (Meki Landkarten GmbH, 1:30.000).
Variante: Wer die Tour um ca. 4 km abkürzen möchte, wandert auf Höhe von Ober-Abtsteinach (am Linksknick des Weges) nach rechts in den Ort zur Löhrbacher Straße. Kurz links und wieder rechts über die Götzensteinstraße zum Picknickplatz Steinachquelle an der Hauptroute.

Im Eiterbachtal.

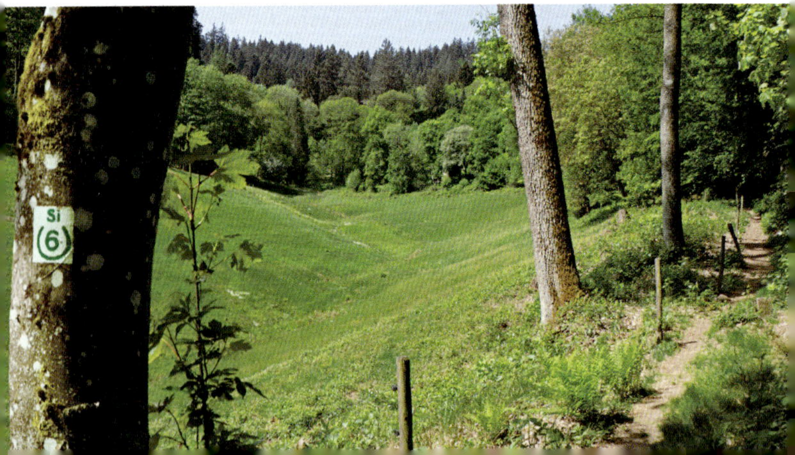

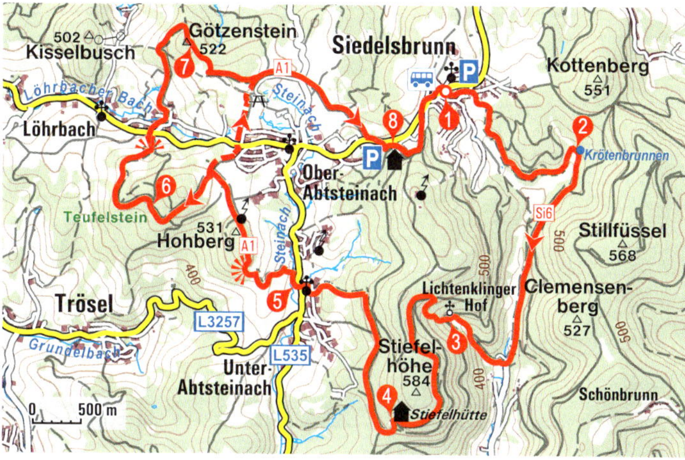

Von der Bushaltestelle Mitte in **Siedelsbrunn (1)** laufen wir die Obergasse hinab und biegen hinter dem Gasthaus Deutsches Haus links ab. Die Markierung Si6 leitet uns durch die Brunnenstraße und dahinter nach rechts. Zwischen Gärten und Obstbäumen führt uns ein Wiesenweg zum nahen Waldrand. Im schattigen Laubmischwald rechts wandern wir in großem Linksbogen zum Abzweig **Krötenbrunnen (2)**. Nach einer Wendung um fast 180 Grad geht es vorwiegend am Waldrand weiter durch das ruhige und unberührte Eiterbachtal, begleitet vom murmelnden Bach. Am Wanderparkplatz im Talgrund biegen wir nach rechts und orientieren uns an der Beschilderung. Achtung, nach ca. 300 m in der Rechtskehre folgen wir geradeaus dem schmalen Pfad am Rande der Lichtung bergan. Nach kurzem Anstieg tauchen die sagenumwobenen Gemäuer der Kapellenruine **Lichtenklinger Hof (3)** vor uns auf. 1387 erstmals urkundlich erwähnt, verfiel die Kapelle nach der Reformation wieder und wurde im 16. Jh. als Steinbruch genutzt. Der Legende nach wurde die Marienfigur der Kirche mehrmals nach Unter-Abtsteinach verschleppt, kehrte aber jedes Mal auf mysteriöse Weise wieder zurück. Seit dem 18. Jh. finden jährliche Wallfahrten zum Quellheiligtum in

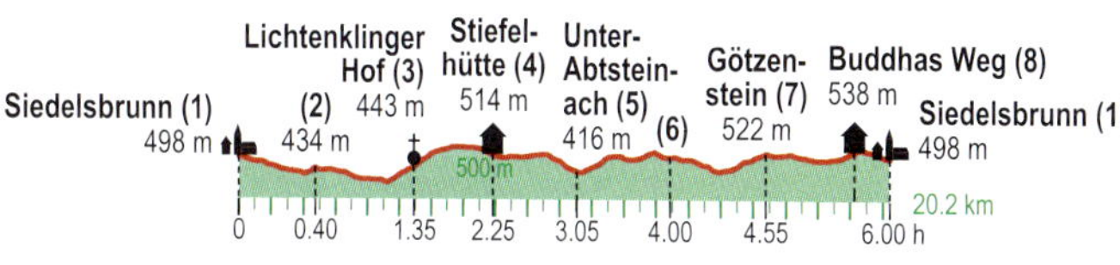

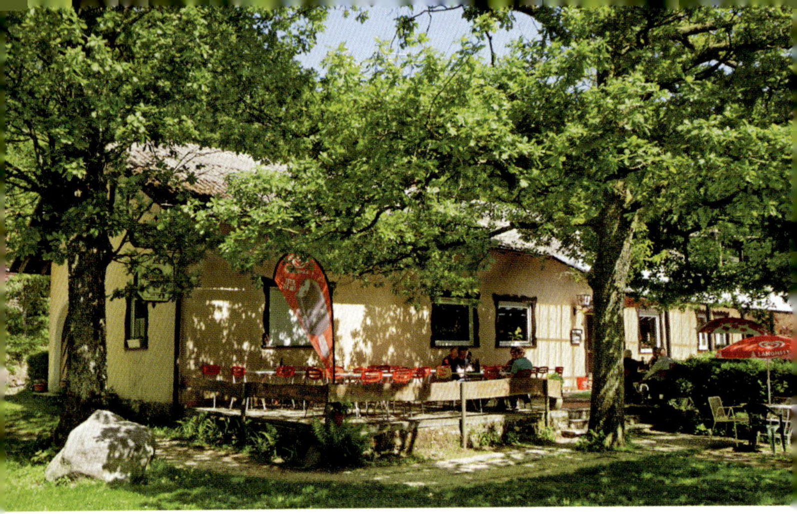

Stiefelbachhütte.

Lichtenklingen statt. Vom einstigen Hofgut ist fast nichts mehr erhalten. Wir biegen nach dem Gebäude rechts ab, wandern einen steilen Pfad empor und biegen auf dem breiten Forstweg links ab. An der Gabelung halten wir uns noch einmal links und treffen auf einen ebenen Terrassenweg, auch »Rentnerweg« genannt, der uns zur **Steinernen Bank** führt. Gegenüber finden wir einen malerisch überwachsenen ehemaligen Buntsandsteinbruch. Kurz danach verlassen wir den Si6, der nach rechts zur Stiefelhöhe führt. Stattdessen geradeaus dem A1-Weg folgend kommen wir zur originellen Waldgaststätte **Stiefelhütte (4)**, in der unter schattenspendenden Eichen gerastet werden kann. Wir gehen vor dem Gasthaus den steilen Weg bergab und biegen nach rechts. Nach einer Gabelung, an der wir erneut nach rechts gehen, kommen wir zu einer gewaltigen Buche mit Ruhebank davor. Hier verzweigen wir nach links bergab, biegen danach noch einmal im rechten Winkel nach links und wandern längs einer Lichtung nach **Unter-Abtsteinach (5)**. An der Hauptstraße marschieren wir 100 m nach rechts und verlassen sie dann nach links ins Tal. Die Steinach überquerend geht es durch üppige Wiesen nun wieder steil bergan, im Links-Rechts-Bogen bis zum Waldrand. Nach einer Ruhebank mit weitem Blick über die Hügelkette der Bergstraße bis zu den Pfälzer Höhen weist uns die Markierung erneut über die Wiese zum Mischwald am Rande des Hohberges. Ein steiler, mit Steinen gespickter Pfad führt uns nun bergan. Nach dem Austritt aus dem Wald erfreuen wir uns an interessanten Kunstobjekten am Wegesrand. Durch die üppige Wiesenlandschaft folgen wir der Beschilderung des A1-Weges, rechts zweigt die beschriebene verkürzende Variante durch Ober-Abtsteinach ab. Wir halten uns links, gehen am ersten Rechtsabzweig geradeaus vorbei, an der nächsten Kreuzung dann aber rechts und erreichen den Abzweig zum **Teufelstein (6)**, der ca. 50 m abseits des Weges liegt. Der von einer Quarzschicht durchzogene Granitfindling gab Anlass zu allerlei Sagen und Legenden. Weiter A1 folgend treten wir nach einer lang gezogenen Rechtskurve aus dem Wald heraus und freuen uns über den grandiosen Weitblick. Eine hübsche Ruhebank lädt zum Genießen ein. Gut 100 m dahinter, am Wegedreieck, halten wir uns rechts und ziehen hinunter in das lang gezogene Waldhufendorf Löhrbach und folgen weiter dem A1 auf der gegenüberliegenden Talseite wieder empor. Nach Durchquerung des Waldes biegen wir rechts ab und erreichen, bald wieder im Wald, nach kurzem Steilanstieg den **Götzenstein (7)**. Die Bergkuppe mit ihren markanten Felsanhäufungen wurde vermutlich schon in keltischer Zeit als Kultstätte genutzt. Nach erneutem Austritt aus dem Wald wenden wir uns nach links und schlendern am Waldrand entlang bis zur Kreuzung nahe dem Picknickplatz **Steinachquelle**. Hier geht es noch einmal nach links und in großem Bogen an Kunstwerken vorbei um Ober-Abtsteinach herum. Wir überqueren die Landstraße, gehen hinter dem Parkplatz nach rechts in den Wald und erreichen nach wenigen Metern das **Kloster Buddhas Weg (8)**. Erst rechts bergan, dann links haltend umrunden wir die Gebäude und den Park mit der prächtigen goldenen Buddha-Statue und wandern bergab zurück nach **Siedelsbrunn (1)**.

Im Garten des Klosters Buddhas Weg.

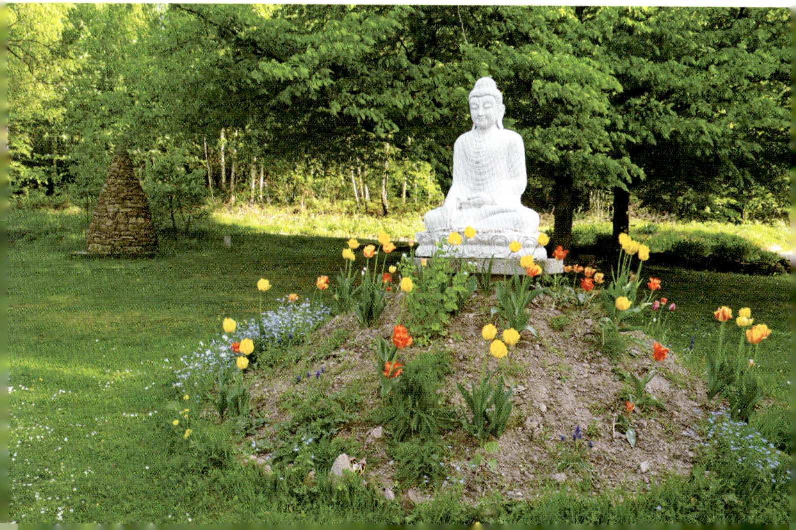

22 Über die Juhöhe zum Naturkraftweg Mörlenbach

3.15 Std.

Lernen von der Natur auf Wegen, die Kraft verleihen

In sanftem Anstieg geht es hoch zum Odenwald-Pass Juhöhe, der die Landesgrenze zwischen Hessen und Baden-Württemberg markiert. Meist am Waldrand verlaufend eröffnet der Weg malerische Weitblicke über den Vorderen Odenwald und zum Überwald. An Waldwegen und Wiesen errichtete Kunstobjekte sorgen für Abwechslung. Im letzten Drittel der Tour können sich Gedanken und Sinne auf dem Naturkraftweg entfalten.

Ausgangspunkt: Bahnhof Mörlenbach. Erreichbar von Heidelberg mit Regionalbahn oder Linie 5 (OEG) bis Weinheim, von dort Regionalbahn in Richtung Fürth. Parkplatz am Bahnhof.
Höhenunterschied: 270 m.
Anforderungen: Gemütliche Halbtageswanderung ohne schwierige Passagen.
Markierung: Rundwanderweg M4 bis Zigeunerkopf, danach E1 mit grünem X, zum Schluss Naturkraftweg Mörlenbach.
Einkehr: Waldschenke Fuhr Juhöhe, Mi. bis So. und feiertags 11.30–21 Uhr.
Karte: Wanderkarte Bergstr.-Weschnitztal (GNBO Blatt 8, 1:20.000). Hessischer Odenwald Süd (Meki Landkarten GmbH, 1:30.000).
Variante: Nach dem Linksknick des Weges, oberhalb von Bonsweiher nach rechts der gelben 4 folgen zum Berggasthof Zum Kreiswald (Sa. bis Mi. ab 11 Uhr). Dann grünes Dreieck bis Juhöhe.

Wandergruppe bei Mörlenbach.

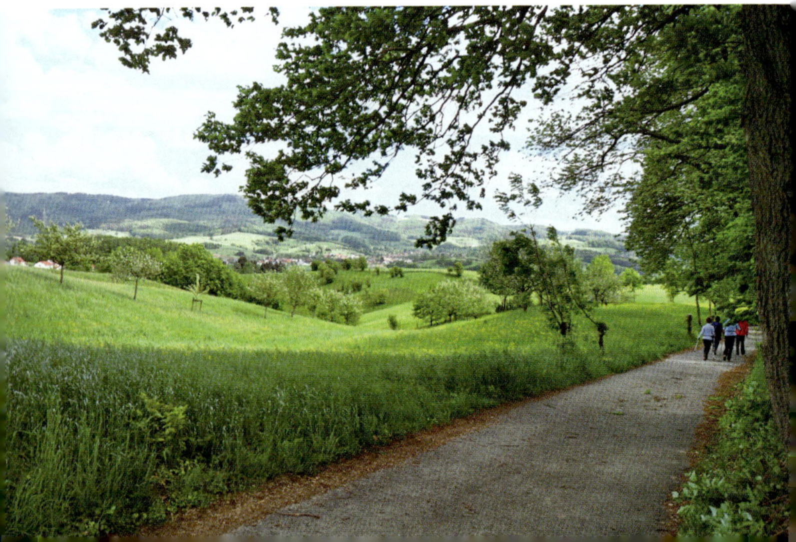

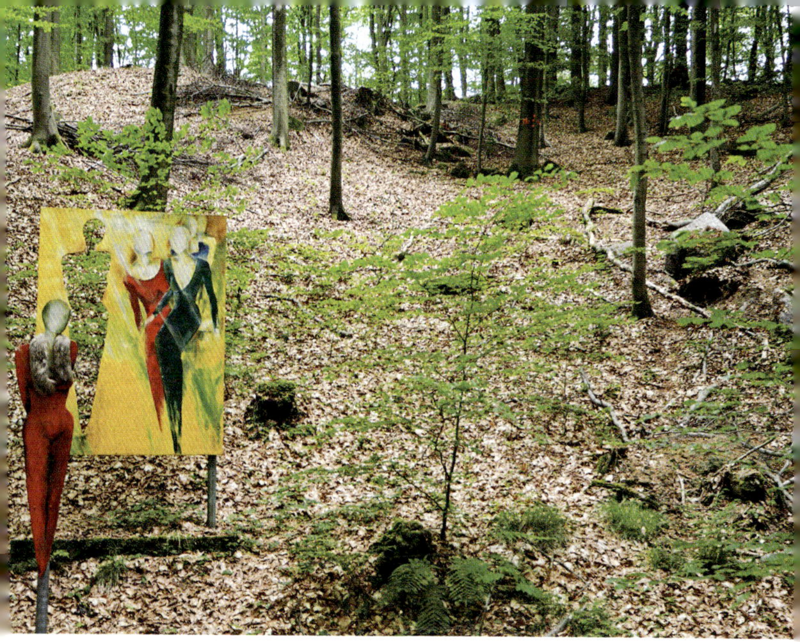

Kunst im Wald bei Mörlenbach.

Vom **Bahnhof Mörlenbach (1)** aus gehen wir auf die Hauptstraße und biegen gleich wieder links ein in die Bahnstraße. Am Ende kurz nach rechts und gleich wieder scharf links in den Hallgartenweg, der auch als Radweg in Richtung Rimbach markiert ist. Weiter geht's entlang der Bahngleise. Auf Höhe der Kirche wandern wir links über die Bahnlinie und jenseits der Weschnitz links haltend am Sportplatz vorbei auf der Allee ortsauswärts. Der Weg führt zur alla-hopp!-Freizeitanlage, an der wir links abbiegen. Nach dem Fitness-Platz finden wir die erste Markierung des M4-Wanderweges. Wir vertrauen uns den Wegzeichen an, die uns nach ein paar Rechts-Links-Schwenks ins Grüne leiten. Beim Ecksteinkreuz am Kirchpfad geht es nach rechts auf den geschotterten Weg. In der lieblichen Wiesen- und Weidelandschaft eröffnen sich uns schon bald Ausblicke auf die Höhenzüge der Tromm. Auf dem Naturkundlichen Wanderweg Mörlenbach erreichen wir schließlich den Waldrand unterhalb der Kuppe **Am Steinböhl**. Unter uns durchs Tal zieht sich der Ort Großbreitenbach. Nach der Lichtung biegen wir vor dem Parkplatz nach links und folgen dem M4-Weg in den Wald, der an einer Schutzhütte und dem kleinen romantischen **Waldsee (2)** vorbeiführt. Ein paar Stufen führen uns geradeaus hinauf. Am Ende des Waldes, kurz vor

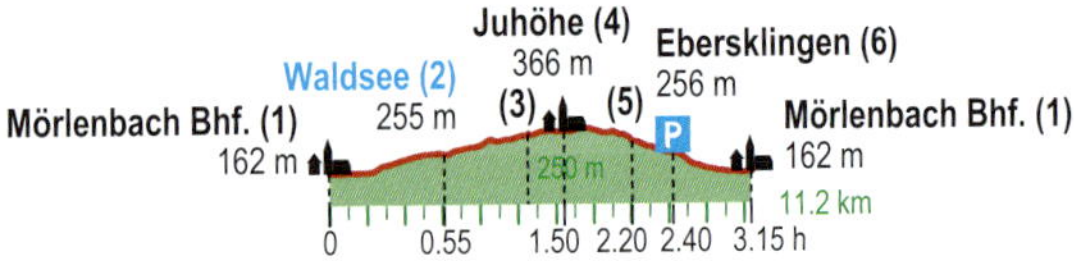

den ersten Häusern von Bonsweiher, leiten uns die Wegzeichen nach rechts. Imposante Felsgruppen stehen beiderseits des Weges Spalier. In der Ferne lugt die Wachenburg bei Weinheim über die Hügel. Durch den hochstämmigen Buchenwald begleiten uns nun Skulpturen aus Holz und Stein des Mörlenbacher Kunstwegs. Bei der Abzweigung am **Zigeunerkopf (3)** halten wir uns rechts und folgen der Beschilderung zur Juhöhe. Das grüne X des Europäischen Fernwanderwegs weist uns nun den Weg. An der Waldschenke Fuhr ist der Ortsbeginn des kleinen, auf der Passhöhe liegenden Dörfchens **Juhöhe (4)** erreicht, das wir mit unserem Wegzeichen durchqueren. Kurz nach dem letzten Haus halten wir uns an der Gabelung links und wandern das Teersträßchen bergab. Vor einer Linkskurve – die Markierung ist hier schwer zu erkennen – verlassen wir den asphaltierten Weg nach rechts

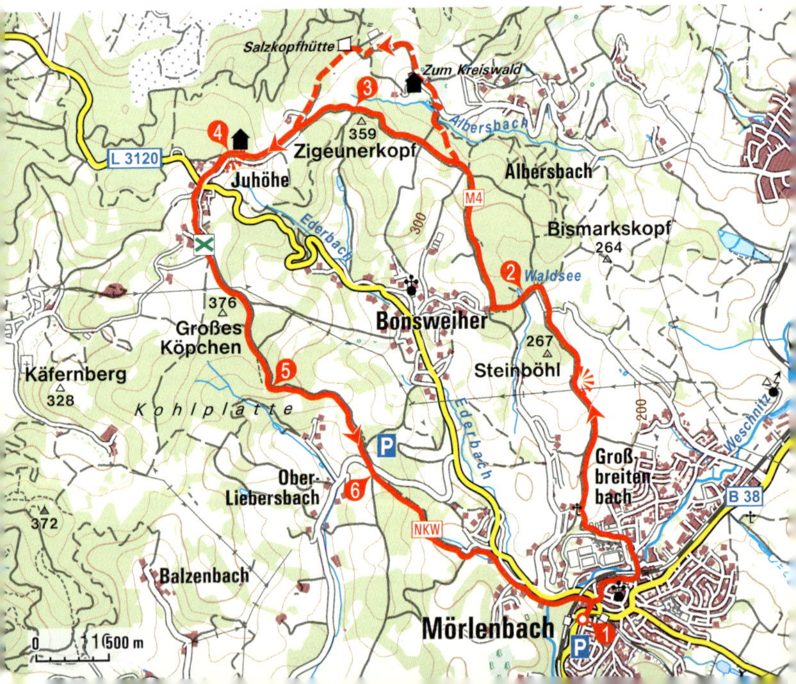

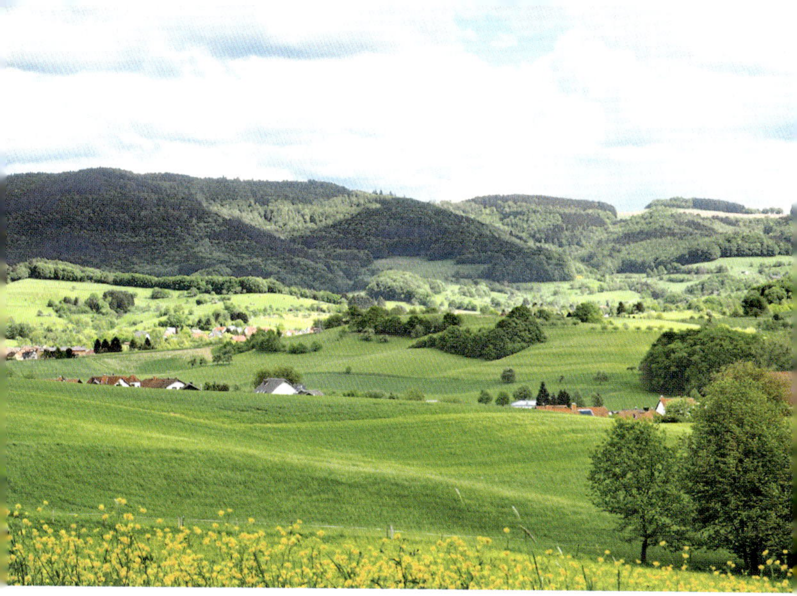

Blick von Mörlenbach auf die Tromm.

auf einen Forstweg, der uns durch schattigen Nadelwald am Großen Köpfchen vorbei zur **Kohlplatte (5)** führt. Nach Austritt aus dem Wald erwarten uns wieder wunderbare Fernblicke zu den Kuppen und Höhen des Vorderen Odenwaldes. Am ersten Schild des Naturkraftweges (NKW), der mit Zitaten und Achtsamkeitsübungen zum Nachdenken und zu meditativem Verweilen anregt, verlassen wir den breiten Weg und wandern auf einem kleinen, angenehmen Waldpfad weiter bergab. Wir stoßen auf die Verkehrsstraße nach Ober-Liebersbach, laufen wenige Meter am Straßenrand entlang und wechseln hinter dem Waldparkplatz **Ebersklingen** (**6**, dahinter auch Stationen des NKW im Wald versteckt) auf die andere Straßenseite. Bald geht es rechts auf breitem Forstweg, begleitet von weiteren Tafeln des NKW, durch Mischwald bergab. An der T-Kreuzung biegen wir links ab, gehen am Holzlagerplatz vorbei und längs der Pferdekoppeln weiter. Nach den ersten Häusern halten wir uns links und wandern im Rechtsbogen zur Hauptstraße, von der wir kurz danach wieder auf die Karlsbader Straße abzweigen. Nach dem Egerland-Brunnen mit den Wappen von Heimatvertriebenen überqueren wir an der Schützmühle die Straße. Die vollständig erhaltene Mühle wurde 1837 errichtet und 1972 stillgelegt. An der American Bar vorbei führt unsere Tour zum Bahnübergang und schließlich rechts zurück zum **Bahnhof von Mörlenbach (1).**

23 Felsenmeer Reichenbach

4.00 Std.

Wo zwei Riesen sich mit Steinen bewarfen und Römer Steine meißelten

Das Felsenmeer bei Reichenbach im Lautertal zählt zu den interessantesten geologischen Sehenswürdigkeiten des Odenwaldes. Selten findet man in Mittelgebirgsregionen ein ähnliches Phänomen. Als wären sie gerade erst den Berg hinuntergekullert, liegen die Felsblöcke auf-, unter- und nebeneinander. Ein fantastischer Anblick, der Kinder und Erwachsene zum Klettern animiert. Das Felsenmeer ist der abschließende Höhepunkt auf einem aussichtsreichen Rundweg, der uns zuvor zum Kletterfelsen Hohenstein und ins beschauliche Lautern führt.

Ausgangspunkt: Bushaltestelle Reichenbach Markt. Erreichbar von Heidelberg mit der Regionalbahn bis Bensheim, von dort Bus 665 Richtung Winterkasten. Parkplätze an der Durchgangsstraße.
Höhenunterschied: 520 m.
Anforderungen: Bequeme Feld-, Wald- und Wanderwege führen zum Felsenmeer. Der Abstieg auf steilen Treppenwegen kann etwas auf die Knie gehen. Bei Nässe ist Vorsicht geboten.
Markierung: Nibelungensteig bis zum Kletterfelsen Hohenstein, kurz danach Re4 bis Lautern, gelbes V, dann rotes A bis Parkplatz Römersteine, zurück auf dem Nibelungensteig.
Einkehr: Afrikanisch-Deutsches Restaurant Ada's Buka auf dem Felsberg oberhalb des Felsenmeeres, März bis Okt. Sa., So. und Feiertag ab 11 Uhr, sonst für Gruppen nach Vereinb. Bistro und Infozentrum am Felsenmeer, Mo. bis Fr. 11–16 Uhr, Sa., So., Fei. 10–17 Uhr. Gastronomie in Beedenkirchen und Reichenbach.
Karte: Wanderkarte Bergstraße-Odenwald (GNBO Blatt 5, 1:20.000). Hessischer Odenwald Nord (Meki Landkarten GmbH, 1:30.000).

Wir starten wenige Meter von der Bushaltestelle Markt entfernt in der Ortsmitte, an der Kirche von **Reichenbach (1)**, und folgen dem Nibelungensteig an der alten Schule vorbei aus dem Ort. Am großen Steinmetzbetrieb biegen wir links ab, halten uns dann in der zweiten Kehre links und steigen den steilen Schotterweg empor. An einer Schutzhütte vorbei geht es kräftig bergauf zum markanten Kletterfelsen **Hohenstein (2)**, einem 70 m langen und 17 m hohen Quarzithärtling, der an Wochenenden gut besucht ist. Der Sage nach haben sich einst der Riese Steinbeißer vom Hohenstein und der Riese Felshocker vom Felsberg gegenüber mit Steinen beworfen. Da der Hohensteiner

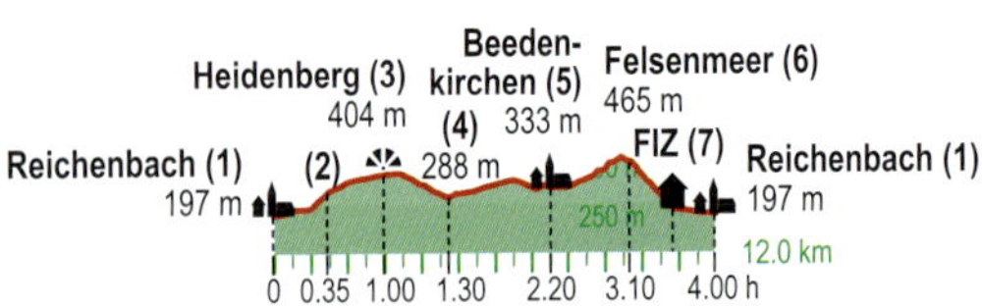

Riese mehr Steine zur Verfügung hatte, entstand gegenüber das Felsenmeer, das wir im Verlauf unserer Runde besuchen werden. Auf einem Bergrücken mit Blick ins Reichenbachtal zur Rechten wandern wir auf einer prächtigen Birkenallee weiter. Am nächsten Wegweiser geht unser Weg nach links, dem Re4-Zeichen folgend, in die offene Wiesenlandschaft. Beim Blick zurück genießt man eine prächtige Fernsicht bis ins Rheintal. Kurz vor einer Sitzgruppe auf der Anhöhe **Heidenberg (3)** biegen wir nach links auf den Feldweg ab. Durch angenehmen Mischwald geht es nun bergab. An einer Waldkreuzung verzweigt unser Weg Re4 schräg nach rechts. Achtung, hier nicht den rechtwinklig abgehenden Weg benutzen! Wir stoßen auf eine kleine Asphaltstraße, die uns, die Nibelungenstraße überquerend, hinunter nach **Lautern (4)** führt. Durch die Jahnstraße bergauf (gelbes V) verlassen wir wieder das verträumte Örtchen im Talgrund. Auf der Anhöhe – gegenüber in einiger Entfernung die Kriegsopfer-Gedenkstätte Geisberg – biegen wir spitzwinklig nach links ab und folgen dem Alemannenweg mit dem roten A. An einer Ruhebank wandern wir geradeaus weiter talwärts und erreichen nach einem Rechtsknick die ersten

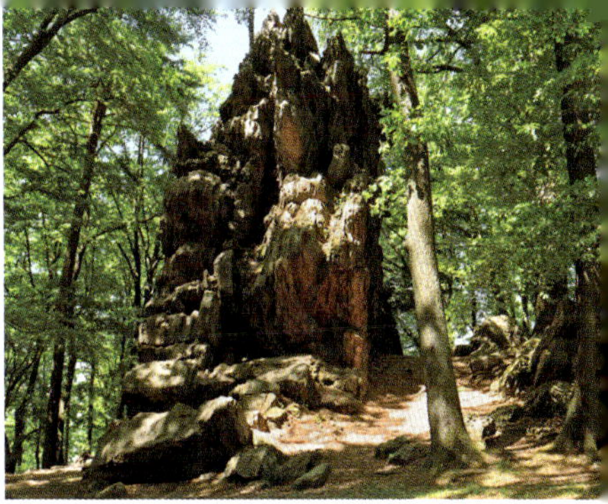

Der Hohenstein bei Reichenbach.

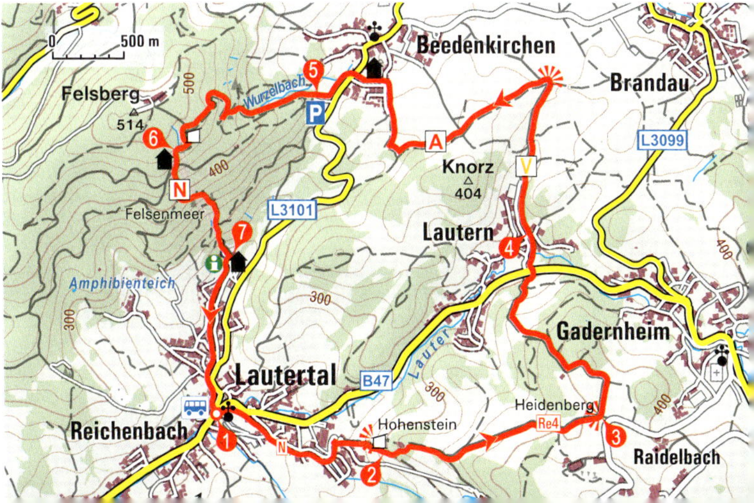

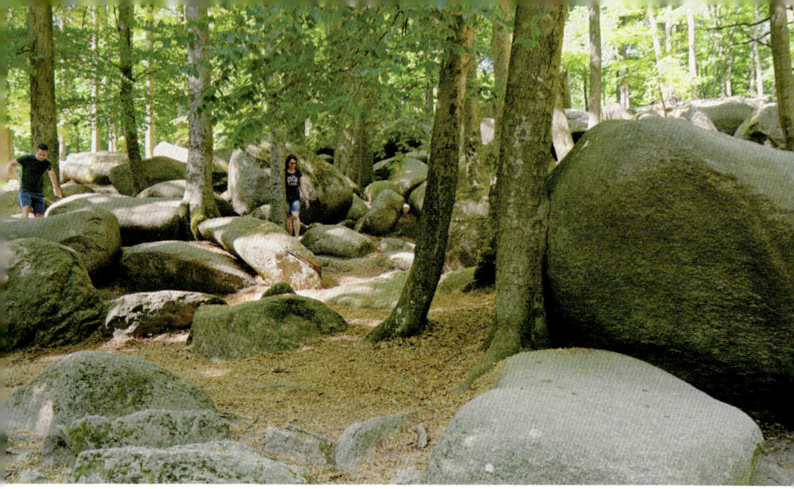

Kletterparadies Felsenmeer.

Häuser von **Beedenkirchen (5)**. Wir biegen links in die Wilhelmstraße ein und laufen an deren Ende links haltend 200 m an der Hauptstraße entlang, dann zweigen wir rechts zum Parkplatz Römersteine ab. Dort geradeaus dem steilen Pfad hoch folgend nehmen wir den breiten Forstweg nach rechts, auf dem mehrere Wanderwege verlaufen. Bis zur Oberkante des Felsenmeeres passieren wir mit dem **Schiff** und dem **Riesensarg** – benannt in Anlehnung an ihre Form – die ersten von mehreren unvollendeten römischen Werkstücken. Vom 2. bis zum 4. Jh. n. Chr. bearbeiteten rund um den Felsberg römische Steinmetze die Felsblöcke aus Quarzdiorit. Am eindrucksvollsten ist die römische Riesensäule auf halbem Weg nach unten. Wir erreichen die Schutzhütte oberhalb vom **Felsenmeer** (**6**, nach rechts führt der Weg hoch zum Restaurant Ada's Burka) und folgen nun dem Nibelungensteig bergab. Kurzer Exkurs zur Entstehungsgeschichte des Geotops: Die plutonischen Gesteine kristallisierten vor 350 Mio. Jahren im Erdinnern, wurden im subtropischen Klima des Tertiär freigelegt und erhielten durch Verwitterung unter und an der Oberfläche ihre gerundete, an Wollsäcke erinnernde Form, daher der Begriff »Wollsackverwitterung«. Während der sommerlichen Warmphasen der letzten Eiszeit rutschten die Quarzdioritblöcke auf dem aufgetauten Untergrund der Permafrostböden (Dauerfrostböden) talwärts und stapelten sich zum Felsenmeer. Vorbei an der **Riesensäule** wandern, steigen und klettern wir nun durch das Blockmeer abwärts bis zum **Felsenmeer-Informationszentrum (7,** FIZ), in dem Näheres zu Geologie und Geschichte von Felsenmeer und Odenwald erfahren werden kann. Auf beschildertem Weg geht es zurück in Zentrum von **Reichenbach (1)**.

3.30 Std.

Rund um den Luftkurort Lindenfels 24

Zu Drachen und aussichtsreichen Panoramawegen

War es Siegfried der Drachentöter, der ja angeblich nicht weit von Lindenfels gemeuchelt wurde, der die Stadt animierte, das Fabelwesen in allen Formen zu präsentieren? Drachenfiguren sind in Lindenfels jedenfalls allgegenwärtig. Die Tour führt weiter durch das pittoreske Schlierbach und anschließend auf angenehmen Höhenwegen zu immer wieder wechselnden Aussichtspunkten.

Ausgangspunkt: Bushaltestelle Lindenfels Mitte. Erreichbar von Heidelberg mit der Regionalbahn bis Bensheim, von dort Bus 665 Richtung Winterkasten. Parkplatz an der Nibelungenstraße ortsauswärts in Richtung Kulmbach.
Höhenunterschied: 390 m.
Anforderungen: Auf gut begehbaren Wanderwegen geht es meist moderat bergauf. Ab Winterkasten führt ein Asphaltsträßchen zur Bismarckwarte.
Markierung: Li6 bis Winkel, danach S2 bis Schöne Aussicht, zurück meist auf Zubringer des Nibelungensteiges.
Einkehr: Gasthaus Zur Krone in Schlierbach, Mo., Di., Fr. und Sa. von 11–14 Uhr und ab 17 Uhr, So. durchgehend. Hotel-Restaurant Wiesengrund in Winkel, aktuelle Öffnungszeiten unter www.hotel-wiesen grund.de. Gastronomie in Lindenfels.
Karte: Wanderkarte Bergstraße-Odenwald (GNBO Blatt 5, 1:20.000). Hessischer Odenwald Nord (Meki Landkarten GmbH, 1:30.000).

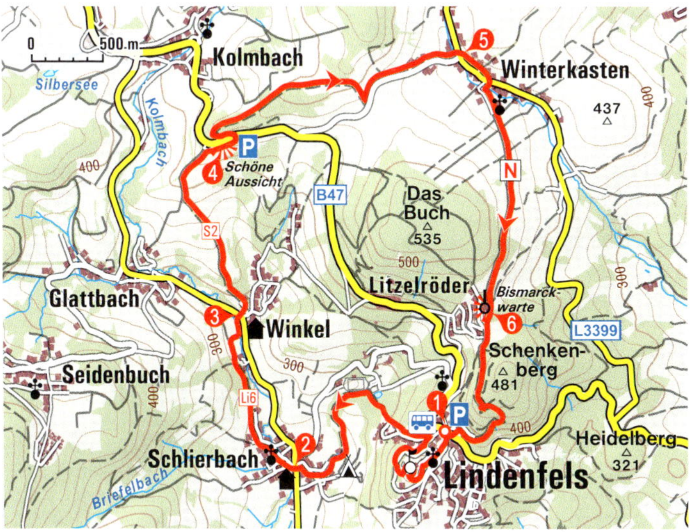

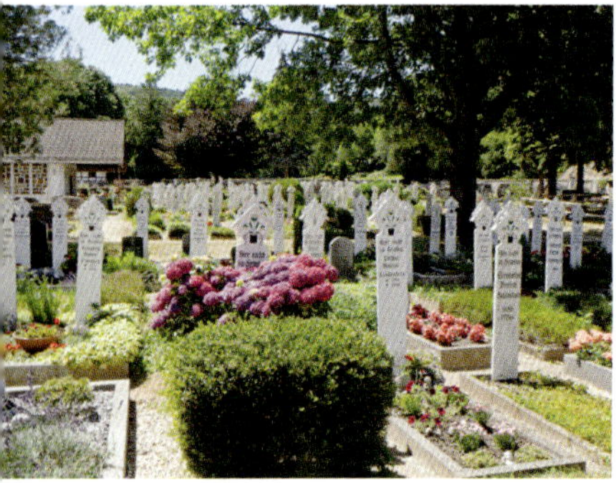

Die Stickelsgräber in Schlierbach.

Wir starten unsere Tour unweit der Bushaltestelle am Lindenplatz mit dem Löwenbrunnen im Zentrum von **Lindenfels (1)**. An Kirche und Pfarrhaus vorbei gehen wir auf der Burgstraße in Richtung Burg. Überall im ganzen Ort begrüßen uns Drachengestalten in allen Formen, ein Drachenmuseum informiert über die verschiedensten internationalen Ausprägungen des Mythos. Auf der oberen Ballustrade der **Burgruine** genießen wir weite Ausblicke bis zur Wachenburg in Weinheim und auf die Höhenzüge der Tromm. Die älteste Burg des Odenwalds stammt aus dem 12. Jh., gehörte erst dem Reichskloster Worms und gelangte später in kurpfälzischen Einflussbereich. Unter den Pfalzgrafen gewann das Landstädtchen immer größere Bedeutung und wurde zum Mittelpunkt der gesamten Umgebung. Nach dem Dreißigjährigen Krieg wurde der Aufstieg beendet, die Burg zerfiel. An der Infotafel zur Außenbefestigung der Burg steigen wir die Treppen am Wehrturm in Richtung Heilgarten hinab, der sich links neben dem Turm befindet. Wir wenden uns nach rechts, biegen vor dem Sportplatz links ab und steigen hinab zum Zufahrtsweg. Rechts haltend orientieren wir uns an den Umleitungsschildern des Nibelungensteigs. Am Schlierbacher Weg biegen wir links ab und finden am Haus mit dem originellen Türmchen wieder die Original-Beschilderung des Wanderweges (Achtung, am Tennisplatz erst nach der Schranke links abbiegen), der wir bis **Schlierbach (2)** folgen. Wir überqueren die Straße und wandern kurz darauf nach rechts an den hübsch sanierten Häusern am gleichnamigen Bach vorbei. Am Friedhof neben der Kirche sind die Stickel-Bretter sehenswert. Die Gräber werden auch heute noch nach der Tradition einst von den Pfalzgrafen in Schlierbach angesiedelter Schweizer Calvinisten mit weißen Holzbrettern angelegt, der gesamte Friedhof steht unter Denkmalschutz. An der Alten Mühle biegen wir links und kurz darauf rechts ab. Oberhalb des sanft dahinplätschernden Baches führt unser Weg durch schattigen Wald nach **Winkel (3)**. Am Hotel-Restaurant Wiesengrund gehen wir links wenige Meter die

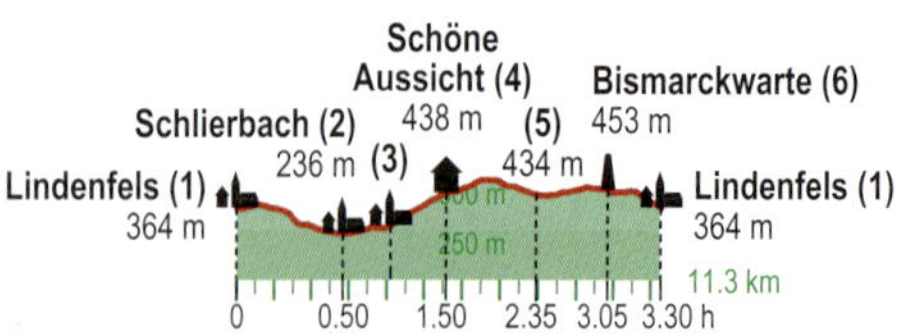

Straße hoch und biegen am alten, schindelverkleideten Fachwerkhaus rechts ab. Sofort wieder links haltend leitet uns der S2-Weg zwischen Weiden und Streuobstwiesen mit wunderbarem Ausblick stramm den Berg empor. An der Schutzhütte geht unser Weg geradeaus weiter und folgt dem mit Gl1 markierten Teersträßchen bergan. Oben an der Straße angekommen geht es rechts haltend über den Parkplatz **Schöne Aussicht (4)**. Fast an der höchsten Stelle der Tour genießen wir einen einmaligen Panoramablick über die Mittelgebirgskulisse des Odenwaldes. Gegenüber dem ehemaligen Gasthof Zur Linde wandern wir in entgegengesetzter Richtung weiter den Berg hoch in den jungen Buchenwald. Am Linksabzweig des Wanderwegs bleiben wir auf dem geradeaus führenden, mit Wk1 markierten Weg. Er bringt uns zur wenig befahrenen Straße nach Winterkasten, wo es nach links weitergeht. Kurz darauf ignorieren wir die Pfeile nach links (der WK1-Weg vollzieht hier eine Schleife über den Raupenstein) und steuern **Winterkasten (5)** direkt an. An der Kreuzung nach dem ehemaligen Gasthof halten wir uns rechts, verlassen aber die Durchgangsstraße nach nur 200 m erneut nach rechts, nun dem Nibelungensteig-Zubringer folgend. Oberhalb des lang gezogenen Waldhufendorfes geht es auf aussichtsreichem Höhenweg in sanftem Auf und Ab zur **Bismarckwarte (6)**. Danach folgen wir den Hauptwanderwegen vorbei an mächtigen Granitblöcken und geologischen Infotafeln rund um den Schenkenberg zurück zum malerisch gelegenen heilklimatischen Kurort **Lindenfels (1)**.

Blick vom Schenkenberg auf Lindenfels.

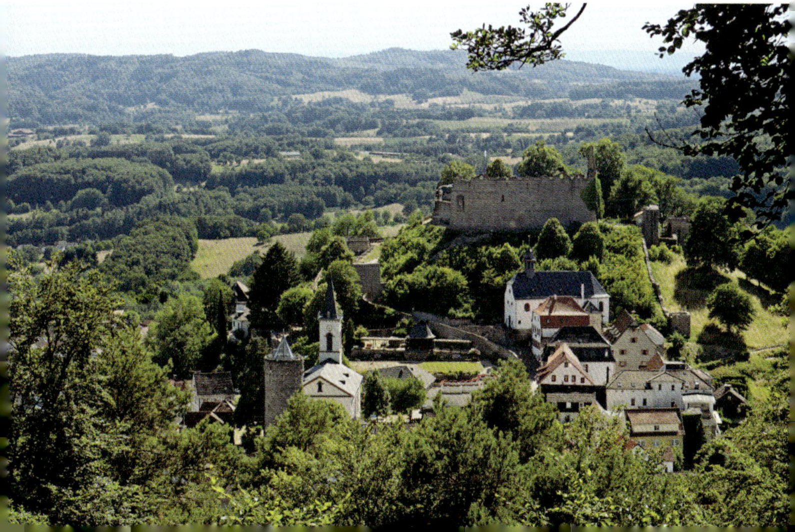

25 Zum Siegfriedbrunnen bei Gras-Ellenbach

4.30 Std.

Zwei Brunnen und ein Mord in grauer Vorzeit

Das Nibelungenlied, ein Epos in verschiedenen Versionen, die auch den Ort des Meuchelmordes an Siegfried unterschiedlich interpretieren. Gras-Ellenbach verstand es allerdings wie keine andere Gemeinde, ihren Siegfriedbrunnen als den wahren zu verkaufen. Viele Straßen-, Hotel- und Pensionsnamen nehmen Bezug auf die Sage. Auf angenehmen Waldpfaden erfährt man auf dieser Wanderung mehr zum Geschehen am Burgunderhof. Im lieblichen Gassbachtal, zu Beginn der Tour, steigern Kunstobjekte am Wegesrand die Attraktivität der ohnehin beschaulichen Landschaft zwischen Überwald und Weschnitztal an der Grenze zum Hinteren Odenwald.

Ausgangspunkt: Bushaltestelle Nibelungenhalle in Gras-Ellenbach. Erreichbar von Heidelberg mit der Regionalbahn oder Linie 5 (OEG) bis Weinheim, von dort Bus 681. Parkplatz gegenüber.
Höhenunterschied: 420 m.
Anforderungen: Mehrfache An- und Abstiege, meist auf ausgebauten Waldwegen, stellen kaum Probleme dar.
Markierung: Außer auf dem Abschnitt zwischen Café Bauer und Kahlberg durchgehend mit G8 gekennzeichneter Rundwanderweg.
Einkehr: Café-Konditorei Bauer in Gras-Ellenbach mit hervorragender Torten- und Kuchenauswahl, Di. bis So. 10–18 Uhr, Mo. Ruhetag. Gastronomie in Gras-Ellenbach.
Karte: Wanderkarte Rodensteiner Land (GNBO Blatt 4, 1:20.000).

Kunst im Gassbachtal.

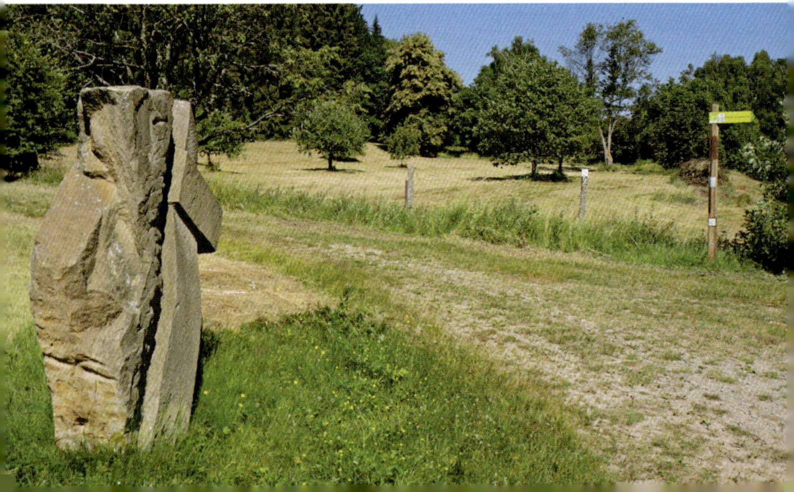

Wir starten an der Bushaltestelle gegenüber dem Parkplatz in **Gras-Ellenbach (1)** und biegen an der Siegfriedstraße bei den vielen Wanderwegschildern rechts ab. Einer der Wege ist der G8-Rundwanderweg, dem wir fortan folgen. Es geht an Hotels und Pensionen vorbei und am Nibelungencafé rechts ab ins liebliche **Gassbachtal**. Am Waldrand geht es sanft bergan, begleitet von Kunstobjekten, die 2012 von verschiedenen regionalen Künstlern aufgestellt wurden. Wir passieren die Kneipp-Quelle »In der Gassbach« und wandern unter Tannen und mächtigen Douglasien das idyllische Tal empor. Nach einer halben Stunde biegen wir am Wegweiser und einer Sandsteinskulptur links ab und folgen dem Weg in den Wald. Die Schautafeln mit der Geschichte der Nibelungen begleiten uns nun ein Stück des Weges. An der Waldkreuzung wenden wir uns nach rechts und erreichen auf der Lichtung das traditionsreiche **Café Bauer (2)**. Am Waldrand (angenehmer ist der parallele Pfad im Wald) geht es nun bis zum nördlichen Ende des gerodeten Areals, wo uns das Markierungszeichen nach rechts auf einen breiten Forstweg weist. Nach gut 100 m zweigt nach links ein Verbindungsweg mit gelbem V ab, dem wir bis zur nächsten Kreuzung folgen (die Hauptwege führen sehr nahe an den Windkraftanlagen vorbei!). Rechts abgehend folgen wir nun dem F3 Wanderweg hoch zur Wegespinne am **Kahlberg**, wo laut Inschrift Karl der Große im Jahr 795 die Gemarkungsgrenzen festgelegt haben soll. Wir biegen links ab und erreichen kurz nach der Lehrer-Metzendorf-Hütte auf einem Bergsporn mit wunderbarem Weitblick die **Walburgiskapelle (3)**. Die Kapelle wurde 1671 auf einem früheren keltischen Kultplatz errichtet und nach ihrer Zerstörung 1935 wiederaufgebaut. Walburga, die

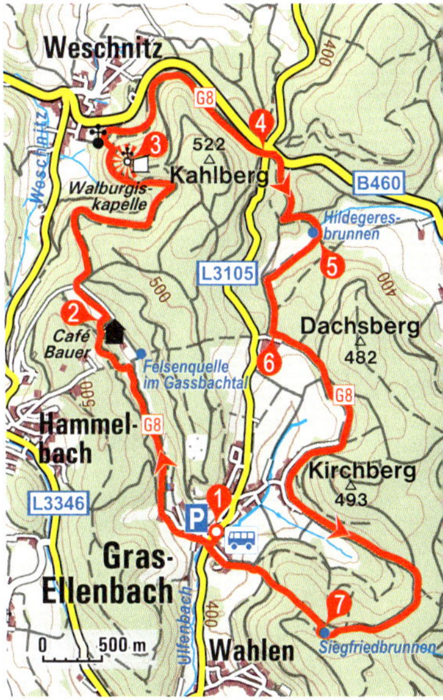

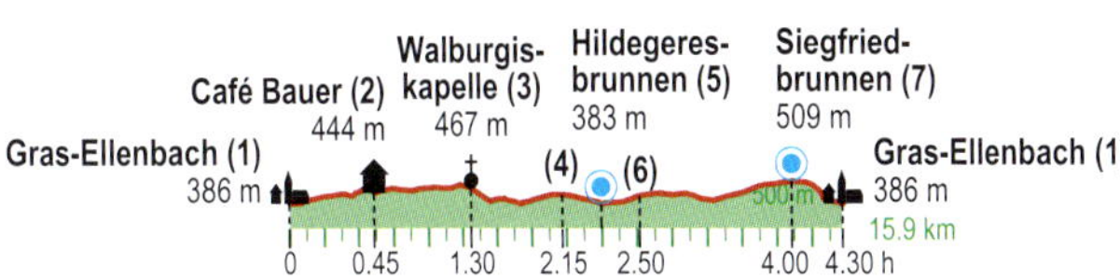

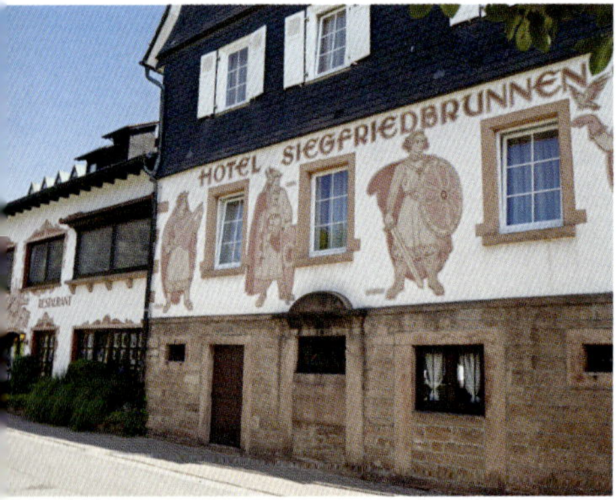

Nibelungen überall …

Nichte des heiligen Bonifatius, soll angeblich im 8. Jh. hier missioniert haben. Gegenüber blicken wir auf das malerische Lindenfels, im Norden auf die Feste Otzberg und bei guter Fernsicht bis zu den Bankentürmen Frankfurts. Nach der Treppe rechts und wieder links führt ein romantischer Pfad zwischen Heidekraut und Kiefern im Zickzack steil bergab. Am Waldfriedhof von Weschnitz biegen wir zweimal nach rechts und wandern nun, leider etwas vom Verkehrslärm der nahen B 460 begleitet, in einem Rechtsbogen zur **Wegscheide (4)**, einem Kreuzungspunkt uralter Handelswege. Hier verläuft auch die Wasserscheide zwischen Rhein und Main. Wir halten uns rechts und überqueren nach 50 m eine Straße. Der bergab führende Forstweg bringt uns zu einem moorigen Waldteich, an dem wir links abbiegen. Kurz danach stoßen wir auf den dreiröhrigen **Hildegeresbrunnen (5)**, der schon 773 vom Kloster Lorsch erwähnt wurde. Der Name ist abgeleitet vom »Brunnen des Hildeger«, der wiederum mit dem nahen Hiltersklingen zusammenhängt. Auch von dieser Quelle wird behauptet, es wäre der Ort des Nibelungenmordes. Durch die Moor- und Heidelandschaft des Naturschutzgebietes Hirschwiese folgen wir weiter den Hauptwanderwegen. Wir passieren eine Lichtung mit einem einladenden Picknickplatz und einer geschnitzten Holzskulptur. Am **Sägewerk (6)** biegen wir links ab und laufen am Rande des Firmengeländes mit Blick auf Gras-Ellenbach am Waldrand entlang. Nach einigem Auf und Ab machen wir einen Bogen um ein Moor, passieren den Fußballplatz und erreichen nach einem Waldstück die ersten Häuser von Gras-Ellenbach. Wir durchqueren die Siedlung und wandern am Rand eines Seitentals des Ulfenbaches einen lang gestreckten Waldweg hoch bis zu einer Waldkreuzung. Hier rechts haltend geht es noch einmal geraume Zeit bergauf, bis wir den Wegweiser nach links im Unterholz zum **Siegfriedbrunnen (7)** finden. Ob dies nun der Ort war, an dem Siegfried meuchlings von seinem Widersacher Hagen von Tronje ermordert wurde? Es bleibt Spekulation. Wir lassen uns dennoch von der mystischen Aura des Platzes gefangen nehmen. Auf angenehmem Waldpfad folgen wir der Markierung zurück nach **Gras-Ellenbach (1)**.

5.00 Std.

Auf dem Pfad der Flussgeschichte in Eberbach

26 TOP

Zwischen den Hügeln alter Neckarschleifen

Die sehr abwechslungsreiche Wanderung führt durch das gemütliche Städtchen am Neckar zu den deutlich wahrnehmbaren ehemaligen Umlaufbergen des (Ur-)Neckars, die im Tertiär entstanden sind. Dabei durchstreifen wir eine ausgesprochen idyllische Kultur- und Naturlandschaft und genießen die Ausblicke ins heutige Neckartal. Auf vielen Infotafeln wird die flussgeschichtliche Entwicklung des Tales mit ihren geologischen Zusammenhängen erläutert.

Ausgangspunkt: Bahnhof Eberbach. Erreichbar von Heidelberg mit S1. Parken am Bahnhof oder am Neckarufer.
Höhenunterschied: 550 m.
Anforderungen: Gemächliche An- und Abstiege auf Forst- und Waldwegen, dazwischen etwas steilere Pfade.
Markierung: Blaues F und gelbes F des Pfades der Flussgeschichte, Neckarsteig zur Schleuse, danach Rundwanderweg 3.
Einkehr: Trattoria Enoteca in Rockenau, Mi., Do., Fr. ab 17.30 Uhr, Di., Sa., So. und feiertags auch 11.30–14.30 Uhr. Gastronomie in Eberbach.
Karte: Wanderkarte Neckartal-Odenwald (GNBO Blatt 13, 1:20.000). Hessischer Odenwald Süd (Meki Landkarten GmbH, 1:30.000).

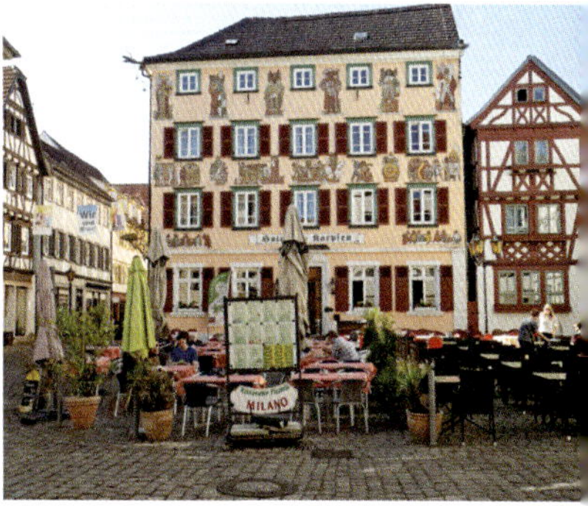

Alter Markt Eberbach.

Vom **Bahnhof in Eberbach (1)** wandern wir geradeaus auf der Luisenstraße in Richtung Neckar. An der kleinen Grünanlage mit interessanten Skulpturen ausgestorbener Berufe biegen wir nach links und laufen flussaufwärts an der alten Stadtmauer entlang. Vor dem Pulverturm ziert eine alte französische Kanone den Weg. An der Hauptstraße biegen wir links ab und lassen uns vom blauen F des Pfades der Flussgeschichte leiten. Nach der Michaelskirche tangieren wir den Neuen Markt und gehen nach rechts in die Neckarstraße.

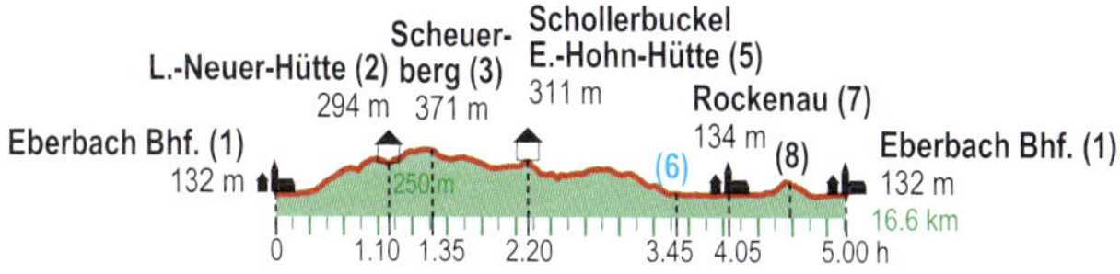

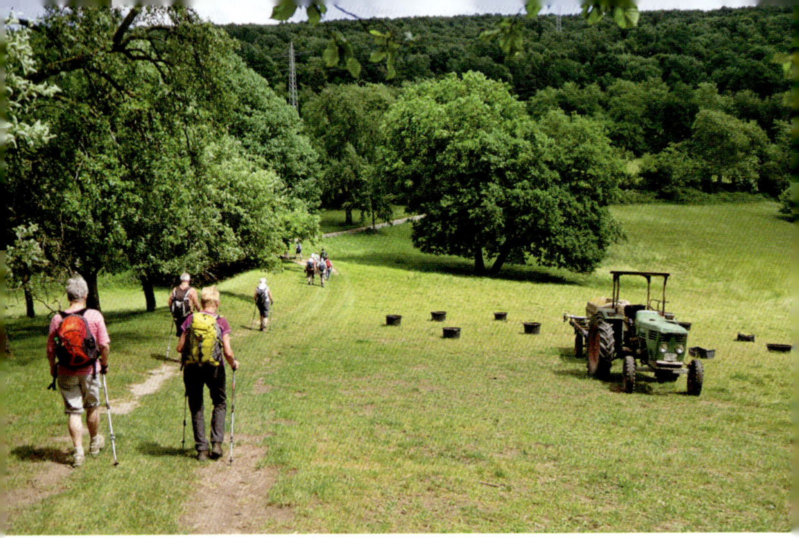

Wanderer am Scheuerberg.

Kurz darauf führt uns die Markierung auf dem Breitensteinweg schräg links hoch. Es folgt nun ein langer, aber gemächlicher und schattiger Anstieg. In der Kurve wenden wir uns nach links und folgen nun dem gelben F in fast entgegengesetzter Richtung. Auf terassenartigem Waldweg geht es zum ersten Ausblick über den Neckar an der **Ludwig-Neuer-Hütte (2)**. Wir biegen nach rechts auf den Forstweg, der später schmaler wird und sich steil den Hang hinauf schlängelt. Nach Austritt aus dem Wald führt unser Weg über eine Hochfläche mit sandigen Wegen und heideähnlichem Bewuchs. Der **Scheuerberg (3)** ist vermutlich die Spitze eines ehemaligen Umlaufberges des (Ur-)Neckars vor seiner endgültigen Einschneidung, vor ca. 5 Mio. Jahren. Nach der bezaubernden Hochfläche auf dem Holdergrund geht es durch Gestrüpp und meterhohe Farne steil bergab zur Kühruh, dem ehemaligen Neckargrund im Pleistozän. An einer Wegkreuzung biegen wir spitzwinklig ab und durchstreifen im Landschaftsschutzgebiet **Breitenstein (4)** eine außerordentlich reizvolle Natur- und Kulturlandschaft. Vor dem Bauernhof wenden wir uns nach links und folgen 600 m der kleinen, von Apfelbäumen gesäumten Asphaltstraße. Wir biegen nach rechts und erreichen am **Schollerbuckel** bei der **Ernst-Hohn-Hütte (5)** den nächsten ehemaligen Umlaufberg mit herrlichem Ausblick. Über einen Wiesenweg geht's nun bergab bis zur T-Kreuzung, an der wir nach links abbiegen und damit den Pfad der Flussgeschichte verlassen. Dem romantischen Neckarsteig mit dem N folgend, geht es vorbei am Ausblick Teufelskanzel und weiter auf fast ebenem Weg oberhalb des Flusses. Nach einer Kehre steigen wir ab ins Tal zur **Neckarschleuse (6)**. Achtung bei der Überquerung der B 37! Jenseits des Neckars rechts haltend verlassen wir nach wenigen Metern die Markierung des Neckarsteigs, der nach links hoch zieht und wandern auf asphaltiertem Sträßchen nach **Rockenau (7)**. Kurz nach den letzten Häusern, an einem Brunnen, führt links ein nicht markierter Pfad durch den Wald hoch (geradeaus führt das Sträßchen ebenfalls zur Neckarbrücke, aber nicht so romantisch). Vor der Einmündung auf einen breiten Forstweg nehmen wir den kleinen Trampelpfad, der rechts wenige Meter bergab führt. Wir stoßen auf den **Bergheckenweg (8)**, genießen als Lohn für den letzten Anstieg einen wunderbaren Blick über Eberbach und steigen nach 150 m rechts die Stufen hinab. Der Beschilderung mit rotem Dreieck folgend wandern wir über die Neckarbrücke und dann links ins Zentrum. Über Hauptstraße und Obere Badstraße/Bussemerstraße kehren wir zurück zum **Bahnhof Eberbach (1)**.

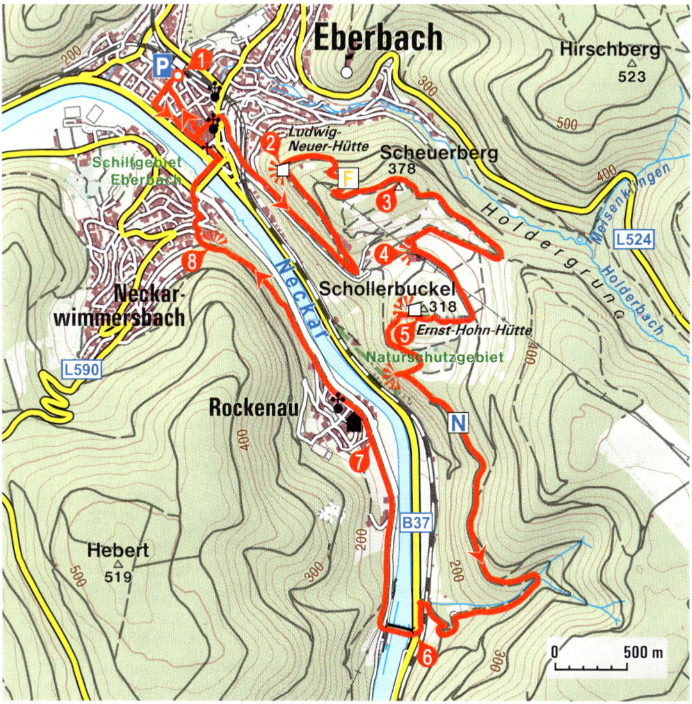

27 Rund um die Margaretenschlucht bei Neckargerach

3.30 Std.

Geologie erleben und verstehen

Nach einer längeren Waldetappe auf einem idyllischen Felsenpfad queren wir aussichtsreich eine Hochebene und tauchen dann ein in die wildromantische Margaretenschlucht, die sich tief in den Buntsandstein eingeschnitten hat. Von oben geht es über acht Stufen, an manchen Stellen seilgesichert, bis zur Basis der Schlucht und längs des Neckars wieder zurück.

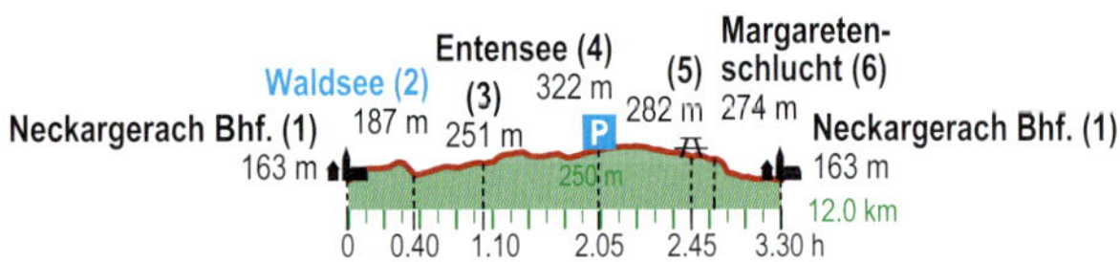

Ausgangspunkt: S-Bahnhof Neckargerach. S1 ab Heidelberg. Parkmöglichkeit am Bahnhof.
Höhenunterschied: 400 m.
Anforderungen: Bis auf einen kurzen Steilanstieg wandern wir bis zur Schlucht auf Forstwegen. Der Abstieg in die Margaretenschlucht erfordert Konzentration und Trittsicherheit und sollte nicht bei Nässe erfolgen. Gutes Schuhwerk empfohlen.
Markierung: Ng3, Re1 und Ng4 bis Margaretenschlucht, zurück auf Ng5 und Neckarsteig.
Einkehr: Nicht direkt am Weg: Landgasthof Hirsch in Reichenbuch, tgl. außer Mo. ab 16.30 Uhr, So. und feiertags auch 11–14 Uhr. Putenhof Gröhl oberhalb der Margaretenschlucht nur für Gruppen mit Vorbestellung, Tel. +49 6263 9264. Gaststätten in Neckargerach.
Karte: Wanderkarte Kleiner Odenwald, Kraichgau mit Brunnenregion (GNBO Blatt 17, 1:20.000). Hessischer Odenwald Süd (Meki Landkarten GmbH, 1:30.000).

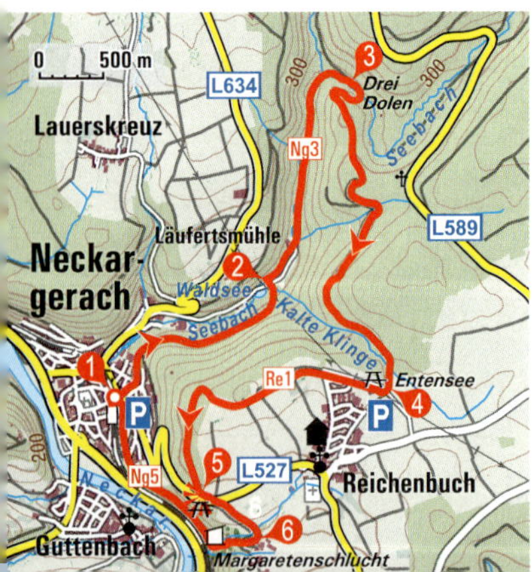

Ausgehend vom **S-Bahnhof Neckargerach (1)** queren wir auf der Fußgängerbrücke die Gleise und wenden uns nach links. Vor dem Spielplatz biegen wir rechts ab und folgen der Wanderwegmarkierung Ng3 die steile Neue Schulstraße hoch. Oben links haltend sind wir nach wenigen Minuten auf einem ruhigen Forstweg. Nach 15 Min. zweigt nach links ein schmaler Pfad ab, der uns hinunter zum **Waldsee (2)** führt. Nach rechts führt uns eine kleine Asphaltstraße zur Läu-

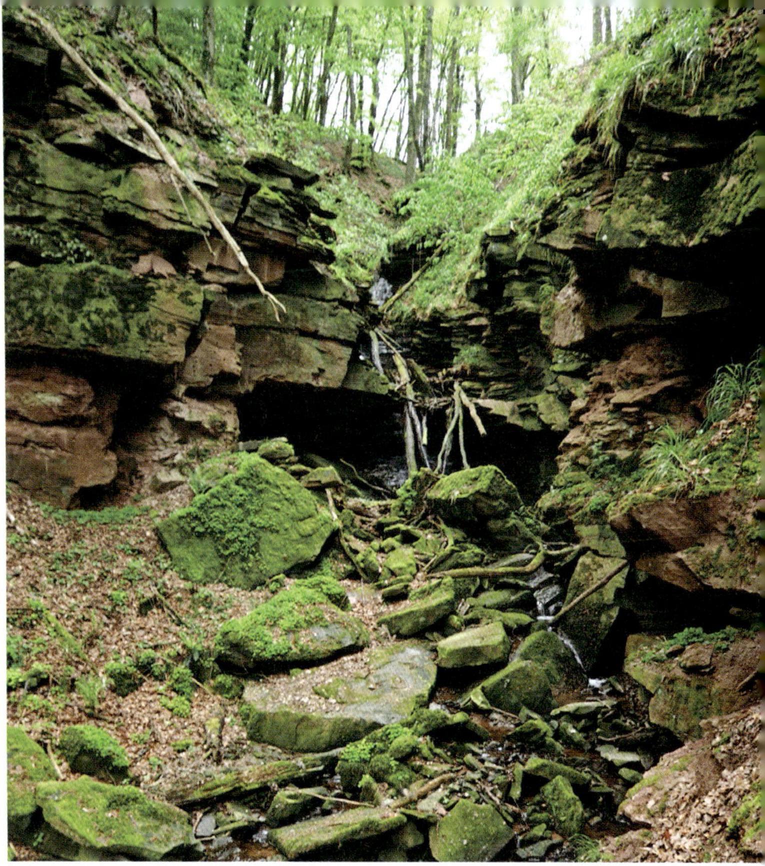

Die Margaretenschlucht.

fertsmühle, wo wir auf nun geschottertem Weg wieder den Wald betreten. Einen guten Kilometer führt unsere Tour nun oberhalb des plätschernden Seebachs sanft bergan. Nach einer Rechtskurve, kurz nach dem Zusammenfluss von Weisbach und Seebach, erreichen wir den historischen Bachübergang **Drei Dolen (3)**. Auf gegenüberliegender Seite befindet sich ein origineller alter Brunnen mit Steintisch daneben. Wir orientieren uns weiter an der Ng3-Markierung, gehen geradeaus und entdecken kurz nach der Brücke den Wegweiser zum Felsenpfad, der uns rechts zum Fleischberg weist. Durch eine märchenhafte Szenerie mit Farnen und bemoosten Steinen geht

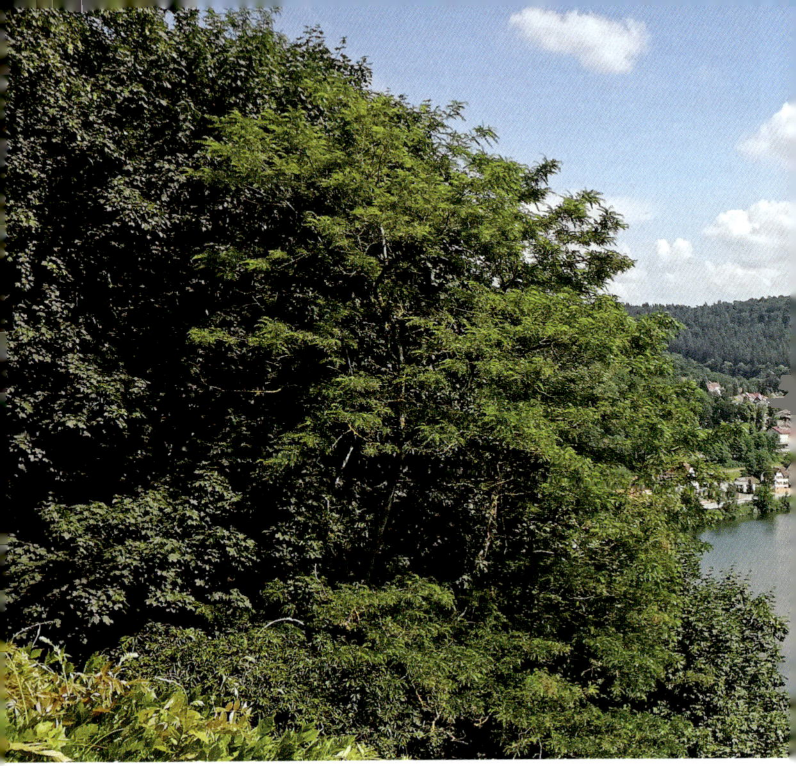

Blick zum Neckar bei Neckargerach.

es nun stramm aufwärts. Am Ende des Pfades, beim markierten Stein, verlängern wir auf einen Forstweg. An der Gabelung nach der Kehre schlagen wir den linken Zweig ein. Bei einer Wegekreuzung neben einem alten Steinbruch nehmen wir den nach rechts abwärts führenden Weg durch die »Kalte Klinge«, der uns nach einer Schranke aus dem Wald zum Park- und Picknickplatz **Entensee (4)** führt. Hier vertrauen wir uns dem Re1-Weg an; an sehr heißen Tagen empfiehlt es sich jedoch, weiter dem im Wald verlaufenden Ng3 zu folgen. Wer einkehren möchte, muss den Umweg über Reichenbuch machen. Unser Wanderweg führt uns auf beschauliche Weise mit weiter Sicht oberhalb des Dorfes entlang. Wieder am Waldrand folgen wir kurzfristig der gelben 1, die nach wenigen Metern auf den Ng4-Wanderweg stößt. Wir biegen links ab und gelangen nach einer Viertelstunde zum grandiosen Picknickplatz **Schöne Aussicht (5)**. Der ehemalige Mäander des Neckars

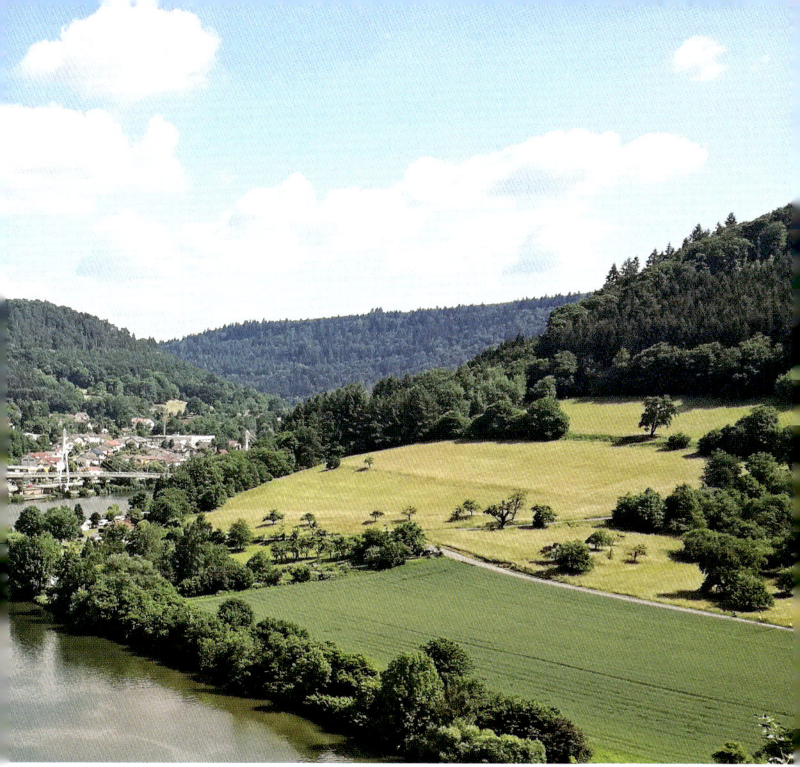

um den gegenüberliegenden Mittelberg ist von hier deutlich zu erkennen. Auf einem asphaltierten Wirtschaftsweg wandern wir über die Hochebene zum oberen Ende der **Margaretenschlucht (6)**. Beginnend vor ca. 3 Mio. Jahren hat sich durch die Senkung des Rheingrabens und die gleichzeitige Hebung des Odenwaldes der Flursbach auf 110 Hm tief in den Buntsandstein eingeschnitten und mehrere Wasserfälle gebildet. Damit zählt die Schlucht zu den zehn höchsten Kaskaden Deutschlands. Auf schmalem Pfad wandern wir nun den mit Seilen gesicherten Schluchtensteig hinunter. Auf den nassen Steinen ist erhöhte Vorsicht geboten. Wir queren mehrere Kaskaden, die abhängig vom Wasserstand ein eindrucksvolles Schauspiel bieten. Am Austritt der Schlucht verlassen wir an einer Schutzhütte den abenteuerlichen Schluchtenpfad. Diverse Infotafeln erläutern auf dem Rückweg die geologischen Zusammenhänge der Region. Der anmutige Terrassenweg verläuft parallel zur Bahnlinie und führt an Felsen und Sandsteinmauern entlang geradewegs zurück zum **S-Bahnhof Neckargerach (1).**

28 Rechts und links des Flusses zur »Perle des Neckartals«

6.15 Std.

Burgenromantik im Neckartal

Ausgedehnte Wanderung entlang des romantisch in den Sandstein eingeschnittenen Neckars. Wir durchstreifen Neckarsteinach und Hirschhorn, zwei der hübschesten Kleinstädte am Oberlauf des Flusses, gekrönt von Burgen und Ruinen.

Ausgangspunkt: S-Bahnhof Neckargemünd. Erreichbar mit S1 ab Heidelberg. Parkmöglichkeit.
Endpunkt: S-Bahnhof Hirschhorn, zurück mit S1.
Höhenunterschied: 640 m im Anstieg, 630 m im Abstieg.
Anforderungen: Längere Streckenwanderung ohne schwierige Steigungen, meist auf gut begehbaren Forstwegen und Waldpfaden.
Markierung: Blauer Strich, dann rotes R des rechten Neckarrandweges, ab Neckarsteinach liegendes grünes T bis Steinerner Tisch, von dort rotes Kreuz bis Hirschhorn.
Einkehr: Gastronomie in Neckarsteinach. Besonders lauschig sitzt man im Schwanengarten am Neckarufer, tgl. ab 11.30 Uhr. Gasthof Linde in Mückenloch, Mi. bis Sa. ab 16 Uhr, So. und feiertags ab 10.30 Uhr. Gastronomie in Hirschhorn.
Karte: Wanderkarte Kleiner Odenwald, Kraichgau mit Brunnenregion (GNBO Blatt 17, 1:20.000). Hessischer Odenwald Süd (Meki Landkarten GmbH, 1:30.000).
Variante: Um den langen, mitunter eintönigen Abstieg vom Steinernen Tisch bis Hirschhorn zu vermeiden, kann man der Variante mit dem blauen Dreieck nach Neckarhausen folgen, mit der Neckarfähre (Tel. 0152 25248016) übersetzen und mit der S-Bahn zurückfahren. Oder wir gehen in Neckarhausen über die Michelbucher Straße bergauf, stoßen auf den rechten Neckarrandweg mit rotem R und wandern auf der rechten Neckarseite nach Hirschhorn.

Am **S-Bahnhof Neckargemünd (1)** überqueren wir die Durchgangsstraße und wandern Richtung Neckar. Oberhalb des Campingplatzes steuern wir auf die Brücke zu und überqueren den Fluss in Richtung Kleingemünd. Nach 100 m in Richtung Ortsmitte geht es durch die Unterführung auf die andere Straßenseite und die Bergstraße hoch. Beim »Kerwehaus« gegenüber der Kastanie wenden wir uns nach links und behalten an der Gabelung die Richtung bei. Wir folgen dem anfänglich steilen geschotterten Weg und biegen nach links auf einen ruppigen Pfad, dem blauen Balken folgend. Im Buchenwald überqueren wir einen breiten Forstweg und gewinnen auf dem

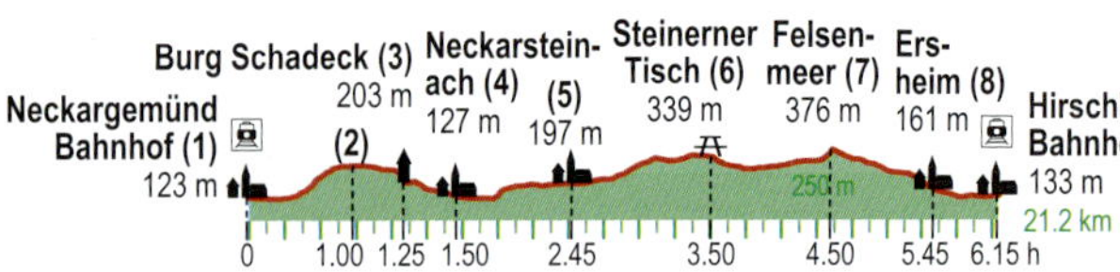

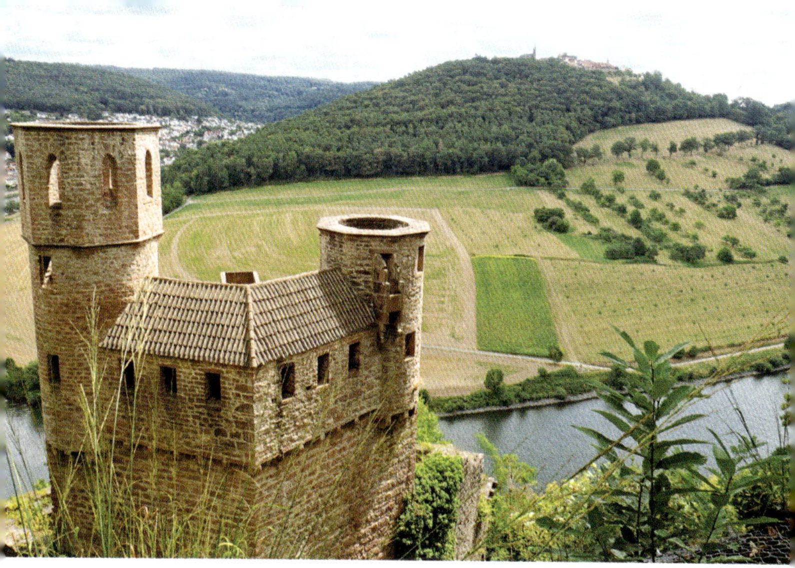

Burg Schadeck wird aufgrund ihrer Lage auch »Schwalbennest« genannt.

angenehmen Waldweg rasch an Höhe. An einer Ruhebank stoßen wir auf den rechten Neckarrandweg mit dem roten R, der uns den Weg nach rechts weist. Auf dem üppig umwucherten Ruhesteinweg geht es fast auf gleichbleibendem Niveau unter hohen Eichen und Buchen weiter. Wir erreichen den etwas versteckt links am Wegesrand stehenden **Ruhestein (2)** und benutzen entgegen der Beschilderung eine kleine Abkürzung. Wir wandern noch 100 m geradeaus weiter, bis wir links am Wegesrand ein paar Stufen finden. Sie führen zu einem schmalen Pfad, der uns zum nächst höheren Forstweg bringt, auf dem wir rechts haltend wieder auf rotem R fortsetzen. Am **Teufelstein** nehmen wir durch die Bäume hindurch die Burgfeste Dilsberg gegenüber wahr. Kurz dahinter führt uns ein rechts abzweigender Waldpfad zur **Burg Schadeck (3)**, im Volksmund auch »Schwalbennest« genannt. Die jüngste der vier Neckarsteinacher Burgen, auf einem Felsvorsprung thronend, stammt aus dem späten 13. Jh. Nach dem Abstecher leiten uns die Wanderwege weiter zur eindrucksvollen **Hinterburg**. Wesentliche Bauelemente der Anlage wurden Mitte des 12. Jh. vom Burgherrn und Minnesänger Bligger II. von Steinach errichtet. Im 16. Jh. erfolgte ein umfangreicher Umbau durch den Bischof von Speyer, bevor sie im Dreißigjährigen Krieg zerstört wurde. Der Bergfried ist begehbar und bietet wunderbare Aussichten über das Neckartal. Nach der Burg gabelt sich der Weg. Wir nehmen den linken Zweig und gehen an der Rückseite der **Mittelburg** vorbei. Die aus

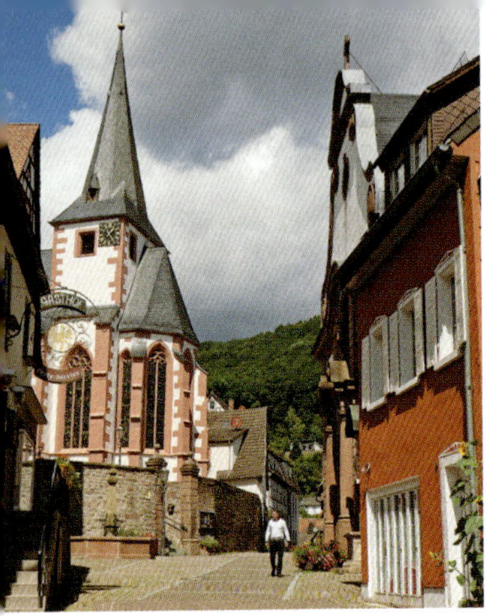

Evangelische Kirche Neckarsteinach.

derselben Epoche stammende Burg wurde später zum Renaissanceschloss umgebaut, im 19. Jh. neogotisch erweitert und ist als einzige noch bewohnt. Links haltend geht es auf einem Wanderweg hinunter nach **Neckarsteinach (4)**. An der Kirche vorbei überqueren wir die Durchgangsstraße und steigen neben dem gemütlichen Biergarten unter Kastanien die Stufen zur Uferpromenade hinunter. Wir wenden uns nach links, flanieren am hübschen Neckarufer bis zur Schleuse und wechseln die Flussseite. Das grüne liegende T, Markierung des HW36, leitet uns nun weiter. Malerisch zieht sich der schmale Pfad durch den Buchenwald an der steilen Flanke des Neckarknies empor. Vorbei an Weideflächen und Streuobstwiesen stoßen wir auf die Zufahrtsstraße und folgen ihr in die Ortsmitte von **Mückenloch (5)**. Im Rechtsknick der Talstraße halten wir uns links und passieren den Gasthof zur Linde und eine weitere Gaststätte. Am Friedhof verlassen wir den Ort und wandern idyllisch auf einer ehemaligen Neckarschlinge gegenüber des Kirchbergs zum Waldrand. An einer Ruhebank öffnet sich für einen kurzen Moment ein hübscher Ausblick zum Dilsberg gegenüber. Kurz dahinter, an der nächsten Bank, biegen wir scharf rechts ab und laufen auf breitem Forstweg bergauf. An der Wegekreuzung **Schleichwald** auf der Anhöhe bietet sich uns zurückblickend eine herrliche Fernsicht auf den Kleinen Odenwald mit dem Königstuhl im Hintergrund. Wir lassen uns weiter vom umgedrehten T leiten, umrunden halb das Naturschutzgebiet Sotten und gelangen nach einer

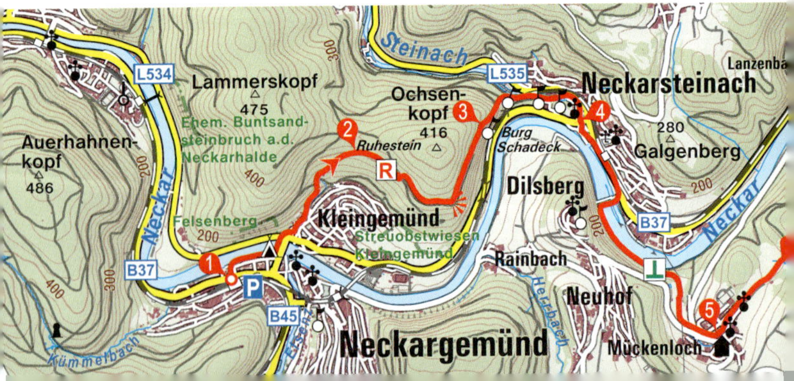

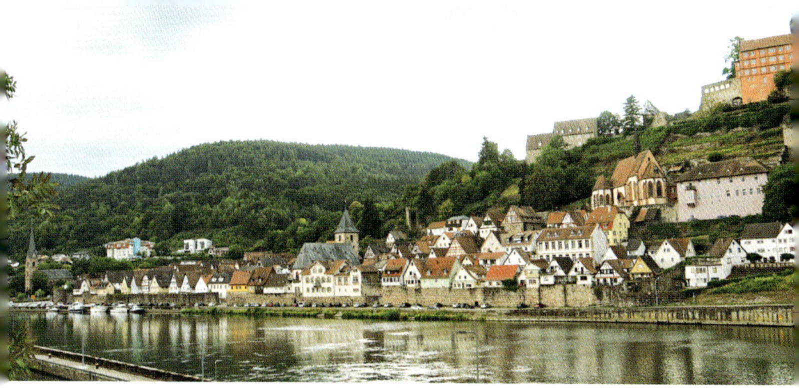

Hirschhorn, von der Neckarbrücke aus gesehen.

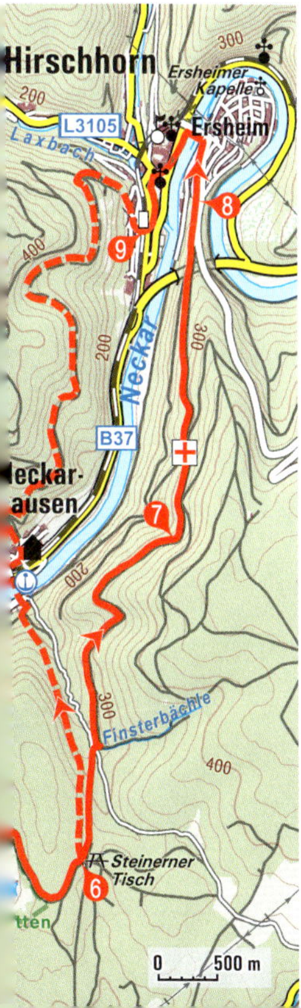

Waldkreuzung auf der Höhe zur Wegspinne **Steinerner Tisch (6)**, wo ein Picknickplatz seit mehr als 150 Jahren müde Wanderer zur Rast einlädt. Wer die kürzere, oben beschriebene Variante benutzt, folgt hier dem blauen Dreieck, das in 2,7 km nach Neckarhausen hinunter führt. Alle anderen schlagen halblinks den Weg in Richtung Hirschhorn ein. Nach einem knappen Kilometer überqueren wir am Schnepfenbrunnen die Straße nach Haag und biegen kurz danach links ab, nun dem roten Kreuz folgend. Anfänglich durch einen naturbelassenen Bannwald wandern wir an einem **Felsenmeer (7)** vorbei auf lang gestrecktem Forstweg nach **Ersheim (8)**, das inmitten einer Neckarschlinge liegt. Wer noch nicht müde ist, kann einen Abstecher zur ältesten Kirche des Neckartals machen. An der Stirnseite der Flussschleife liegt die Ersheimer Kapelle aus dem 14. Jh., in der u. a. gut erhaltene mittelalterliche Grabplatten der Ritter von Hirschhorn zu sehen sind. Über die Neckarbrücke geht es hinüber nach **Hirschhorn**. Wir durchstreifen das Kleinod mit seiner markanten Burg, das seinem Beinamen »Perle des Neckartals« alle Ehre macht und uns mit zahlreichen hübschen Lokalen zur Einkehr empfängt. Von der Hauptstraße folgen wir schließlich der Neckarsteinacher Straße zum **S-Bahnhof (9)**.

Der Kraichgau, Land der 1000 Hügel

Eher unaufgeregt, aber überaus idyllisch kommt die Landschaft des Kraichgaus daher. Eingerahmt vom Neckar im Osten, dem Oberrheingraben im Westen und den beiden rauen Mittelgebirgen Schwarzwald und Odenwald findet man in der sogenannten »Deutschen Toskana« eine sanfte Hügellandschaft mit Wiesen, Ackerland, Wald und Weinbaugebieten. Dazwischen bilden bescheidene Dörfer mit historischen Gebäuden, hübsch sanierten Ortskernen und alten Ritterburgen den szenischen Kontrast. Ihren Namen erhielt die Region vom Bach Kraich, der im Zentrum des Kraichgaus entspringt und in den Rhein mündet. Die schon zur Jungsteinzeit besiedelte Senke ist bis heute von landwirtschaftlicher Nutzung geprägt, Rebflächen belegen die Fruchtbarkeit der lösshaltigen Böden und das angenehme gemäßigte Klima. Der feine Gesteinsstaub wurde in den letzten Kaltphasen der Eiszeiten aus dem Rheintal ausgeweht und überzog die Muschelkalk- und Keuper-Landschaft mit einer Mächtigkeit von 30 Metern und mehr. Tief eingeschnittene

Junge Ritter vor der Ravensburg (Tour 36).

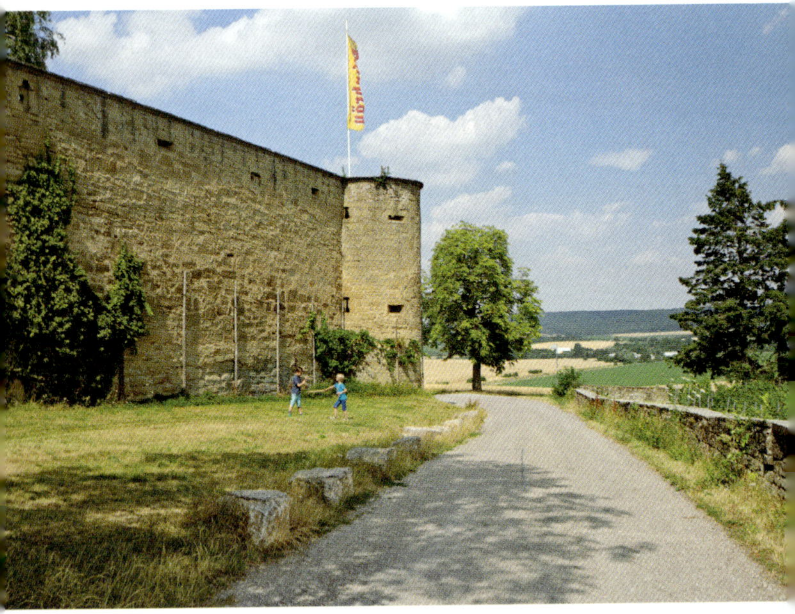

Hohlwege mit steil aufragenden Wänden, auch »Hohlen« genannt, durchschneiden die sandigen Hügelflanken. Sie entstanden erst in den letzten Jahrhunderten, vorwiegend durch Verdichtung und Auswaschung infolge landwirtschaftlichen Fuhrverkehrs (s. auch Tour 31), und bieten heute interessante Einblicke in die Natur- und Kulturlandschaft. Oft unter Naturschutz stehend gewähren die ökologisch wertvollen Biotope Insekten und Kleinstlebewesen Unterschlupf und beheimaten eine artenreiche Flora. Auch soll sich manch illustre Geschichte in solchen Hohlwegen abgespielt haben. Auf den Wanderungen rund um Zeutern erfahren wir mehr darüber.

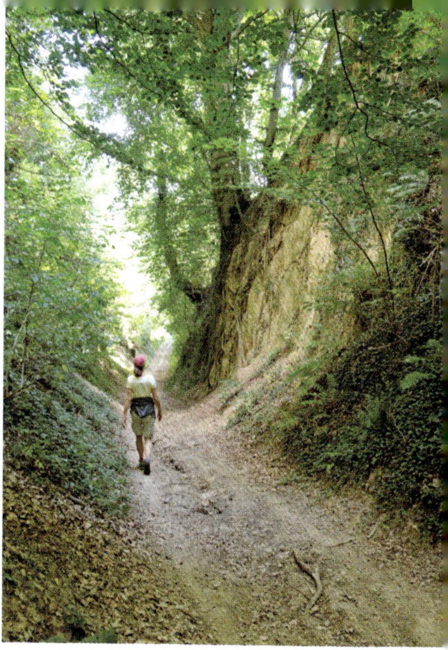

Die Galgenhohle bei Oberöwisheim (Tour 37).

Das alte Kulturland Kraichgau war immer Durchgangsland zwischen West und Ost. Schon die Römer mieden die unzugänglichen Höhen von Schwarzwald und Odenwald und nutzten die Kraichgausenke auf ihrem Weg zum Rhein. Im Mittelalter und in nachfolgenden Jahrhunderten führten wichtige Postkutschenlinien durch das wellige Hügelland. Viele kleine Adelshäuser, die nur dem Kaiser untertan waren, hielten die Handels- und Heerwege unter Kontrolle, konnten jedoch nicht immer plündernde und brandschatzende Truppen aufhalten. Von einstmals über 100 Ritter- und Grafengeschlechtern residieren heute noch sieben auf den malerischen Burgen des Kraichgaus. Ein besonders sehenswerte Anlage ist die weithin sichtbare, auf einem Vulkankegel thronende Burg Steinsberg bei Sinsheim, auch »Kompass des Kraichgaus« genannt. Auf Tour 35 besuchen wir die mittelalterliche Höhenburg mit dem achteckigen Bergfried, in dem heute ein Restaurant die Besucher verwöhnt. Wanderungen im Kraichgau verlangen keine konditionellen Höchstleistungen. Die vom Odenwaldklub gut beschilderten Wege eignen sich eher für beschauliche und ruhige Wanderungen zwischen sanften, bewaldeten Hügeln, Weinbergen und naturbelassenen Tälern. Gemütliche Besenwirtschaften eröffnen dem Wanderer einen kulinarischen und akustischen Einblick in die traditionelle Kulturlandschaft zwischen pfälzischem, fränkischem und schwäbischem Sprachraum.

29 Durch die Rebflur von Malsch zum Letzenberg

3.45 Std.

Der prächtigste Rundumblick im nördlichen Kraichgau

Die gemütliche Runde führt über die beiden markanten Höhen des nördlichen Kraichgaus: den Galgenberg und den Letzenberg mit seiner einzigartigen Wallfahrtskapelle. Nur selten im Kraichgau findet man einen solch einmaligen Rundumblick auf die Kraichgauer Hügel, die Pfalz gegenüber, den Kleinen Odenwald und sogar bis zu den Bergen des Nordschwarzwaldes im Süden. In einer originellen Besenwirtschaft können wir die Tour beschwingt ausklingen lassen.

Ausgangspunkt: Bushaltestelle Rauenberg Kirche im Zentrum von Rauenberg. Erreichbar von Heidelberg mit S3 zum Bahnhof Wiesloch-Walldorf, dann mit Bus 703 Richtung Waldangelloch. Parkmöglichkeit.
Höhenunterschied: 310 m.
Anforderungen: Leichte Rundwanderung auf Forst- und asphaltierten Wirtschafts- und Weinbergswegen.
Markierung: Ab Ortsausgang von Rauenberg Weinwanderweg Mannaberg bis hinter Rotenberg. Nach dem Galgenberg Weinwanderweg und roter Balken, nach Letzenberg meist ohne Markierung.
Einkehr: Besenwirtschaft Ihle (Ihlebesen), Di. bis Fr. ab 17 Uhr, Sa., So. und feiertags ab 11.30 Uhr, Öffnungsperioden unterschiedlich, www.ihlebesen.de.
Karte: Wanderkarte Sinsheim (LGL Blatt W211, 1:25.000).
Hinweis: Nach oder an Regentagen kann sich der kurze steile Pfad nach der Letzenbergkapelle in eine glitschige Rutschpartie verwandeln. In diesem Fall gehen wir auf geteertem Weg nach links, biegen an der ersten Möglichkeit zweimal rechts ab und erreichen so das untere Ende des Pfades.

Im Zentrum von **Rauenberg (1)** beginnt unsere Wanderung vor der mächtigen St. Peter-und-Paul-Kirche, auch »Dom des Angelbachtals« genannt. Am Pfarrhaus vorbei ziehen wir in Richtung Rotenberg, überqueren die Hauptstraße und finden hinter der Hausnummer 21 einen links abgehenden Fußweg (Weinwanderweg Mannaberg). Wir folgen den Wegzeichen, überqueren den Waldangelbach und wenden uns nach links. Am Hotel Winzerhof biegen wir links in die Bahnhofstraße ab, stoßen auf die Hauptstraße und folgen nach rechts der Weinstraße bis zum letzten Haus. Hier finden wir das blaue W des Kraichgauer Weinpfades und lassen uns nach rechts leiten. Über zwei Kehren wandern wir mit schöner Aussicht auf die Hochfläche zwischen den beiden Orten. Vor dem Reiterhof geht es nach rechts, wo wir nach wenigen Metern einen rechts abgehenden **Pfad nach Rotenberg (2)** passieren. Wir bleiben auf dem Sträßchen bis zur Linkskehre, wo wir geradeaus weitergehen und nach knapp 200 m den Wiesenweg nach rechts nehmen. Auf dem zwischen den Äckern verlaufenden Weg biegen wir dann links ab und sofort wieder rechts. An der nächsten T-Kreuzung folgen wir dem Weinbergsweg nach rechts bis zu einer Schutzhütte mit Aussichtsbank.

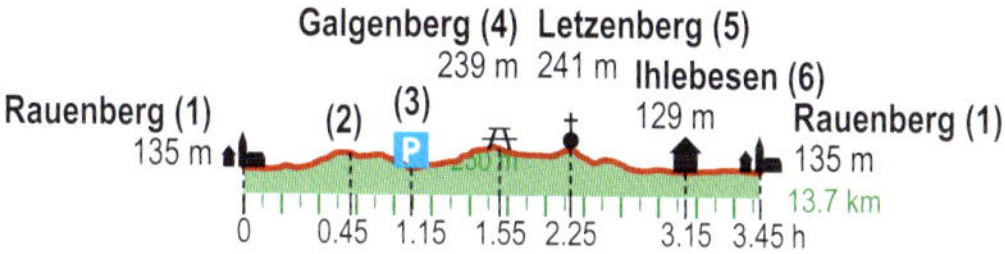

Wenige Meter dahinter gehen wir rechts die Weinbergsstaffeln hinunter, halten uns links und in der nächsten Kehre scharf rechts. Wir überqueren den Radweg zwischen Rotenberg und Mühlhausen, verlängern gegenüber auf dem Wiesenweg und überqueren auf dem **Parkplatz (3)** links versetzt die **Mühlhäuser Straße**. Nun geht es geradeaus die Anhöhe hoch, unter der B39 durch und im Rechts-Links-Knick weiter bergauf. Nach knapp 300 m geht es erneut nach rechts und sofort wieder links haltend weiter (Weinwanderweg Mannaberg). Wir gelangen zu einer Kreuzung mit der Infotafel des Naturschutzgebietes Altenbachtal und Galgenberg, biegen rechts ab und folgen dem Forstweg durch den Wald bergauf. Nach einem Linksbogen haben wir den Rastplatz am **Galgenberg (4)** erreicht und genießen beim Austritt aus dem Wald einen fantastischen Blick über die Weinberge der beiden Weinorte Malsch und Malschenberg. Dem Schild des Reblandpanoramaweges folgend, biegen wir nach dem Funkmast rechts ab, passieren nach einem Links-Rechts-Knick eine Marienkapelle und folgen nun dem roten Strich in Richtung des deutlich sichtbaren Letzenberges vor uns. Am Wegekreuz neben der Verbindungsstraße der beiden Dörfer schwenken wir nach

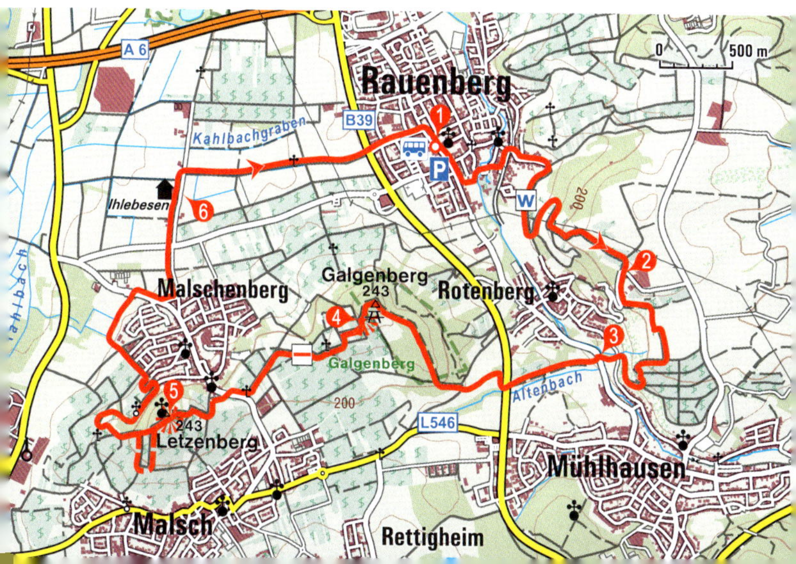

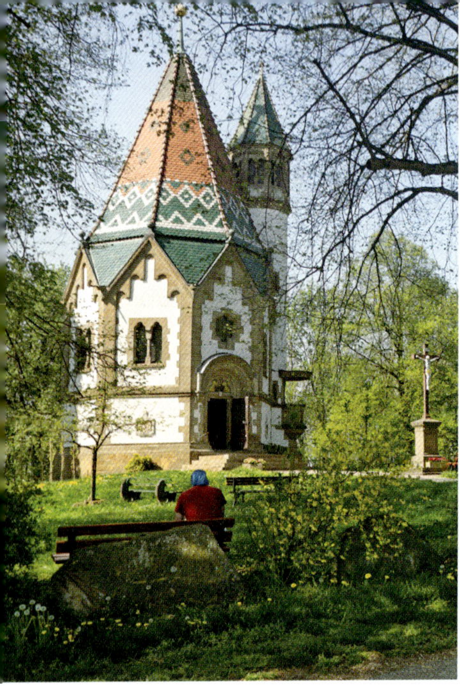

Kapelle auf dem Letzenberg.

rechts in die Straße ein und verlassen sie nach guten 100 m wieder nach links. Im Zickzack-Kurs geleitet uns der rote Strich hinauf zum **Letzenberg (5)**. Jugendstil-Ornamente zieren die schmucke achteckige **Wallfahrtskirche**, die 1904 auf Mauerresten eines mittelalterlichen Hofguts erbaut wurde. Ein dreifarbiges Dach krönt das verspielte Bauwerk, dessen Entwurf auf der Dresdener Bauausstellung im Jahr 1900 eine Goldmedaille gewann. Von Malsch aus führen jährlich mehrere Wallfahrten den Kreuzweg hinauf zur Kapelle. Ruhebänke laden zum Verweilen auf der Höhe ein, die eine fulminante Rundumsicht über Odenwald, Pfalz und Nordschwarzwald bietet. Am Parkplatz vorbei wandern wir wieder bergab, gehen in der Linkskurve geradeaus auf dem Waldpfad (Markierung Weinwanderweg) weiter und verlängern an dessen Ende auf asphaltiertem Weinbergsweg. Nach dem Wiederanstieg biegen wir am ersten Querweg rechts ab und ziehen auf dem Wiesenweg am Waldrand entlang talwärts. Wir stoßen erneut auf einen Asphaltweg, finden wieder die Markierung des Weinwanderweges Mannaberg mit der blauen Traube und biegen scharf rechts ab. Nach 100 m verlassen wir das Sträßchen nach rechts auf einen unbefestigten Weg, der uns nach Malschenberg führt. Kurz nach dem Waldkindergarten, vor dem ersten Haus wenden wir uns nach links und wandern nach einer Spitzkehre zwischen Siedlung und Acker-/Rebflächen bergab. Am Ende rechts haltend geht es über einen Wiesenweg zur Zufahrtsstraße nach Malschenberg. Wir marschieren ortseinwärts bis zum Kreisel, biegen dahinter links ab in die Römerstraße, die uns nach einem weiteren Linksknick über die Kreisstraße zur **Besenwirtschaft Ihle (6)** führt, in der deftige Hausmannskost zu hauseigenen Weinen serviert wird. Vom Hofgut aus setzen wir ein paar Meter die Richtung fort, biegen rechts ab und wandern zurück nach **Rauenberg (1)**.

3.00 Std.

Gemütliche Runde um Wiesloch 30

Zwischen Steinbrüchen und Weinbergen

Eine spektakuläre »Mondlandschaft« neben dem Wanderweg bietet, unterstützt durch viele Schautafeln, Einblicke in die Steinbrucharbeiten rund um Nußloch und Wiesloch. Ein Themenweg Bergbau im Anschluss zeigt, dass früher neben dem Weinanbau auch der Abbau von Erzen dem Lebensunterhalt der Wieslocher diente.

Ausgangspunkt: Bushaltestelle Wiesloch Schillerpark. Erreichbar von HD mit S4 nach Wiesloch, dann mit dem Bus 707 zum Schillerpark. Parkhaus gegenüber.
Höhenunterschied: 190 m.
Anforderungen: Leichte Runde auf gut begehbaren Wirtschafts- und Weinwegen mit geringen Steigungen.
Markierung: Anfangs Wi4 oder roter Balken, danach gelbe Raute.
Einkehr: Landhaus Friedrichshof Baiertal, Di. bis So. ab 17 Uhr. Wimmers Landwirtschaft in Wiesloch, Mai bis Sept. Do. bis Sa. ab 17 Uhr, So. und feiertags ab 11 Uhr, Juni bis Aug. auch Mi. ab 17 Uhr, im Winterhalbjahr Fr. und Sa. ab 17 Uhr, So. und feiertags ab 11 Uhr. Winzerrast, 100 m hinter Wimmers, nur Sept. und Okt. Mo. bis Fr. 15–19 Uhr, Sa. und So. 12–19 Uhr.
Karte: Wanderkarte Sinsheim (LGL Blatt W211, 1:25.000)

Wir starten am Schillerpark in **Wiesloch (1)** und wandern der Wi4-Markierung folgend bis zum Ende der Schillerstraße. An der kleinen Grünanlage spazieren wir auf der Südlichen Zufahrtsstraße links hoch zum Gelände des Psychiatrischen Zentrums Nordbaden (PZN). Kurz vor dem Ende der prächtigen Kastanienallee an der großen Partnerschaukel, gehen wir rechts die Stufen hoch, biegen an Haus 5 links ab und wandern geradeaus die Kirchstraße hoch. Gegenüber Haus 58 halten wir uns rechts, überqueren den Nordring und halten geradeaus auf den Pfad zu, der mitten durch die Gehölzgruppe führt. Auf dem Teersträßchen biegen wir rechts ab und wandern nach 100 m links durch die Allee zum Friedhof auf dem **Wilhelmsberg (2)**. Patienten, Zwangsarbeiter und Angestellte fanden hier ihre letzte Ruhestätte. Direkt nach dem Eingang finden wir das auffällig geschmückte Grab des Blumenpeter. Der 1940 im damaligen Landeskrankenhaus verstorbene kleinwüchsige Peter Schäfer, der in Mannheim durch die Lokale zog und Blumen verkaufte, war eine Lokallegende. Noch heute ist ein alljährliches Fest in Mannheim nach ihm benannt. Ob er ein Opfer des Euthanasieprogramms der Nazis war, ist ungeklärt. Wir verlassen durch das kleine Wäldchen den Friedhof und wandern den Waldrandweg weiter hoch. An der Infotafel des Steinbruch-

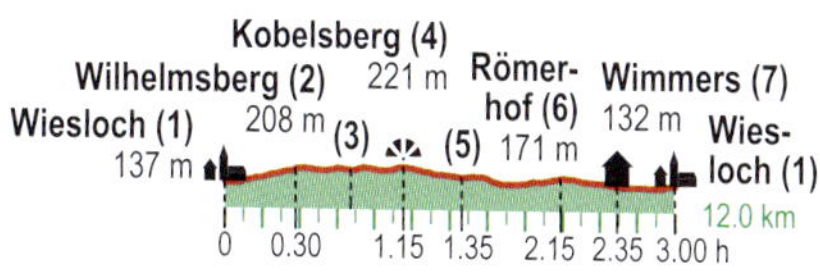

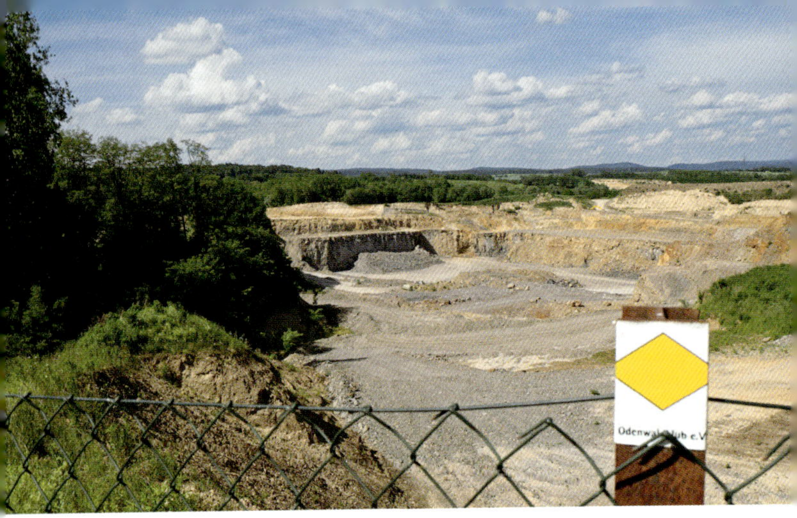

Nusslocher Steinbruchlandschaft.

Lehrpfades finden wir den roten Balken des Odenwald-Vogesen-Wanderwegs, dem wir uns vorerst anvertrauen. Er führt uns zum teilweise rekultivierten Steinbruchgelände. Mehrere Infotafeln unterwegs klären auf über die Geologie der Region und den Abbau des Kalkgesteins im Steinbruch Nußloch. Beim Metalltor am **Schlangengrund (3)** wenden wir uns nach rechts und folgen nun der gelben Raute. Durch den Zaun blickend gewinnen wir einen Eindruck des gewaltigen Abbauareals der Heidelberg Cement AG, das wie ein Krater in der umgebenden grünen Landschaft wirkt. Fast am Ende des eingezäunten Steinbruchs, nach einem kurzen steilen Anstieg, verlässt uns die gelbe Raute nach links. Wir wandern geradeaus weiter den mit halbhohen Bäumen bewachsenen Hügel hoch. Nach wenigen Metern erreichen wir den **Kobelsberg (4)**, 220 m, mit dem Fernmeldeturm und einem eindrucksvollen Weitblick über den Kraichgau bis zur Burg Steinsfurt. Wir folgen dem Feldweg geradeaus weiter, verlängern durch einen Hohlweg bergab und gelangen an Obstplantagen vorbei zum Obsthof Gefäller am Ortsrand von **Baiertal**. Ca. 50 m vor der Durchgangsstraße geht es nun den Schotterweg rechts bergab in Richtung Wiesloch. Am **Friedrichstollen (5)** mit der Infotafel zum Bergbaurundweg überqueren wir die Straße nach links, gehen 100 m bergauf und verlassen das kleine Sträßchen an der Hecke nach rechts. Unmittelbar nach dem kurzen Anstieg biegen wir erneut rechts ab und wandern bergab ins Tal des Leimbachs. Wieder weisen Informationstafeln auf den intensiven Bergbau in früheren Tagen hin. Nach Überquerung der Dielheimer Straße stoßen wir auf das Flüsschen und biegen links ab auf einen unbefestigten Weg. Anfangs dem Tal folgend beschreibt der Weg einen Rechtsbogen und stößt auf eine T-Kreuzung. Wir gehen nach rechts und sofort wieder links den Wirtschaftsweg bergauf. Oben an der Ruhebank wenden wir uns erneut nach links und passieren den landwirtschaftlichen Betrieb **Römerhof (6)**. Am Ende des Grundstücks, vor dem Mobilfunkmast, biegen wir rechts ab und gelangen auf einem Wiesenweg zu einer Feldholzhecke. Nach einem Rechts-Links-Knick verbleiben wir auf dem asphaltierten Feldweg bis zu dessen Ende. Wir orientiern uns nach rechts, gehen ca. 500 m auf dem abfallenden Weg und erreichen dann mit einem kurzen Abstecher linker Hand das beliebte Traditionslokal **Wimmers (7)**, wo man gemütlich unter Bäumen sitzt. Am Parkplatz vor dem Winzerkeller biegen wir rechts ab und folgen dem blauen W über die Johann-Philipp-Bronner-Straße stadteinwärts. Am Kreisel halten wir uns rechts, queren die Schwetzinger Straße und den Leimbach und biegen direkt dahinter rechts ab. Am Bach entlang bummeln wir bis zur Entenliesel und gehen dort nach links an den Resten der alten Stadtbefestigung und dem Heimatmuseum vorbei in die Innenstadt von **Wiesloch (1)**.

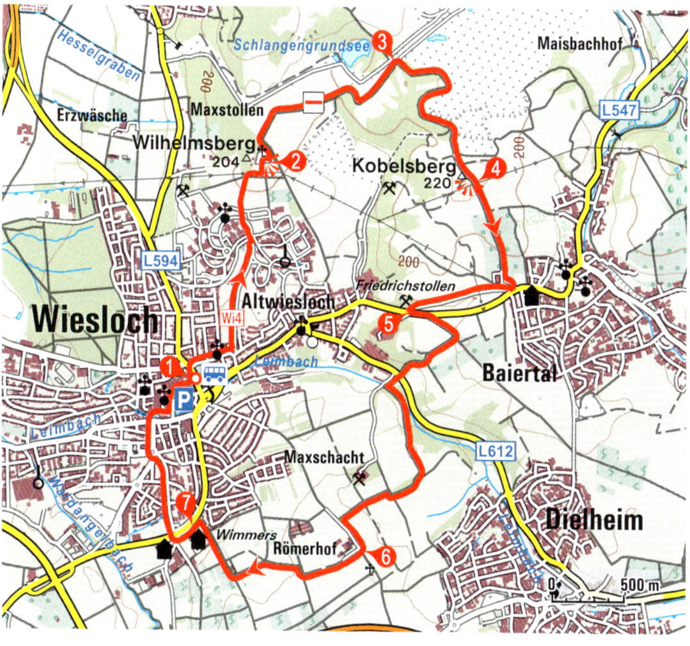

TOP **31**

Hohl- und Panoramawege zwischen Zeutern und Odenheim

4.30 Std.

Landschaftliche Zeugen früherer Landbearbeitung

Ein Charakteristikum des Kraichgaus sind seine Hohlwege, nirgends sonst findet man eine solche Fülle dieser eigentümlichen Landschaftsformen. Vor allem landwirtschaftliche Fuhrwerke schufen die heute meist unter Naturschutz stehenden tiefen Einschnitte in die umgebende landwirtschaftliche Fläche. Mehrere unterschiedliche Hohlen lernen wir auf dieser Wanderung kennen, von denen jede auf ihre Art faszinierend ist.

Ausgangspunkt: S-Bahnstation Zeutern, erreichbar von Heidelberg mit S3 bis Bruchsal, von dort mit S31 (Katzbachbahn) nach Zeutern. Parkmöglichkeiten nahe Bahnhof.
Höhenunterschied: 340 m.
Anforderungen: Anspruchsvolle Rundwanderung auf angenehmen Wald- und Höhenwegen, durch Hohlwege und Weinberge.
Markierung: Gelber Balken des Pfalz-Kraichgau-Weges, dann E1-Fernwanderweg, am Ende Weinpfad Kraichgau mit blauem W.
Einkehr: Gasthaus Zum Ochsen in Odenheim, Mo. bis Mi., Fr. und So. ab 11 Uhr. Restaurant Weinschlauch in Zeutern, Mi. bis So. ab 17 Uhr.
Karte: Wanderkarte Sinsheim (LGL Blatt W211, 1:25.000).

Vom Bahnhof in **Zeutern (1)** aus gehen wir links haltend zur Kapellenstraße. Am mächtigen Sandsteinkreuz vorbei geht es auf der Wolfgangstraße bis zum Friedhof. Rechts daran vorbei betreten wir mit der **Hirschhohle** den ers-

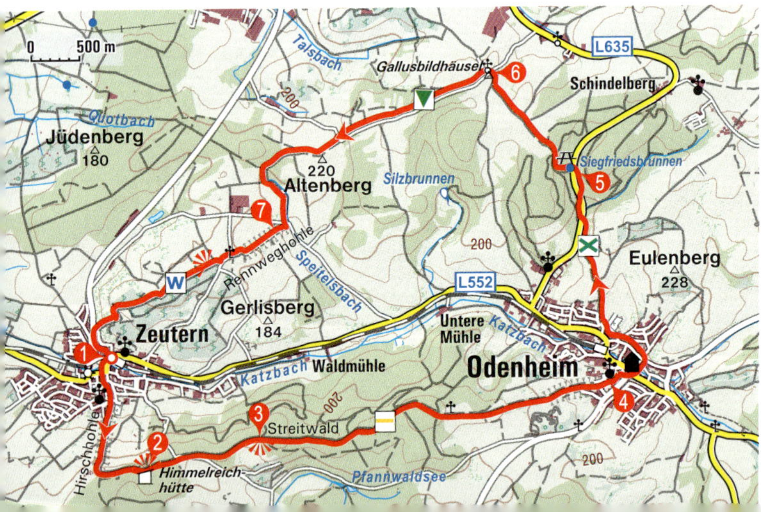

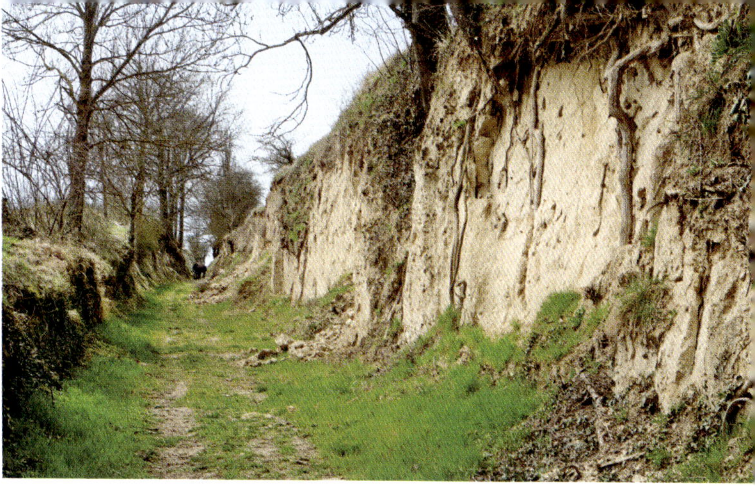

Die Rennweghohle bei Zeutern.

ten Hohlweg unserer Wanderung. Die zum Teil bis zu 15 m tief in den Löss eingeschnittenen Wege entstanden durch die jahrhundertelange landwirtschaftliche Beanspruchung mit Fahrzeugen und Fuhrwerken. Erosion und Auswaschung des feinsandigen Substrats führten zu einer fortschreitenden Vertiefung. Die meisten Hohlwege werden heute nicht mehr von Fahrzeugen benutzt, sondern sind wertvolle Lebensräume für Pflanzen und Tiere, vor allem auch Vögel und Insekten. Angesichts der dunklen, schlecht einsehbaren Wegführung entstanden manche Legenden und Gruselgeschichten. Wir durchsteigen die üppig bewachsene Hohle und biegen nach 700 m an der Ruhebank mit herrlicher Aussicht links ab, dem gelben Balken des Pfalz-Kraichgau-Weges folgend. Nach wenigen Minuten führt unser Weg an der **Himmelreichhütte (2)** mit eindrucksvollem Weitblick vorbei. Weiter geht es auf ruhigem Weg durch den Mischwald. Nach der Lichtung im **Streitwald (3)** mit einer Ruhebank am Wegekreuz wandern wir noch fast 2 km auf dem lang gestreckten Forstweg weiter, bevor uns die blauen Schilder der Stadtbahn-Wanderung durch eine Hohle hinunter führen nach **Odenheim (4)**. Bei der ersten Möglichkeit rechts haltend umrunden wir die mächtige St.-Michael-Kirche, gehen ein paar Stufen hinunter und wandern rechts und wieder links durch die Eppinger Straße zum hübschen Rathaus aus Keupersandstein. Wir biegen links ab in die Nibelungenstraße, halten uns an der Durchgangsstraße rechts und wandern an der ersten Abzweigung rechts die Siegfriedstraße hoch. Dem Fernwanderweg E1 mit dem grünen X folgend verlassen wir den Ort. Durch die Lange Hohle verläuft unser Weg leicht ansteigend bis zu einer Wegekreuzung mit Schautafeln und einem Bildstock.

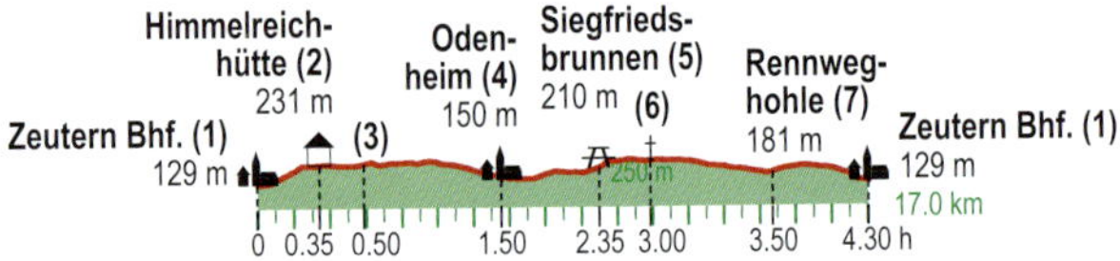

Wir wenden uns nach links, passieren auf dem Feldweg noch einmal ein Wegekreuz und stoßen auf die Verbindungsstraße L 635 nach Östringen. Nach ca. 100 m überqueren wir die Straße – Achtung, die Markierung ist hier schlecht erkennbar –, biegen links in den Wald, gehen unmittelbar wieder nach rechts und wandern parallel zur Straße auf urigem Pfad bis zum **Siegfriedsbrunnen (5)** mit nettem Rast- und Picknickplatz. Ein Mönch des ehemaligen Klosters Odenheim interpretierte das Nibelungenlied und beschrieb »Otenheim« als Tatort der Ermordung des Königssohnes Siegfried von Xanten (s. dazu Tour 25). Das 1932 errichtete Denkmal aus heimischem Schilfsandstein wurde von einem ausgewanderten jüdischen Mitbürger Odenheims gespendet. Wir folgen dem grünen X steil bergan. Nach einem Rechtsbogen verlassen wir an der nächsten Kreuzung den E1-Fernwanderweg und treten links haltend aus dem Wald. Vorbei an alten Obstbäumen wandern wir auf Gras- und Feldwegen über die reichlich genutzte Hochfläche mit weitem Blick. Ein kleines Asphaltsträßchen führt uns zur Kreuzung mit der Hohen Straße am **Gallusbildhäusel (6)**. Die alte römische Heerstraße verband linksrheinische Städte wie Speyer mit dem Limes-Grenzwall im Odenwald. Wir schwenken nach links in die historische Straße und den heutigen Fernwanderweg E1 ein. Traumhafte Weitblicke auf den Hummelberg bei Östringen, den Letzenberg bei Malsch und weiter bis ins Rheintal und auf die gegenüberliegende Pfalz sorgen für genüssliches Wandern. Am Ende des befestigten Weges gehen wir geradeaus weiter und erreichen im Naturschutzgebiet am Altenberg den nächsten kurzen Hohlweg bergab. Nach einem kurzen Waldstück biegen wir an der Wegekreuzung vor den Pferdekoppeln links ab (Achtung, wir verlassen hier das grüne Dreieck, das geradeaus weiterführt) und wandern auf grünem Weg am Speitelsbach entlang. Bei einem kleinen Teich an einer Gehölzgruppe verlängern wir wenige Meter auf der Asphaltstraße und biegen rechts ab auf einen Wiesenweg, der in die naturbelassene romantische **Rennweghohle (7)** übergeht. Am Sandsteinkreuz stößt der Fußweg auf die asphaltierte Straße. Wir halten uns rechts und unmittelbar wieder links an den Weinpfad Kraichgau mit blauem W. (Die mächtige Franzosenhohle – wo angeblich 1734 französische Soldaten gemeuchelt wurden – führt geradeaus dem Asphaltsträßchen folgend ebenfalls in den Ort zurück.) Wir bleiben auf dem prächtigen Panoramaweg oberhalb der Weinberge des Hohberges. Am Ende knickt der Weg links ab und führt durch die Hohberghohle mit gewaltigen, über 10 m hohen Lösswänden und dann über die Hofäckerstraße zurück nach **Zeutern (1)**.

5.00 Std.

Auf dem Kraichgauer Geopfad 32

Interessantes zur Kultur- und Naturlandschaft des Kraichgaus

Die sehr informative Wanderung gibt auf 14 Tafeln reichhaltig Auskunft zur Natur- und Kulturlandschaft im »Land der 1000 Hügel«. In mehrmaligem Auf und Ab bieten sich immer wieder beeindruckende Ausblicke in den Östringer Löss- und Keuper-Kraichgau, bis hin zum Nordschwarzwald und zu den Höhenrücken von Stromberg und Heuchelberg.

Ausgangspunkt: Bahnhof Odenheim, erreichbar von Heidelberg mit Linie S4 bis Ubstadt-Weiher, von dort mit S31 (Katzbachbahn) nach Odenheim. Parkmöglichkeiten am Bahnhof.
Höhenunterschied: 400 m.
Anforderungen: Ausgedehnte gemächliche Rundwanderung durch das Kraichgauer Hügelland. Teilweise wenig Schatten. Von einer Begehung bei hochsommerlicher Hitze ist daher abzuraten.
Markierung: Wir folgen fast durchgehend dem gut ausgeschilderten Geopfad Östringen, Variante Hügelweg.
Einkehr: Gasthaus Krone in Tiefenbach, Mi., Fr. ab 17 Uhr, Sa. ab 11.30, So. ab 10 Uhr. Gasthaus Zum Ochsen in Odenheim, Mo. bis Mi., Fr. und So. ab 11 Uhr.
Karte: Wanderkarte Sinsheim (LGL Blatt W211, 1:25.000).
Variante: 15 Min. nach Eichelberg an der Geopfad-Tafel den rechten Zweig der Gabelung mit der Beschilderung Geopfad Östringen als Abkürzung benutzen. Vorwiegend durch Weinberge verlaufend führt der beschilderte Weg am Klöckelberg wieder mit der Hauptroute zusammen und verkürzt sie auf 16 km.

Getreide, so weit das Auge reicht: typische Kraichgaulandschaft bei Odenheim.

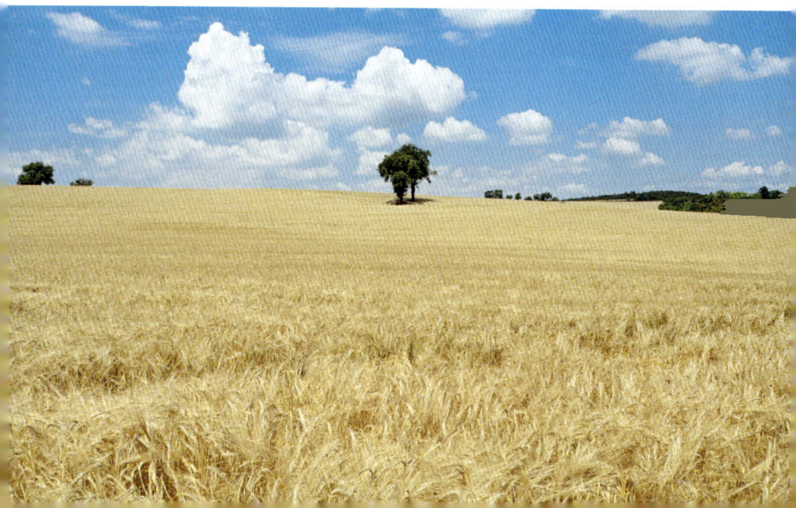

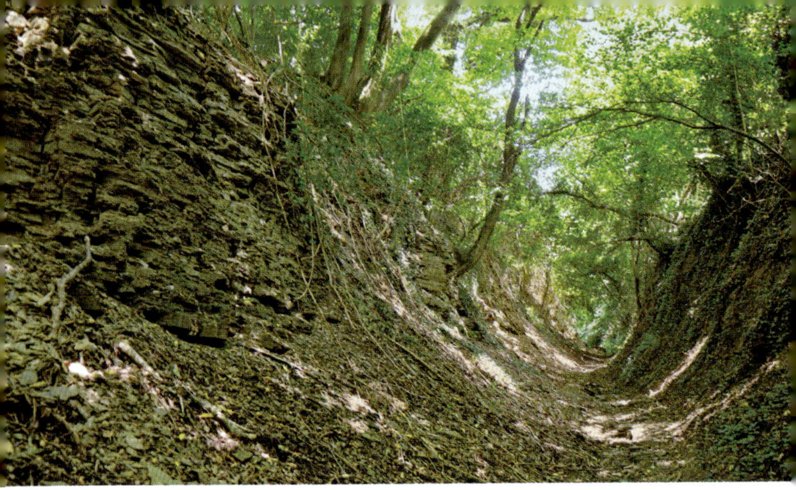

Die Steinighohle.

Von der **Endstation** der Katzbachbahn in **Odenheim (1)** gehen wir links in die Kirchstraße und biegen nach der Kurve nach rechts in die Siegfriedstraße. Hier treffen wir auch schon auf das erste Zeichen des Geopfades Östringen, auf dem ein Wanderer mit Lupe abgebildet ist. Nach wenigen Metern erfreuen wir uns (im Sommer) schon an der kühlen Frische der ersten Hohle mit mächtigen Lösshängen links und rechts des Weges. An den Schautafeln und dem Bildstock biegen wir rechts ab. Bei der lustigen, aus Weiden geflochtenen Statue eines Weintrinkers halten wir uns links. Zwischen Reben und Ackerland treffen wir auf die Skulptur einer Weinflasche mit einer originellen Sitzgarnitur unter einem Birnbaum daneben. In einem lang gezogenen Bogen geht es nun durch Reben und Getreidefelder. An der Hohlwegkreuzung biegen wir links ab und steuern auf den Wald zu. Jetzt geht es in die ursprüngliche **Steinighohle (2)**, die sich hier ausnahmsweise in Schilfsandstein (fast alle anderen Hohlen führen durch Löss) eingeschnitten hat. Nach einem Wiesenweg biegen wir nach rechts und stoßen im Tal auf eine Straße. Geradeaus führt ein Stichweg vorbei am **Stift Odenheim (3)**, einer ehemaligen Klosteranlage aus dem 11. Jh., zu einem historischen Steinbruch. Nach dem kurzen Abstecher kehren wir zurück, wandern 200 m rechts die Straße hoch und verlassen sie nach rechts. Am Waldrand geht unser Weg erneut nach rechts und führt uns nach 300 m links in den Wald. Auf breitem Forstweg leitet uns die Markierung aufwärts bis zu einer Kreuzung, an der wir nach rechts gehen. An der nächsten Waldkreuzung biegen wir vor der Marienfigur links ab. Oberhalb der – zum Teil aufgelassenen – Weinberge erwartet uns ein grandioser Weitblick bis zum Nordschwarzwald.

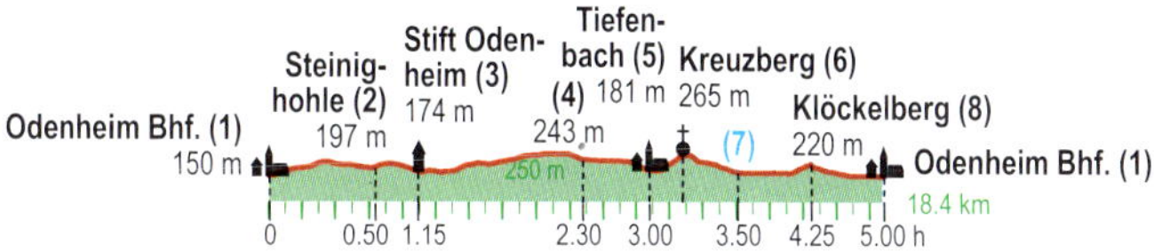

Kurz darauf ist linker Hand ein Abstecher zur Michaelskapelle und einer weiteren Station des Geopfades möglich. Der Markierung folgend wandern wir hinunter nach **Eichelberg (4)**. Am hübschen Dorfplatz des ehemaligen Weinortes halten wir uns links und verlassen dann rechts auf der Tiefenbacher Straße die kleine Ortschaft. Nach ca. 15 Min., an der nächsten Tafel des Geopfades zum Thema Keuper, bietet sich die oben beschriebene Variante an. Die Hauptroute führt geradeaus hinunter nach **Tiefenbach (5)**. Dort wandern wir an der alten Kelter vorbei auf der Hauptstraße 150 m nach links und verlassen sie wieder nach rechts. Den Sportplatz passierend geht es vor der modernen Kelterhalle links und unmittelbar rechts den kleinen Pfad hoch zur **Kapelle am Kreuzberg (6)** mit einem wunderbaren Ausblick. Bei Tafel 11 des Geopfades biegen wir rechts ab und wandern hinunter zum **Hainbach (7)**. Um die müden Beine nicht zusätzlich zu strapazieren (wir verpassen nur eine Infotafel) verlassen wir hier den Geopfad, der einen weiten Bogen schlägt, und orientieren uns nach rechts am Bach entlang. Wir umrunden den Golfplatz, biegen am Clubhaus rechts ab und halten uns nach 300 m links. Nach Überqueren der Straße steuern wir auf den Wald auf dem **Klöckelkberg (8)** mit dem Mobilfunkmast zu und wandern auf teilweise überwachsenem Pfad zu einem Hohlweg. Von rechts stößt die abkürzende Variante wieder hinzu. Auf dem Wiesenweg erreichen wir den Ort, biegen an der Kastanie rechts ab und wandern zwischen Gärten auf dem Fußweg, stets die Richtung beibehaltend, zurück zum **Bahnhof Odenheim (1)**.

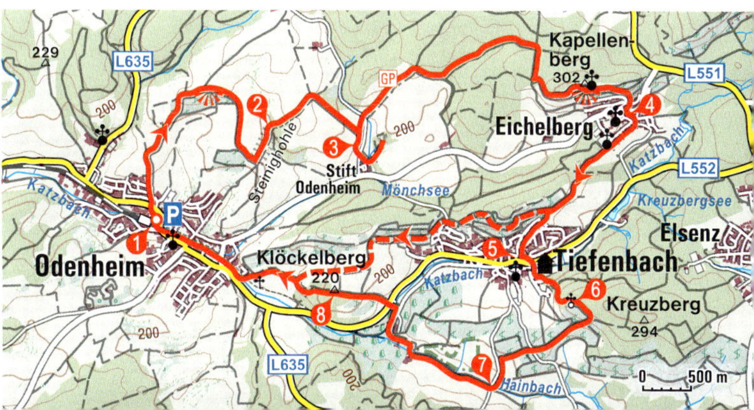

33 Rund um Angelbachtal

3.00 Std.

Zum schönsten Schlosspark im Kraichgau

Inmitten der sanften Hügellandschaft des Kraichgaus liegt Angelbachtal mit seinen Ortsteilen. Besonders der charmante Schlosspark von Eichtersheim mit dem Wasserschloss in der Mitte – das Rathaus residiert heute darin – und den Skulpturen des ortsansässigen Künstlers Goertz ist einen Besuch wert. Wer Zeit mitbringt, kann im Anschluss an die kleine Wald- und Hügelrunde im Rathaus noch die Ausstellung über Friedrich Hecker besuchen, der in Eichtersheim das Licht der Welt erblickte und in der Märzrevolution 1848 eine bedeutende Rolle als demokratischer Vorkämpfer spielte.

Ausgangspunkt: Bushaltestelle Angelbachtal-Eichtersheim Hauptstraße. Erreichbar von Heidelberg mit S4 bis Wiesloch-Walldorf, dort umsteigen in Bus 703 nach Eichtersheim. Parkmöglichkeit am Schloss.
Höhenunterschied: 210 m.
Anforderungen: Nette Runde mit längerem, aber gemächlichem Anstieg durch den Wald. Meist auf breiten Wald- und Wirtschaftswegen.
Markierung: Ab Züchterheim A1-Wanderweg bis kurz vor Wegpunkt 4. Nach B292 A2-Wanderweg.
Einkehr: Unterwegs keine Einkehrmöglichkeit. Gastronomie in Angelbachtal. Originell die Besenwirtschaft Zum Geißenpeter in Michelfeld, geöffnet im Frühjahr und Herbst jeweils einige Wochen lang Do. bis Sa. ab 18 Uhr, So. ab 12 Uhr.
Karte: Wanderkarte Sinsheim (LGL Blatt W211, 1:25.000). Wanderkarte Kleiner Odenwald, Kraichgau mit Brunnenregion (GNBO Blatt 17, 1:20.000).

Das Wasserschloss im herrlichen Landschaftspark von Eichtersheim.

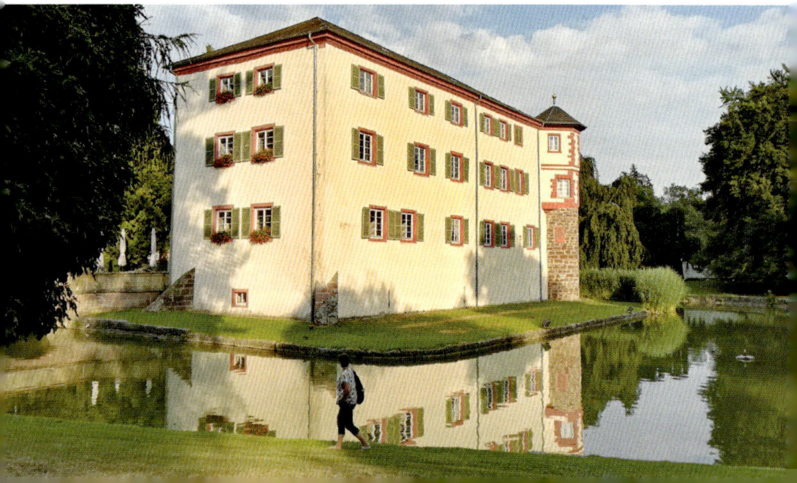

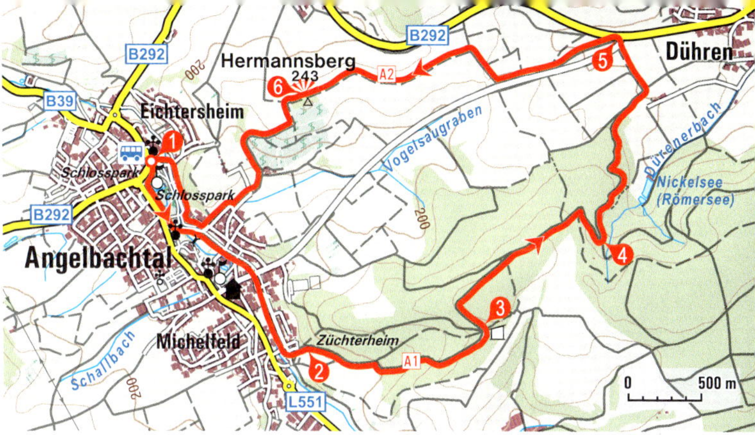

Durch die Hauptstraße wandern wir zum Schlosspark von **Eichtersheim (1)**. Gleich am Anfang des Parks begrüßen uns die skurrilen Fabelwesen des Bildhauers Jürgen Goertz, dessen Atelier sich gegenüber des Parks in der ehemaligen Schlosskirche befindet. Mehrere seiner Werke sind im Park und davor auf dem Friedrich-Hecker-Platz zu bewundern. Das Barockgebäude neben der Kirche, das ehemalige Rentamt, ist das Geburtshaus des 1848er-Revolutionärs und Freiheitskämpfers Friedrich Hecker. Eine Ausstellung zu seinem Leben und Wirken findet man im Rathaus (Schloss). Das Wasserschloss wurde von den Herren von Venningen im 16. Jh. errichtet und vielfach umgebaut. In südlicher Richtung durchqueren wir den im englischen Landschaftsstil angelegten Park, der einige botanische Raritäten zu bieten hat. An der Sonnenberghalle vorbei stoßen wir auf einen Fußweg, der die beiden Ortsteile Eichtersheim und Michelfeld verbindet. Wir überqueren die Karlstraße und wandern durch die Industriestraße. Kurz vor ihrem Ende biegen wir links ab. Am **Züchterheim (2)** geht es in den Wald und dort auf dem leicht ansteigenden Röhrigweg in der Flanke des Rossberges zur Waldkreuzung am **Friedrichsruhweg (3)** mit einer Schutzhütte. Wir biegen davor links ab und wandern nach einer Rechtskurve einen guten Kilometer nordostwärts weiter durch den lockeren Mischwald. Achtung, der ausgeschilderte Wanderweg geht auf halbem Weg in spitzem Winkel zurück, wir wandern jedoch weiter in Richtung Dühren. Am Ende biegen wir rechts ab, stoßen

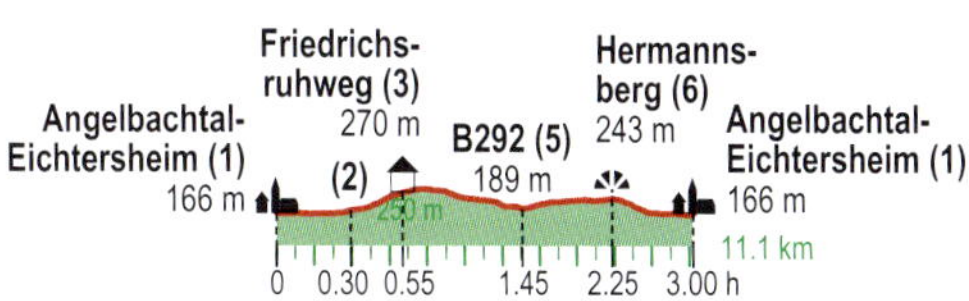

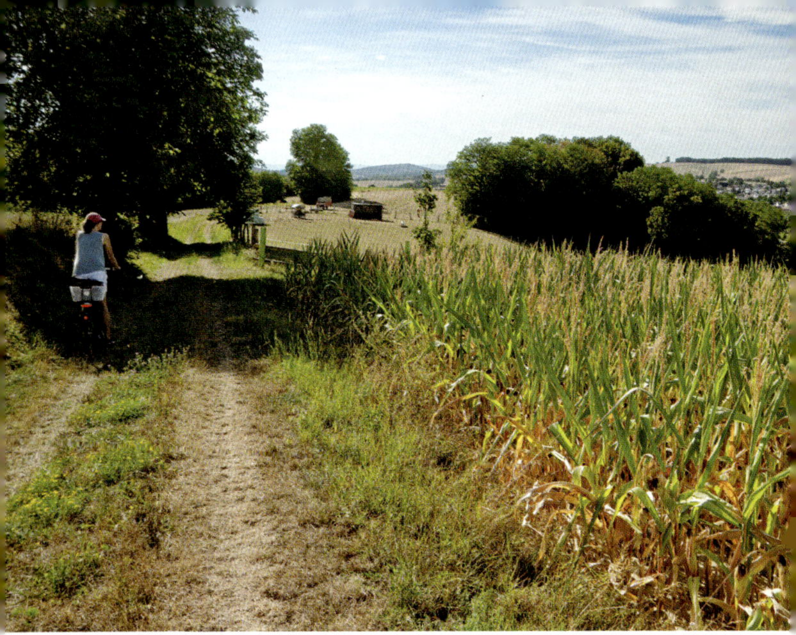

Auf dem Hermannsberg.

nach 250 m auf den **Fuchslochrainweg (4)** und folgen ihm scharf nach links. Kurvig zieht sich das Waldsträßchen ins Tal, wo wir in eine Asphaltstraße einmünden und kurz danach links abbiegen. Wir gehen den kurzen und steilen Weg hoch und wandern in der Kurve geradeaus hinter der Hecke auf dem Wiesenweg weiter. Nach dem bergab führenden Schotterweg queren wir die Kreisstraße, biegen vor der Bundesstraße **B292 (5)** links ab und wandern durch die Feldflur weiter. Kurz nach der Anhöhe geht es an einer Baumgruppe nach rechts, dann verlassen wir nach 250 m links haltend den Teerweg. Auf dem folgenden Kammweg öffnet sich uns ein fabelhafter Panoramablick auf Eschelbach im Vordergrund, dahinter den Letzenberg bei Malsch und schließlich die Pfälzer Hügelkette. An einer Aussichtsbank haben wir den höchsten Punkt des **Hermannsbergs (6)** erreicht. Kurz dahinter geht es nach links und längs der Weinberge talwärts. Nach den ersten Häusern rechts und wieder links haltend sind wir wieder am Schlosspark angelangt. Zur Besenwirtschaft geht es nach links bis zur Karlstraße und dort rechts noch einmal ca. 200 m Richtung Orstmitte von Michelfeld. Auf der gegenüberliegenden Parkseite wandern wir zurück zum Ausgangspunkt am Schlosspark von **Eichtersheim (1)**.

2.30 Std.

Vom malerischen Neidenstein nach Daisbach

34

Auf dem Menachem & Fred-Wanderweg

In der Brunnenregion, im Übergangsbereich vom Odenwald zum Kraichgau, führt diese gemütliche Familienwanderung an der romantischen Burg Neidenstein vorbei durch Wald und Feldgemarkung. Ein Themenweg regt zum Nachdenken über die Verschleppung jüdischer Mitbürger durch die Nationalsozialisten an. Etwas abseits des Weges lädt ein hübsch gestalteter Waldspielplatz zum Picknick ein.

Ausgangspunkt: Bahnhof Neidenstein. Erreichbar von Heidelberg S5 bis Meckesheim, von dort mit S51 Richtung Aglasterhausen. Parkmöglichkeit am Bahnhof.
Höhenunterschied: 220 m.
Anforderungen: Gemütliche Rundwanderung ohne große Steigungen.
Markierung: Bis Daisbach blauer Punkt, anfangs auch auf dem MF-Wanderweg, danach ohne Markierung zurück.
Einkehr: Unterwegs keine, dafür zwei ansprechende Rast- und Picknickplätze. Gasthaus Zum Goldenen Adler in Neidenstein, Di. bis So. 11–14 Uhr und ab 17 Uhr. Gasthaus Zum Schiff in Neidenstein am Bahnhof tgl. außer Mo. ab 16 Uhr, Sa. ab 12 Uhr, So. ab 11 Uhr.
Karte: Wanderkarte Kleiner Odenwald, Kraichgau mit Brunnenregion (GNBO Blatt 17, 1:20.000).

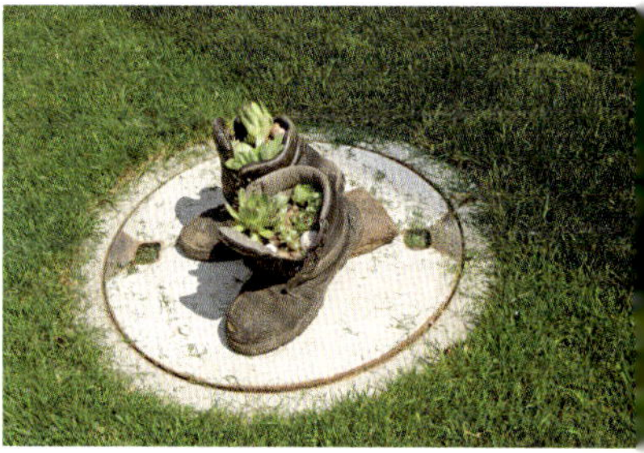

Gartenkunst in Daisbach.

Vom **Bahnhof Neidenstein (1)** wandern wir über die Bundesstraße hinweg Richtung Ortsmitte und folgen vorerst dem Hugenotten-Waldenser-Weg mit dem blauen Punkt. In die Schlossstraße biegen wir links ein und wenden uns nach rechts in Richtung Burg. Wir passieren das alte Fachwerkgebäude mit dem Heimatmuseum darin und sind nach ein paar Stufen direkt vor dem alten Tor der **Burg Neidenstein (2)**, die in Privatbesitz ist. 1319 wurde die Burg am Galgenberg erstmals als Reichslehen der Ritter von Venningen erwähnt. Wir verlassen das Burggelände durch den ehemaligen Burggraben und gehen links auf einem Waldweg weiter bergauf. Am Privatfriedhof der Familie von Venningen vorbei führt der blaue Punkt geradeaus am Waldrand weiter. An der nächsten Verzweigung halten wir uns rechts. Wir sind nun auch auf dem Menachem & Fred-Wanderweg, der mit MF gekennzeichnet ist. Neidenstein war eine der größten jüdischen Landgemeinden im Herzogtum Baden. Die zwei Brüder aus Hoffenheim wurden von den Nationalsozialisten nach Auschwitz verschleppt, überlebten den Holocaust und schrieben

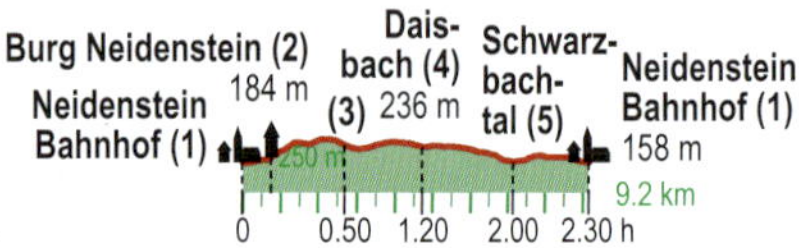

ein Buch, in dem sie unter anderem über ihre sonntäglichen Spaziergänge von Hoffenheim zur Großmutter nach Neidenstein berichten. Wir wandern durch hochstämmigen Mischwald mit großen Kathedralenbuchen. An einer Gabelung nehmen wir den rechten Zweig und folgen den Hauptwanderwegen in Richtung Daisbach. Am Schild »**Drei Märker**« (**3**, rechter Hand kommt man nach 300 m zum Picknick- und Waldspielplatz Weiße Berg) biegen wir links ab und erreichen den Talgrund. Wir verlassen den Wald nach links und gehen auf einem asphaltierten Wirtschaftsweg bergan. Ginge man stattdessen am Linksknick dem MF-Weg folgend geradeaus weiter, wäre in 300 m Entfernung das **Hoffener Brünnle** zu finden, ein eingefasster Brunnen mit Ruhebank. Durch die offene Landschaft aus Wiesen und Feldern schlendern wir gemütlich in Richtung Daisbach. Auf der Anhöhe kurz vor dem Ort bietet sich ein wunderbarer Blick über die typische Landschaft des Kraichgaus mit ihren bewaldeten Kuppen und ausgedehnten landwirtschaftlichen Flächen.

Nach den ersten Häusern schwenken wir neben der Kirche und dem alten Feldkreuz links in die Hoffenheimer Straße ein und gelangen zum Ortszentrum von **Daisbach (4)**. Kurz nach links und wieder nach rechts führt unser Weg auf der Kirchstraße an hübsch hergerichteten Haus Hofreite vorbei in Richtung Sportplatz. Nach einem Rechtsknick genießen wir den Blick ins Tal und sehen gegenüber die Spitze der Burg Neidenstein hervorlugen. Bei den letzten Häusern wandern wir geradeaus weiter Richtung Wald und schlagen links haltend den bergab führenden Weg ein. Wir durchstreifen den Mischwald auf einem breiten

Dorfidylle in Daisbach.

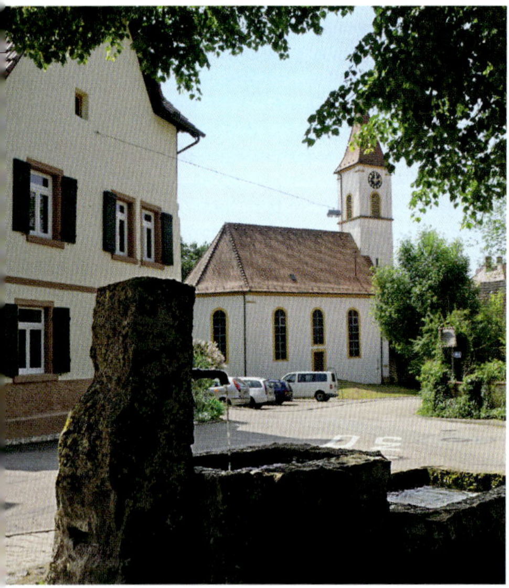

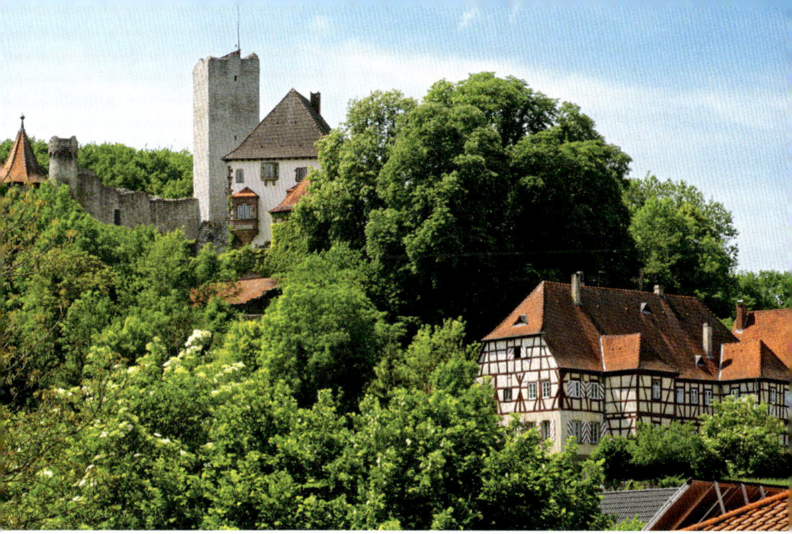

Blick auf Neidenstein mit seiner Burg.

Forstweg bis hinunter ins **Schwarzbachtal (5)** und gehen am Ende nach links. Nach Überqueren der Straße geht es am Brunnenhäuschen erneut nach links und nach ca. 100 m rechts auf einen Wiesenweg. Falls dieser nicht begehbar ist, gehen wir hoch zum Waldrand und biegen dort spitzwinklig ab. Wir stoßen auf den N2-Weg der uns zurück nach Neidenstein bringt. Im Ort, nach dem Rechtsknick der Daisbacher Straße, biegen wir links ab in die Bergstraße und wandern kurz darauf auf bekanntem Weg durch das verträumte, von der Burg gekrönte Dörfchen **Neidenstein** zurück zum Ausgangspunkt am **Bahnhof (1)**.

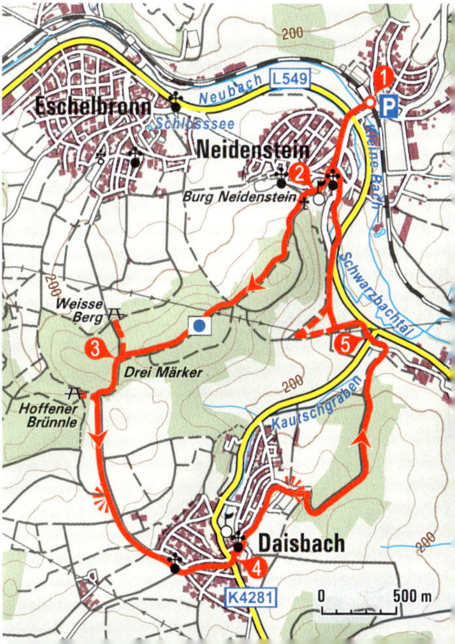

35 Burg Steinsberg, Kompass des Kraichgaus

4.30 Std.

Über die Burg Steinsberg zum Hilsbacher Erlebnisweg

Typische Kraichgauer Landschaftselemente begegnen uns auf dieser Wanderung: eine ehemalige Ritterburg, ein hübsch herausgeputztes Landstädtchen und abwechselnd Felder, Wald und Weinberge. Einige informative Schautafeln auf dem Hilsbacher Erlebnisweg bieten Hintergründe zu Naturkunde, Wald- und Weinbau und zur Geschichte der Region. Eine angenehme Wanderung für die ganze Familie.

Ausgangspunkt: Bushaltestelle Weiler, Grötzenstraße. Erreichbar mit S5 von Heidelberg nach Sinsheim, Bus 763 bis Weiler. Wanderparkplatz 300 m nördlich der Bushaltestelle.
Höhenunterschied: 350 m.
Anforderungen: Auf bequemen Wegen mit geringfügigen Steigungen durch Felder, Dörfer, Wald und Weinberge.
Markierung: Ab Burg Steinsberg blaues Quadrat bis zum Rechtsabzweig. Hinter Weiler gelbes V bis Hilsbach. Dort ab Sportplatz Hilsbacher Erlebnisweg, Rückweg auf HW46 mit grünem Dreieck.
Einkehr: In Hilsbach Restaurant Hirsch, tgl. ab 17 Uhr, So. auch 11–14 Uhr. In Weiler Restaurant Küferschänke, tgl. ab 17 Uhr, So. auch 11–14 Uhr außer Juli, August und Burg Steinsberg, Mi. bis So. 11–20 Uhr.
Karte: Wanderkarte Sinsheim (LGL Blatt W211, 1:25.000).

Von der Bushaltestelle in **Weiler (1)** gehen wir auf der Hauptstraße 100 m nordwärts bergauf und biegen den Wanderweg-Schildern folgend spitzwinklig rechts ab. Durch die Weinberge führt die Zufahrtsstraße hoch zur **Burg Steinsberg (2)**. Die weithin sichtbare staufische Burg aus dem 12. Jh. thront auf einem Basaltkegel. Sorgfältig restauriert zählt sie mit ihrem 30 m hohen Bergfried zu den schönsten ihrer Art in Deutschland. Vor der äußeren Burgmauer wandern wir, uns rechts haltend, zwischen dem Kastanienbaum und dem Ehrenmal dem blauen Quadrat folgend bergab in den Ort. Wir queren die Reihener Straße und peilen geradeaus den Hügel vor uns an. Der Weg wird abschüssig und führt am Ittlinger Brunnen vorbei ins Tal. Dort an der Kreuzung wandern wir auf dem Wiesenweg wenige Meter geradeaus weiter, schwenken nach links und sofort wieder nach rechts. Wir queren nach rechts den Graben zwischen den Wegen und steuern fast in entgegenge-

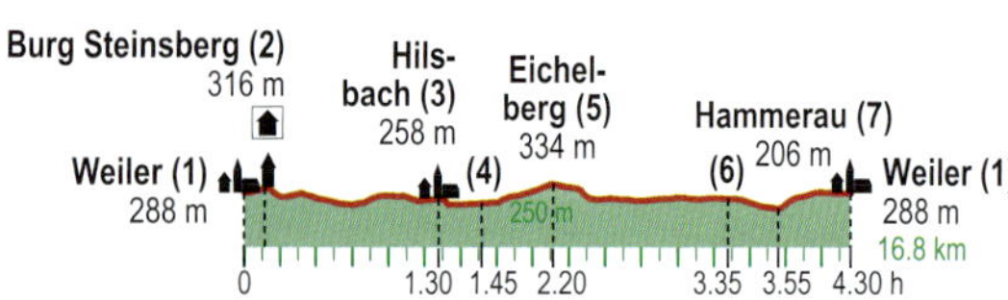

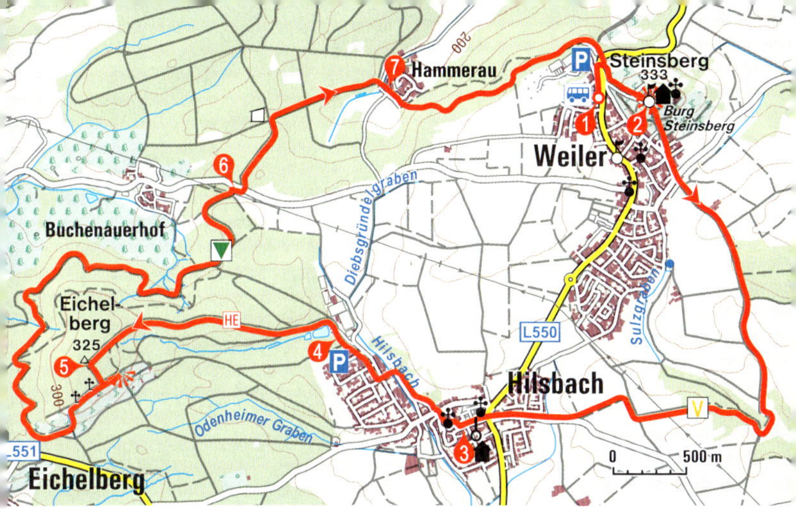

setzter Richtung auf den Wald zu. Nun auf dem Forlenweg finden wir das gelbe V, dem wir an der Verzweigung im Ittlinger Grund nach links folgen. Knapp 300 m nach Austritt aus dem Wald biegen wir rechts ab und folgen kurz darauf unserem V nach links auf den Wiesenweg nach Hilsbach, wo uns die Ittlinger Straße und danach geradeaus weiter die Marktstraße ins Ortszentrum führt. **Hilsbach (3)**, schon 1310 zur Stadt erhoben, erfuhr eine wechselvolle Geschichte und wuchs allmählich zur kurpfälzischen Amtsstadt heran. In badischer Zeit verlor das Landstädtchen seine zentrale Funktion wieder an das benachbarte Sinsheim. Diverse historische Bauwerke wie das alte Wachthaus, das ehemalige Rathaus und die Amtskellerei zeugen von der kleinstädtischen Vergangenheit. Am ehemaligen Rathaus biegen wir nach rechts und wandern zur Michaelskirche, deren Balkon uns einen netten Rundumblick beschert. Die um 1300 errichtete Kirche war wie viele ihrer Art in der Kurpfalz bis ins Jahr 1952 eine Simultankirche für beide Konfessionen. Über die Treppenstufen geht es hinab in den unteren Teil der Ortschaft. Über die Mettengasse stoßen wir auf die Kraichgaustraße, halten uns links und verlassen sie sofort wieder nach rechts in die Hirschgasse. Weiter geht es bis ans Ende der Brennhüttenstraße, dort nach links und wieder rechts bis zum Parkplatz der Sportanlagen. An der **Infotafel des Erlebnisweges (4)** halten wir noch 100 m die Richtung bei und biegen erst dann links ab auf den ausgeschriebenen Themenweg. Wir lassen uns bis Station 9 von den grünen Pfeilen leiten. An der ersten Waldkreuzung nach der Schranke geht es nach links auf einen ansteigenden Waldweg. Alle Abzweigungen ignorierend bleiben wir stets auf dem breiten Forstweg. Oben auf dem **Eichelberg (5)** angekommen, biegen wir bei den Wildschwein-Skulpturen nach

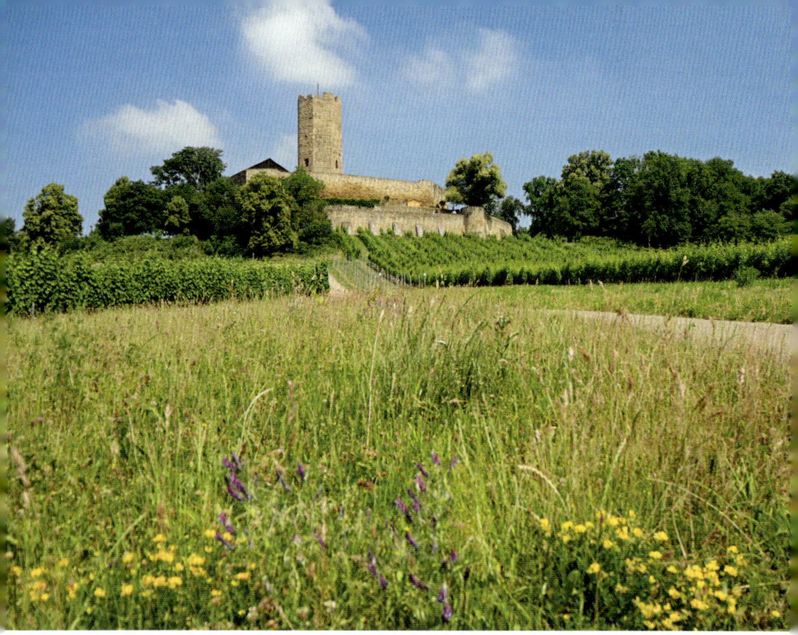

Burg Steinsberg bei Weiler.

links und nach 150 m erneut links ab. Ein idyllischer Rastplatz mit einer Aussichtsterrasse mit wunderbarem Fernblick oberhalb der Weinberge belohnt uns für den etwas eintönigen Waldweg hinter uns. Wir folgen weiter der Beschilderung des wunderbaren Panoramaweges. Nach Station 7 führt unser Weg links steil abwärts über die Weinbergsstaffeln. An der Unterkante der Stufen, neben dem Wildbienenhaus (Infotafel 9), biegen wir rechts ab und peilen den Wald an. In Höhe eines Hochsitzes führt ein schlecht erkennbarer Pfad in den Wald. Rechts haltend stoßen wir auf einen Forstweg, dem wir nun einige Zeit durch hochstämmigen Buchenwald folgen. An einer Waldkreuzung nehmen wir den halbrechts verlaufenden Elsbeerweg und biegen an der nächsten T-Kreuzung rechts ab. Das grüne Dreieck weist uns nun den Weg. Wir stoßen auf den Unteren Schlangenweg und schließlich die Waldangellocher Straße, die zur **Kreuzung am Buchenauerhof** (**6**, zum Weiler mit großem Golfplatz und Restaurant geht es auf der Straße nach links) führt. Wir halten uns rechts, überqueren die Straße und verlassen sie nach 50 m wieder nach links. An einer Schutzhütte wenden wir uns nach rechts. Am Weiler **Hammerau (7)** biegen wir erneut rechts ab und wandern der Beschilderung folgend genüsslich auf weichem Waldpfad zurück nach **Weiler (1)**.

4.15 Std.

Panoramaweg rund um die Ravensburg

36

Durch Feld, Wald und Reben hoch zur Burg

Ein Wahrzeichen des »Landes der 1000 Hügel« wird auf dieser Wanderung umrundet. Die gut erhaltene und weithin sichtbare Ravensburg inmitten von Rebhängen ist ein Aushängeschild des Kraichgaus. Eine Reihe gemütlicher Besenwirtschaften sorgen für einen fröhlichen Ausklang der Wanderung rund um Sulzfeld und die stattliche Burg.

Ausgangspunkt: Bahnhof Sulzfeld. Erreichbar von HD mit S5 nach Eppingen. Von dort S4 in Richtung Karlsruhe bis Bahnhof Sulzfeld. Dort auch Parkmöglichkeit.
Höhenunterschied: 250 m.
Anforderungen: Gemütliche Halbtageswanderung auf Wirtschafts-, Wald- und Weinbergswegen.
Markierung: Vorwiegend Su1-Rundwanderweg, kurz Eppinger Linienweg (ELW).
Einkehr: Burgrestaurant auf der Ravensburg, tgl. außer Mo. und Di. ab 11 Uhr. Besenwirtschaften in Sulzfeld: Weinstube Brüssel, Sonnenfeldhof, Winzerhof Bregler, Weinstadl Pfefferle.
Karte: Topografische Karte Stromberg-Heuchelberg (LGL Blatt F517, 1:50.000).

Wir folgen ab **Bahnhof Sulzfeld (1)** der Markierung des Su1-Wanderweges auf der Bahnhofstraße ortsauswärts. Wir verlassen den Kreisel in die Heinrich-Blanc-Straße, die uns 75 m weiter links abzweigend nach einem Links-Rechts-Knick in die Feldflur bringt. Am mächtigen Birnbaum gehen wir geradeaus weiter und biegen am nächsten Abzweig links ab. Oben auf dem **Schoppberg (2)** erwartet uns ein weiter Rundumblick über den südlichen Kraichgau. Linker Hand sehen wir zum ersten Mal die Ravensburg, unser heutiges Ziel. Bergab lassen wir eine landwirtschaftliche Halle links liegen und wandern wieder hoch zum Hägenichwald, wo wir links abbiegen. Am Waldende halten wir uns abermals links, gehen rechts um die Beerenplantage und biegen dahinter in der Streuobstwiese wieder links ab. Am Ende des Wiesenweges schwenken wir nach rechts auf einen unbefestigten Weg, der uns zur **L593 (3)**, der Verbindungsstraße nach Kürnbach, führt. Wir überqueren sie mit einem U-Turn, dann zeigt unsere Markierung unmittelbar wieder nach links. Der Höhenweg gewährt uns eine seltene Szenerie. Während im Vordergrund die Ravensburg auf ihrem Hügel thront, sieht man direkt dahin-

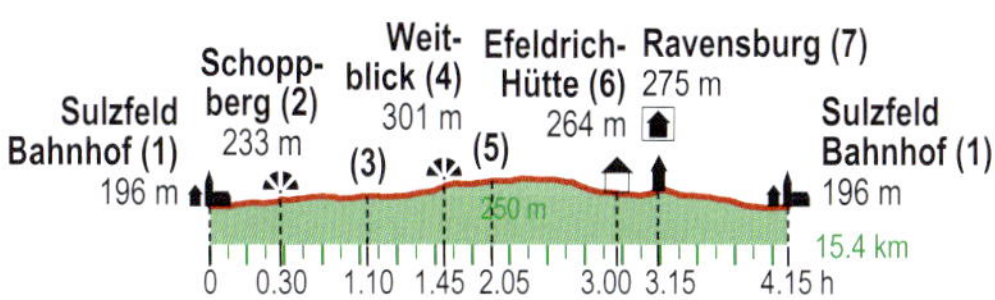

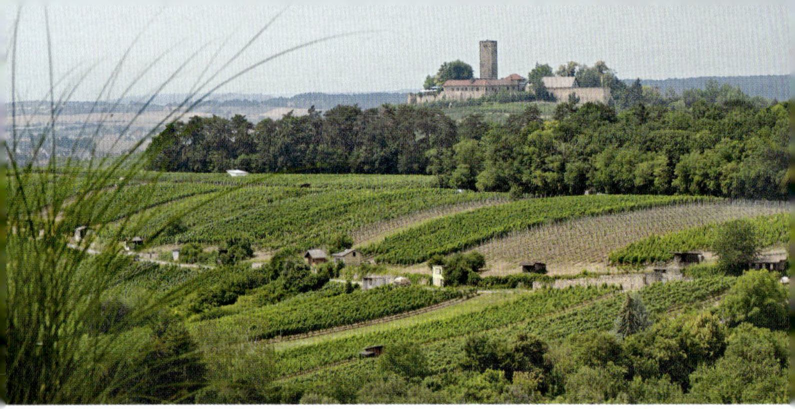

Blick auf die Ravensburg.

ter in der Ferne ein weiteres Wahrzeichen des Kraichgaus, die Burg Steinsberg bei Sinsheim. Ein Bilderwürfel, der zu einem Themenweg für Kinder gehört, verrät uns einiges über den Kultur- und Naturraum Kraichgau. Am Ende knickt der Weg nach links und wir verlassen ihn nach rechts in den Wald. An der Gabelung geradeaus weiter wandern wir bis zum Austritt aus dem Wald und halten uns an der Obergrenze der Weinberge links. Nach gut 100 m verzweigt nach links – die Markierung ist hier kaum zu erkennen – ein kleiner Pfad in den Wald und führt uns zum Kunstobjekt **Weitblick (4)** mit zwei Zerrspiegeln, die den Ausblick auf die friedliche Natur als Allegorie auf politische Weitsicht versinnbildlichen sollen. Das Objekt gehört zum Eppinger Linienweg, einem Themenwanderweg mit Plastiken des Künstlers Heinrich Zürn. Die Verteidigungsanlagen der Eppinger Linien wurden 1695 vom Markgrafen von Baden, auch »Türkenlouis« genannt, gegen mögliche französische Einfälle errichtet. Wir wandern links an den Spiegeln vorbei auf schattigem Waldweg und Waldlehrpfad weiter. Nach 15 Min. folgen wir dem Pfad links bergan und verlassen beim nächsten Kunstobjekt, dem **Bauernopfer (5)**, den Wald. Es geht an Obstbäumen und Getreidefeldern vorbei, dann mündet unser Weg in eine Verkehrsstraße. Wir biegen links ab, gehen 50 m an der Straße entlang und finden rechts abgehend einen Waldpfad. Vorübergehend vertrauen wir uns dem Wegezeichen des Eppinger Linienweges (ELW) an und folgen ihm 500 m bis zu einer Kreuzung. Während der ELW geradeaus weiter führt, biegen wir links ab und gehen an der nächsten Kreuzung leicht rechts haltend weiter. Malerisch verläuft der Pfad an einem ehemaligen Steinbruch vorbei und stößt auf einen breiten Forstweg, auf dem wir links haltend die Richtung fortsetzen (Su1-Wegezeichen). Nach einem prächtigen Aussichtspunkt über das Sulzfelder Rebenmeer und die Ravensburg folgen wir den Wegweisern nach links zur **Efeldrich-Hütte (6)** und halten uns danach rechts. Durch Wald und Weinberge geht es hinüber zur eindrucksvoll auf dem Hügel thronenden, von Weinbergen umgebenen **Ravensburg (7)**, einer der bedeutendsten erhaltenen Burgen im Kraichgau. Die aus dem Beginn des 13. Jh. stammende Burg überstand außer einem Großbrand 1546 den Bauernaufstand von 1525 und den Dreißigjährigen Krieg fast unbeschadet und wurde fortwährend umgebaut. Links führt uns ein Stichweg zur Anlage. Anschließend nehmen wir unseren Weg wieder auf und gehen geradeaus die steile Zufahrtsstraße hinunter, überqueren die Mühlbacher Straße und marschieren zwischen den Ackerflächen wieder bergauf. Bei der zweiten Möglichkeit biegen wir links ab und wandern zwischen Obstbäumen und Feldern geradeaus weiter. Kurz nach einem Wasserreservoir knickt der Weg nach rechts und stößt auf die Friedhofstraße. Wir biegen links ab, verlängern in die Neuhöfer Straße und biegen an der Kreuzung rechts ab in die Mühlbacher Straße. Nach 100 m finden wir rechts abgehend einen Fußweg, der am Kohlbach entlangführt. Wir überqueren eine Straße, setzen auf dem Fußweg fort, wandern unter der Bahnlinie durch und wenden dahinter um 180 Grad. Rechts abbiegend verläuft der Fußpfad an der Bahnlinie entlang bis zum Bahnübergang und von dort zurück zum **Bahnhof Sulzfeld (1)**.

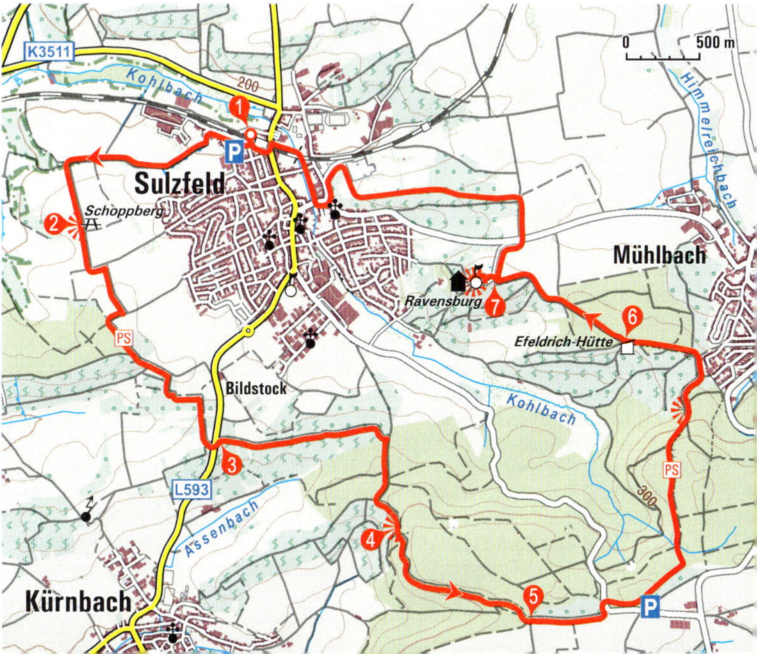

37 Wälder, Weinberge und Hohlwege bei Unteröwisheim

3.30 Std.

Kraichgau pur!

Die aussichtsreiche Rundtour bietet einen Querschnitt der Kraichgauer Hügellandschaft mit all ihren Elementen. Neben wunderbaren Fernblicken beeindruckt auf der NABU ÖkoRegio-Tour, auf der wir uns zeitweise bewegen, die tief eingeschnittene Galgenhohle mit ihrer eigentümlichen Flora und Fauna.

Ausgangspunkt: Bahnhof Unteröwisheim, erreichbar von Heidelberg mit der Linie S4 nach Ubstadt-Weiher. Von dort mit S31 (Katzbachbahn) nach Unteröwisheim. Parkmöglichkeiten nahe Bahnhof.
Höhenunterschied: 250 m.

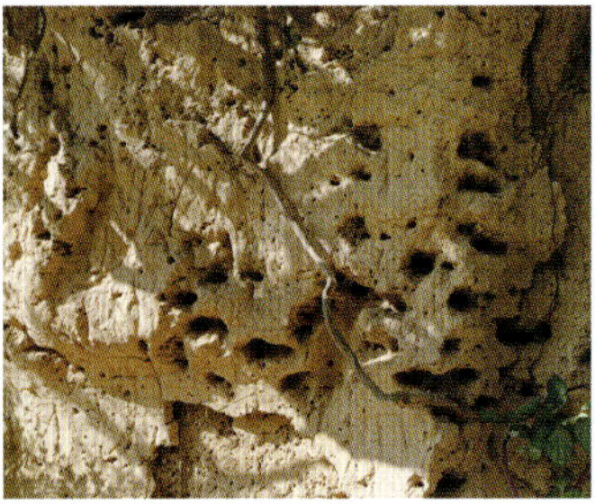

Anforderungen: Leichte Runde auf angenehmen Wald- und Höhenwegen, durch Hohlwege und über Weinberge.
Markierung: Anfangs ohne, oberhalb von Zeutern Weinpfad Kraichgau mit blauem W, danach Beschilderung der NABU ÖkoRegio-Tour, am Ende Fahrradweg nach Unteröwisheim.
Einkehr: Unterwegs keine Möglichkeit. Dafür zwei wunderschöne Picknickplätze. In Unteröwisheim Besenwirtschaft Zum Kannenbesen, Do., Fr. und Sa. ab 12 Uhr, So. und feiertags ab 10.30 Uhr, je nach Besensaison, und Gasthof Oberst, Mi. bis Fr. ab 16.30 Uhr, Sa. 11–14 Uhr und ab 17.30 Uhr, So. und feiertags ab 11.30 Uhr.
Karte: Topographische Karte Karlsruhe (LGL Blatt F516, 1:50.000).

Insektenhotel Galgenhohle.

Vom Bahnsteig des **Bahnhofs Unteröwisheim (1)** kommend gehen wir links und orientieren uns zuerst am Fahrradweg Richtung Ubstadt-Weiher. Wir überqueren den Kraichbach und gehen nach links in die Straße Am Gaisberg. Kurz nach einer Sitzgruppe führt unsere Tour nach rechts und dann zwischen den Feldern geradeaus hoch. An einer Gehölzgruppe beschreibt der Weg eine Rechtskurve. Die nach rechts in die Weinberge führenden Wege ignorierend wandern wir bis zum Wald. An der ersten Verzweigung im Wald geht es auf den rechten, leicht bergauf führenden Weg. Am Ende des Waldes setzen wir geradeaus auf einem geteerten Weinbergweg fort, der eine Linkskurve beschreibt und wieder rechts abknickt. Am Nussbaum links haltend steuern wir zwischen Obstplantage und Reben auf das nächsten Forstgebiet zu. Direkt davor biegen wir links ab und erreichen nach wenigen Metern im Wald versteckt den liebevoll angelegten Picknickplatz **Brandwald (2)**. Zurück auf dem Asphaltsträßchen am Waldrand führt unsere Tour geradeaus weiter. Nachdem wir ein Waldstück durchquert haben,

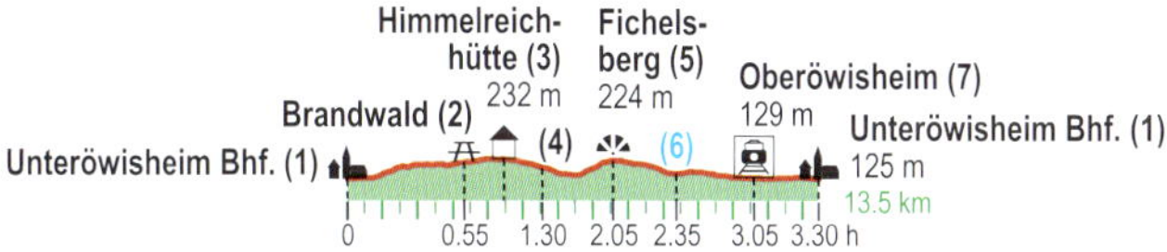

freuen wir uns über den grandiosen Ausblick in die Rheinebene und die gegenüberliegende Pfalz. Wir biegen rechts ab und folgen vorübergehend dem blauen W des Weinpfades Kraichgau. Kurz danach erreichen wir mit der **Himmelreichhütte (3)** eine weitere Picknickmöglichkeit mit prächtigem Blick auf Zeutern im Vordergrund, das Kraichgauer Hügelland mit dem Letzenberg und den Königstuhl in einiger Entfernung. An der folgenden Waldkreuzung wenden wir uns nach rechts und wandern 100 m am Waldrand entlang in südlicher Richtung. Der Weg knickt leicht nach links und folgt nun in entgegengesetzter Richtung einer NABU ÖkoRegio-Tour mit entsprechender Beschilderung. Am Schild des Naturschutzgebietes vorbei gehen wir zwischen Obstbäumen, Feldern und Wiesen geradeaus weiter. Der Weg senkt

Rast an der Himmelreichhütte.

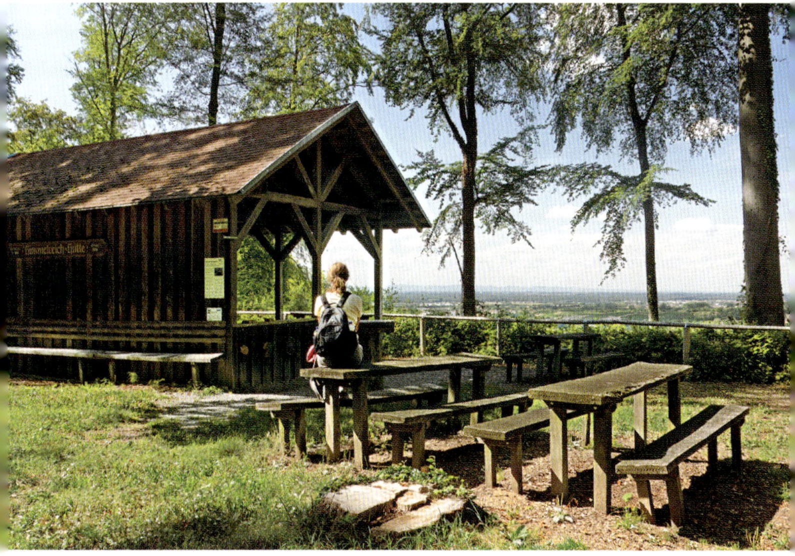

sich bald ab zu einer tief eingeschnittenen Hohle, deren Wände bis zu 15 m hoch sind und fast eine mystische Stimmung aufkommen lassen. Die **Galgenhohle (4)** gilt als eine der schönsten Hohlen im Kraichgau (zur Entstehung der Hohlen siehe Tour 31). Am Ende des Hohlweges biegen wir rechts ein in die Asphaltstraße. Nach einem halben Kilometer passieren wir einen Rastplatz und biegen dahinter links ab auf einen Feldweg. Zwischen Apfel-, Nuss- und Pflaumenbäumen geht es wieder bergan. Wir orientieren uns an den Schildern der ÖkoRegio-Tour und gehen entlang des Waldrandes weiter. Auf der Höhe des **Fichelsbergs (5)** angekommen, halten wir uns an der Ruhebank rechts und wandern zwischen Weinbergen mit Blick auf die Pfälzer Bergkette und den Nordschwarzwald abwärts. Nach 200 m geht es nach einem Links-Rechts-Knick geradeaus weiter auf dem Wirtschaftsweg bergab. Wir stoßen auf die Kreisstraße, überqueren sie und laufen auf der gegenüberliegenden Seite auf dem Feldweg durch die Furchackerhohle talwärts.

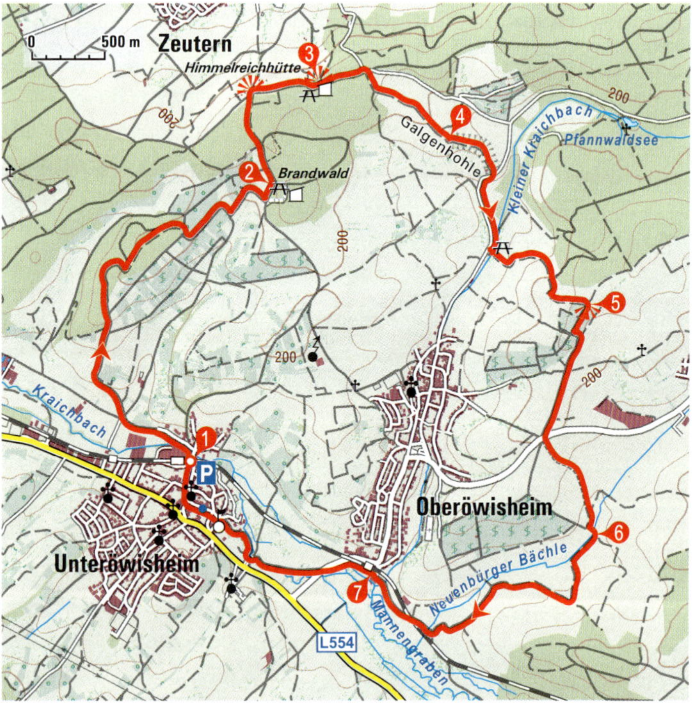

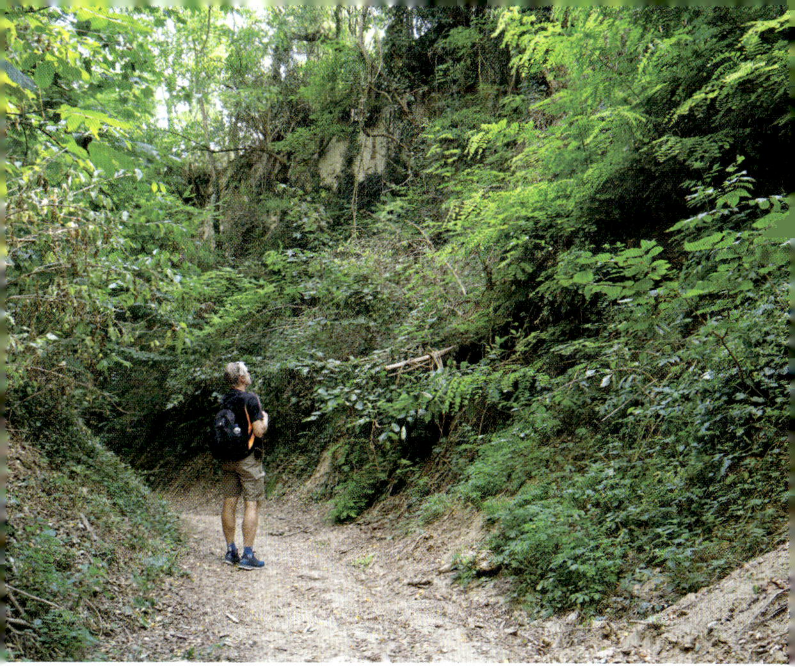

Die grüne Galgenhohle.

Am Ende des Weges biegen wir nach links auf den Betonweg ab und überqueren kurz darauf das **Neuenbürger Bächle (6)**. Direkt dahinter geht es nach rechts auf einem Feldweg am Bach entlang, der nach 200 m links einschwenkend in einen Wiesenweg übergeht. An der nächsten Wegekreuzung biegen wir spitzwinklig rechts ab und wandern durch eine weitere naturbelassene Hohle talwärts. Am Ende stoßen wir auf einen breiteren Wirtschaftsweg und halten uns links. An den Fahrradweg-Schildern gehen wir nach rechts weiter. Wir überqueren die Bahngleise, passieren die schmucke und vorbildlich renovierte Appenmühle und erreichen die **S-Bahn-Station Oberöwisheim (7)**. Wir überqueren jedoch nicht die Gleise, sondern folgen vorher nach links dem naturbelassenen Radweg durchs idyllische Tal. Wir überqueren den Kraichbach, halten uns sofort wieder rechts und bleiben am Bachufer. Nach dem Schloss – heute eine CVJM-Tagungsstätte – überschreiten wir eine Kuppe und schlendern durch die Herrenstraße geradeaus hinunter, vorbei an der gemütlichen Besenwirtschaft Kannenbesen. Noch einmal rechts haltend erreichen wir über die Eisenbahnstraße wieder unseren Ausgangspunkt am **Bahnhof Unteröwisheim (1)**.

Die Pfalz – Kastanien, Wein und Gemütlichkeit

Denkt man an lohnende Wandergebiete in Deutschland, steht diese Region meist ganz oben auf der Liste. Die Pfalz ist ein Paradies für Wanderer, denn wo sonst findet man eine solche Vielfalt unterschiedlicher Landschaftselemente, die einen genüsslichen Aufenthalt in der Natur garantieren? Riesige Mischwälder, gespickt mit bunten Sandsteinfelsen, dazwischen malerische Burgen, gemütliche Hütten zur Einkehr und am Abfall zum Rheintal ein Rebenmeer mit zahlreichen Wegen und Weinstuben. Dazu Kulturdenkmäler von nationalem Interesse! Vom vulkanischen Donnersberg im Norden bis zum Übergang ins Elsässische bei Wissembourg verläuft die malerische Deutsche Weinstraße durch die vorderpfälzische Hügellandschaft auf der westlichen Bruchstufe des Oberrheingrabens, der Haardt. Westlich daran anschließend erstreckt sich mit dem Pfälzerwald das größte zusammenhängende Waldgebiet Deutschlands. Zusammen bilden sie den Naturpark Pfälzerwald und sind Teil des grenzübergreifenden UNESCO-Biosphärenreservats Pfälzerwald-Nordvogesen. Vorwiegend der Buntsandstein aus dem Erdmittelalter und in geringem Maß Zechstein, abgelagert vor ca. 250 Mio. Jahren, prägen die Oberfläche der Region. Auf den nährstoffarmen Sandsteinböden findet man meist Mischwälder mit Kiefern und Buchen. Eine

Aufstieg zum Weinbiet bei Neustadt an der Weinstraße (Tour 42).

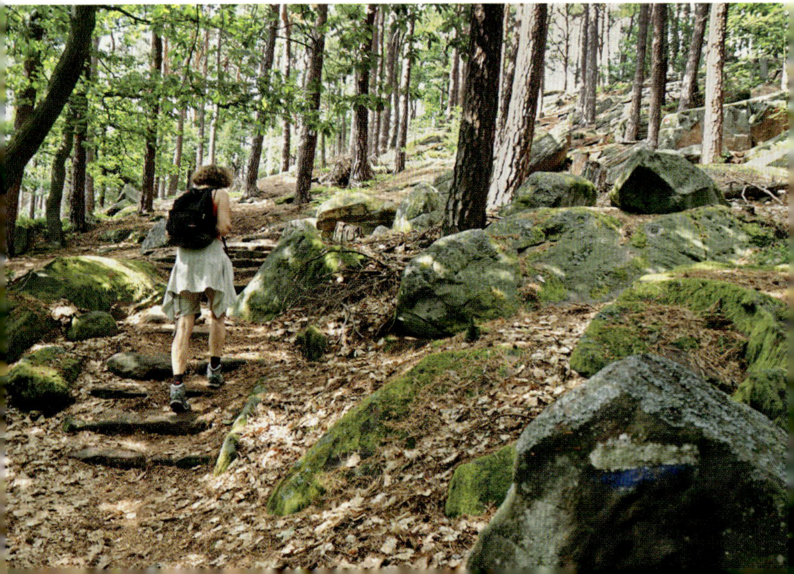

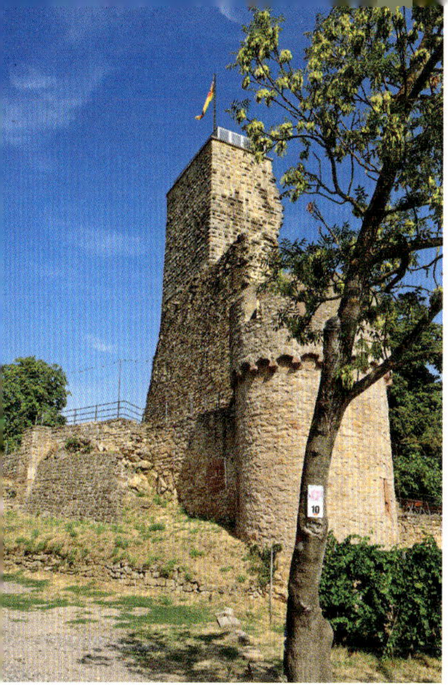

Ruine Wachtenburg (Tour 40).

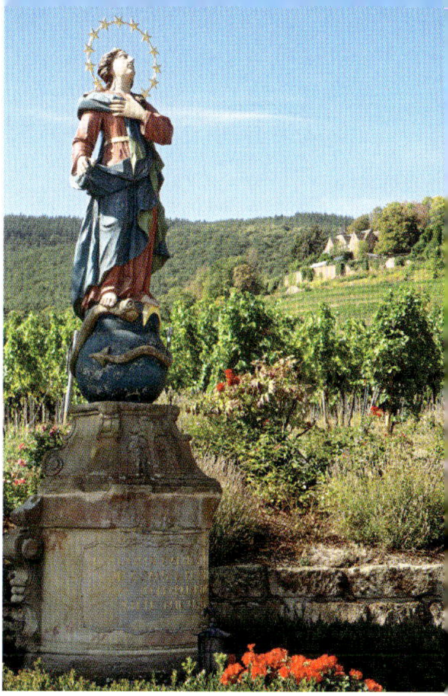

Haardtmadonna bei St. Martin (Tour 46).

Besonderheit sind die Edelkastanienbestände an den Hängen zur Rheinebene. Von den Römern eingeführt, dienten die Esskastanien noch im Mittelalter als Lebensgrundlage der Bevölkerung. Auch heute werden die stacheligen Früchte, in der Pfalz Keschde genannt, im Herbst gerne gesammelt. Eine Wanderung verläuft zum Teil auf dem Pfälzer Keschdeweg, an dem einige Informationstafeln darüber aufklären. Vom Pfälzerwald-Verein liebevoll gehegt und gepflegt steht eine Vielzahl herrlicher, gut markierter Wanderwege zur Verfügung, auf denen man immer wieder auf diverse Sehenswürdigkeiten stößt. Alte Sandsteinkreuze, Rittersteine, Marienfiguren und historische Wegmarkierungen zeugen von der Liebe der Pfälzer zu ihrer Heimat. Und wer die Gemütlichkeit uriger Pfälzer Hütten noch nicht kennt, der sollte sich schleunigst auf den Weg machen. Nirgendwo sonst gibt es so viele bewirtschaftete Wanderhütten, die, meist ehrenamtlich geführt, eine willkommene Abwechslung auf dem Weg oder das reizvolle Ziel einer Wanderung sind. Oft findet man die Hütten an herrlichen Aussichtspunkten, die bei guter Sicht Blicke bis zum Schwarzwald und auf die Vogesen freigeben. Die hier aufgeführten Wanderungen befinden sich vorwiegend an gut erreichbaren Ausgangspunkten entlang der Weinstraße. Eine Unmenge weiterer herrlicher Wanderwege, die allerdings den Rahmen dieses Wanderführers sprengen würden, findet man im Pfälzer Bergland.

38 Geheimnisvolle Steine im Pfälzerwald

4.30 Std.

Zwischen Keschde und Kiefern zu traditionellen Pfälzer Hütten

Zahlreiche Legenden ranken sich um die skurrilen Steine mit der Bezeichnung Portemonnaie, Briefkasten und Krummholzer Stuhl, an die zum Teil schon die Römer Hand angelegt haben. Der beschaulich in Wald eingebettete, an einem Hochmoor gelegene Ungeheuersee mit der zünftigen Weisenheimer Hütte daneben passt ideal zu einer von Sagen und Mythen begleiteten Wanderung.

Ausgangspunkt: Hauptbahnhof Bad Dürkheim. Erreichbar von Heidelberg mit S4 bis Ludwigshafen, dann RNV-Linie 4a bis Bad Dürkheim. Parkhaus Am Obstmarkt hinter dem Bahnhof.
Endpunkt: Weisenheim Gemeindehaus. Zurück nach Bad Dürkheim mit Bus 453.
Höhenunterschied: 500 m im Anstieg, 400 m im Abstieg.
Anforderungen: Streckenwanderung ohne schwierige Passagen mit längererem Anstiegsweg. Danach geht es auf dem Kamm auf ebenen Waldpfaden weiter und auf Forstwegen zurück auf die Rebebene.
Markierung: Weiß-roter Wanderweg bis Wochenendhäuser von Leistadt, ab Weisenheimer Hütte grünes Kreuz bis Weisenheim.
Einkehr: Hütte In der Weilach, außer Dez. und Jan. Sa., So. und feiertags 10–18 Uhr. Weisenheimer Hütte, Mitte März bis Okt. So. und feiertags 10–18 Uhr, im Nov. 10–17 Uhr, Mai bis Okt. auch Mi. 12–17 Uhr. Gastronomie in Weisenheim.
Karte: Pfälzerwald 4, Blatt 43-548, Nördliche Weinstraße (NaturNavi Verlag, 1:25.000).

Auf dem **Bahnhofsplatz** in **Bad Dürkheim (1)** halten wir uns links und folgen der Beschilderung des Pfälzer Weinsteigs in die Fußgängerzone. Am Stadtplatz vorbei schlendern wir durch die hübsche Innenstadt bis zum Abzweig nach rechts in die Gartenstraße. Weiter geht es unter der Bundesstraße durch. Am Aufgang aus der Unterführung finden wir die weiß-rote Markierung, der wir vorerst folgen. An der Weinstube Zur Keschdedell geht unser Weg nach rechts über Stufen aufwärts. Nachdem wir zwei Sträßchen überquert haben, führen die Wanderwege am Schild »Naturkundlicher Lehrpfad« rechts in den Wald, wo wir uns nach wenigen Metern rechts halten. Nach ca. 400 m machen wir an der Gabelung einen kurzen Abzweig nach rechts

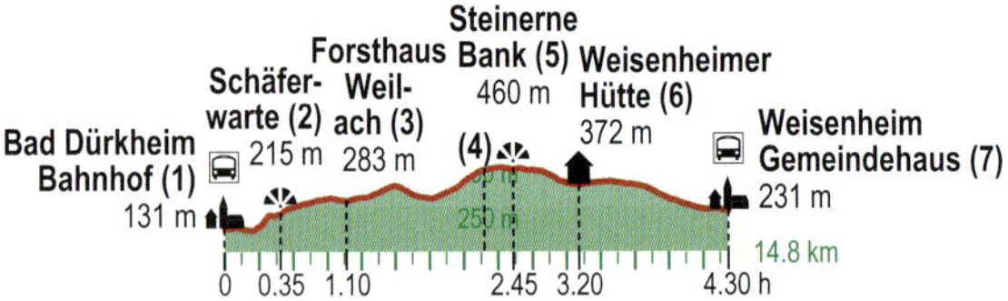

zum Aussichtspunkt **Schäferwarte (2)**. Auf sandigen Waldwegen geht unser Weg nun längere Zeit zwischen Kiefern und »Keschde«, wie die Pfälzer Esskastanien nennen, stetig bergauf. An der ersten großen Waldkreuzung folgen wir der Markierung geradeaus weiter und nehmen anschließend den rechten Zweig, auf dem ein Trimm-Dich-Pfad verläuft. Wir erreichen das **Forsthaus Weilach (3)**, biegen davor links ab und schlagen kurz darauf nach wenigen Metern an der Gabelung die Richtung zur Laurahütte ein. Nach ca. 300 m führt links ein schmaler Pfad zur **Hütte In der Weilach**. Zurück auf dem weißroten Weg stoßen wir bald auf einen breiten Forstweg und laufen hier rechts haltend (nicht geradeaus!) weiter. Nach 50 m zweigt ein Waldpfad nach links ab, dem wir nun folgen. Achtung, im Talgrund biegen wir sofort wieder nach 100 m links ins Unterholz ab. Die Markierung ist hier schwer erkennbar. Das nächste Tal querend, geht es anschließend im lichten Kiefernwald wieder bergauf. An der nächsten Kreuzung, bei einer Gruppe von Wochenendhäusern, gehen wir rechts und sofort wieder links, noch weiß-rot folgend. Kurz danach biegen wir links auf einen breiten Forstweg ab und verlassen nun den markierten Wanderweg. Achtung wegen der Beschilderung! Wir orientieren uns ab hier entgegengesetzt des vorgeschlagenen Historischen Rundwanderweges Leistadt. Die Schilder sind also hinter unserem Rücken angebracht, daher an kritischen Stellen umblicken. An der Wegekreuzung gehen wir geradeaus weiter und nehmen an der nächsten Gabelung den rechten Zweig auf einen Waldpfad. Als ersten der sagenumwobenen Felsblöcke passieren wir das **Portemonnaie**. Wer einen Stein in seinen breiten Spalt legt, soll mit Reichtum belohnt werden. Weiter geht es vorbei an malerischen Monolithen zum **Briefkasten (4)**. Nach der Sage steckt eine Frau, die einen Mann sucht, ein Laubblatt in den Schlitz im Stein und ihr

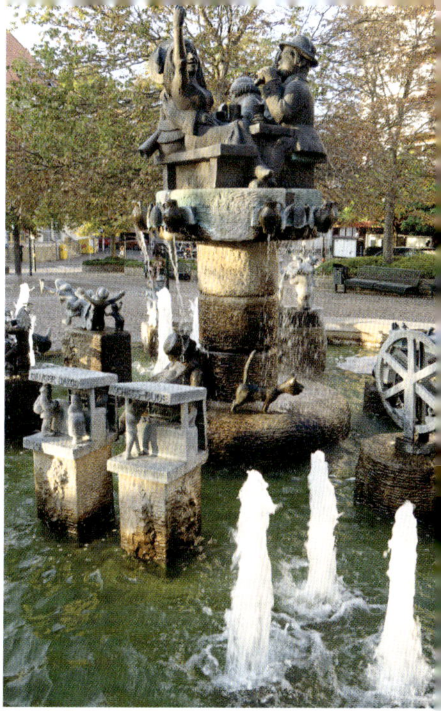

Der Wurstmarktbrunnen am Bahnhof von Bad Dürkheim.

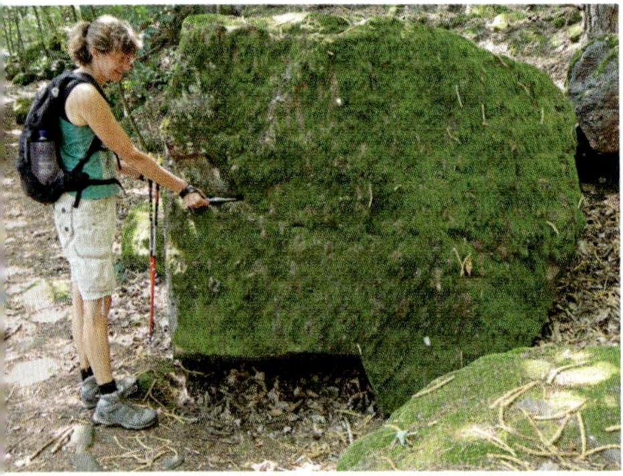

Der Briefkasten.

Wunsch wird erfüllt. Kurz vor der nächsten Waldkreuzung entdecken wir tief eingefurchte Wagenspuren, die angeblich aus römischer Zeit stammen. An der Kreuzung biegen wir scharf rechts ab, wandern an der Teufelsmauer vorbei und erreichen mit dem **Weilerskopf**, 469 m, den höchsten Punkt unserer Wanderung. Ca. 300 m nach dem Fernmeldeturm beschreibt der Wanderpfad einen 90-Grad-Knick nach links (Schild »Leistadt«). Hier sollte man nicht versäumen, ein paar Meter geradeaus zur **Steinernen Bank (5)** zu gehen, wo man mit weiten Blicken in die Rheinebene belohnt wird. Wenige Meter danach können wir uns es 50 m rechts vom Weg auf dem **Kanapee** gemütlich machen. Die steinerne Sitzbank gehörte zu einer mittelalterlichen Einsiedelei, die zwischen 14. und 16. Jh. bewohnt war. Direkt dahinter ein mit Wappen geschmückter **Leininger Grenzstein** der Grafen von Leiningen-Hardenburg von 1595. Erst geradeaus und nach einem Links-Rechts-Knick führt unser Weg weiter in nordwestlicher Richtung (Schild Historischer Rundweg beachten). Auf einem Waldpfad finden wir als letzte von Menschenhand bearbeitete Steinformation den **Krummholzer Stuhl**. Er war Teil eines Römischen Steinbruchs, in dem auch Steinsärge und Material für die Wormser Stadtmauer abgebaut wurden. Wir verlassen den Rundweg und wandern weiter bergab. Der Pfad mündet in einen breiten Forstweg, der uns rechts haltend zu einer großen Waldwegkreuzung führt. Hier können wir nach links einen Abstecher von ca. 300 m zur beschaulich gelegenen **Weisenheimer Hütte (6)** am **Ungeheuersee** machen. Seeungeheuer wurden allerdings bisher noch keine gesichtet. Der fast verlandete Hochmoorteich wurde im Mittelalter als Viehtränke genutzt. Zurück an der Kreuzung weist uns nun das grüne Kreuz den Weg. Achtung, bei der Überquerung des breiten Forstweges orientieren wir uns weiter am grünen Kreuz und nicht an den braunen Holztafeln. Nach einem kurvenreichen idyllischen Waldweg, immer der Markierung nach, erreichen wir den ruhigen Weinort Weisenheim am Berg und durchqueren ihn auf dem liebevoll angelegten Talweg des Sommerbaches. Am Ende biegen wir links ab in die Plauser Straße und gehen an der zweiten Straße rechts hinunter ins Zentrum von **Weisenheim (7)** zur Bushaltestelle.

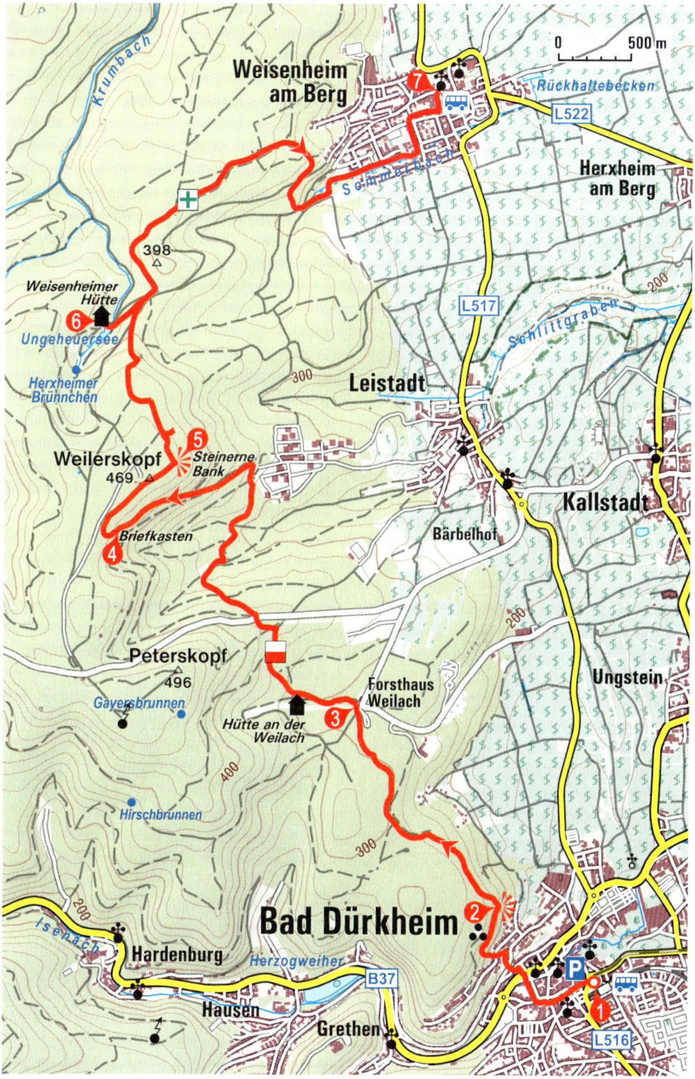
Weisenheim am Berg
Krumbach
0 500 m
Rückhaltebecken
L522
Herxheim am Berg
Sommerbach
398
Weisenheimer Hütte
Ungeheuersee
Herxheimer Brünnchen
L517
Schlittgraben
200
300
Leistadt
Weilerskopf
469
Steinerne Bank
Kallstadt
Briefkasten
Bärbelhof
Peterskopf
496
Gayersbrunnen
Forsthaus Weilach
Hütte an der Weilach
Ungstein
400
Hirschbrunnen
300
Isenach
200
Bad Dürkheim
Hardenburg
Herzogweiher
B37
Hausen
Grethen
L516

TOP 39

Von Bad Dürkheim zum Bismarckturm

5.00 Std.

Auf den Spuren von Kelten, Römern und Kaiserreich

Vielen Epochen unserer Vorgeschichte begegnen wir auf dieser Wanderung. Ein römischer Steinbruch mit eingeritzten Symbolen aus dem 3. Jh. n. Chr. macht den Auftakt. Am keltischen Ringwall entlang führt uns der Weg zu einem Kultplatz und später zur gewaltigen mittelalterlichen Burgruine der Hardenburg. Mit Kaiser-Wilhelm-Höhe und Bismarckturm hat hier wie auch andernorts in der Vorderpfalz das deutsche Kaiserreich seine Spuren hinterlassen.

Ausgangspunkt: Hauptbahnhof Bad Dürkheim. Erreichbar von Heidelberg mit S4 bis Ludwigshafen, dann RNV-Linie 4a bis Bad Dürkheim. Parkhaus Am Obstmarkt hinter dem Bahnhof.
Höhenunterschied: 600 m.
Anforderungen: Bis zum Bismarckturm sind einige Höhenmeter zurückzulegen, auch mit ein paar steilen Passagen.
Markierung: Erst weiß-rot, dann Pfälzer Weinsteig bis Lindemannsruhe, von dort erst roter Punkt, dann weiß-blauer und blauer Balken, zuletzt wieder Pfälzer Weinsteig. Achtung, das gelb-rote Pfälzer-Weinsteig-Zeichen markiert Zubringerwege.
Einkehr: Forsthaus Lindemannsruhe, Mi. bis So. ab 11 Uhr. Waldgaststätte Lindenklause an der Hardenburg, Mi. bis So. und feiertags 10–18 Uhr. Gastronomie in Bad Dürkheim.
Karte: Pfälzerwald 4, Blatt 43-548, Nördliche Weinstraße (NaturNavi Verlag, 1:25.000).

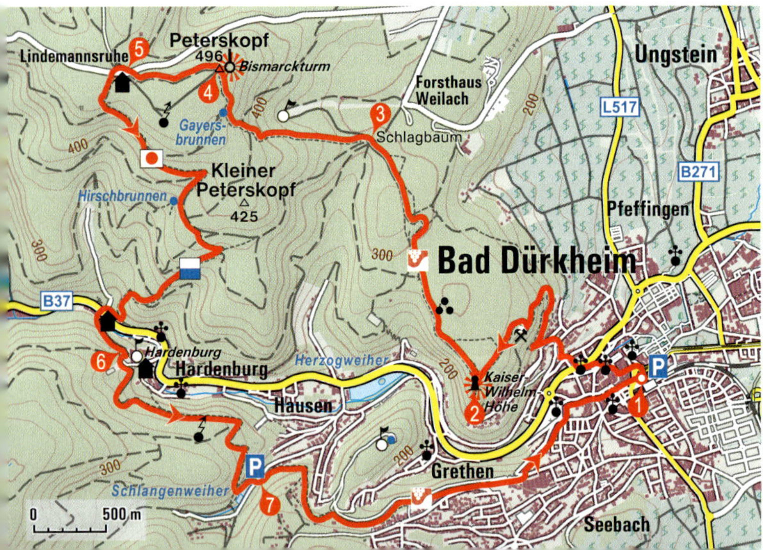

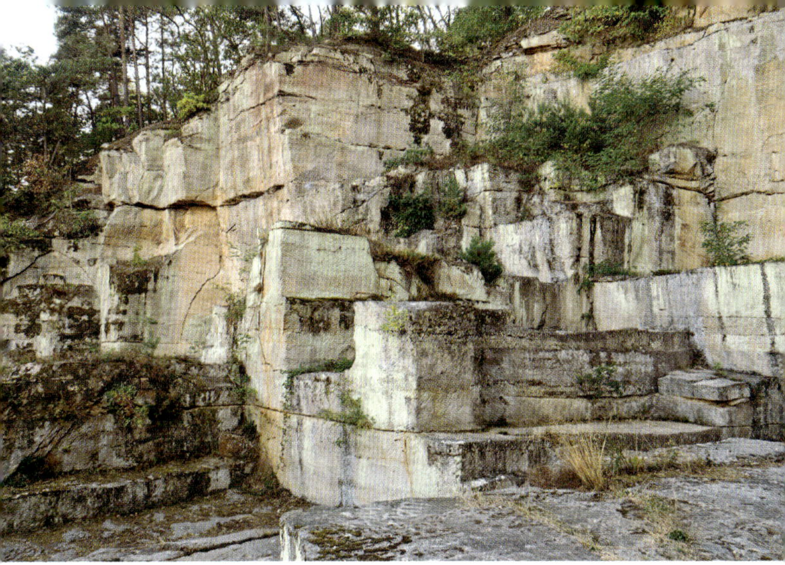

Römischer Steinbruch Kriemhildenstuhl.

Auf dem **Bahnhofsvorplatz** in **Bad Dürkheim (1)** halten wir uns links und schlendern in die Fußgängerzone, dem Pfälzer Weinsteig folgend. Am Römerplatz biegen wir rechts ab und gehen links an der Schlosskirche hinunter zur Gerberstraße, auf der wir 150 m nach links gehen. Durch ein Haustor hindurch geht es nach rechts zur Fußgängerunterführung der Bundesstraße. Am Aufgang finden wir die weiß-rote Markierung, die uns vorerst leitet. Hinter der Weinstube Zur Keschdedell biegen wir rechts ab und folgen den Stufen bergauf zur Vigilienstraße. Links haltend führt ein Treppensteig weiter hoch. Nach Überquerung der nächsten Straße geht es am Schild »Naturkundlicher Lehrpfad« rechts in den Wald. Die weiß-rote Markierung führt uns in ein paar Kehren zu einer Gabelung, an der wir nach rechts einen kurzen Abstecher zur **Schäferwarte** mit prächtigem Ausblick über die Stadt machen. Nun lassen wir uns vom rot-weiß markierten Weinsteig leiten, biegen am Moltkestein

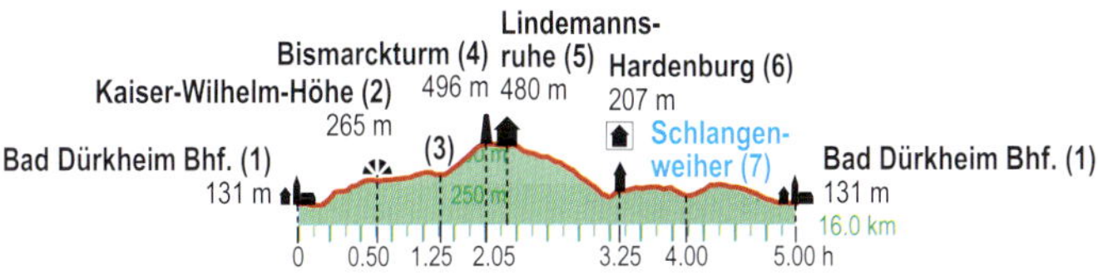

in spitzem Winkel links ab und folgen nach ein paar Stufen und Kehren geradeaus der Markierung. Am eindrucksvollen römischen Steinbruch **Kriemhildenstuhl** (im Mittelalter brachte man den Steinbruch mit den Nibelungen in Verbindung) gehen wir rechts die Stufen hoch. An der Schutzhütte vorbei führt unsere Tour weiter zur **Kaiser-Wilhelm-Höhe (2)**. 1887 wurde hier das Ehrenmal anlässlich des 90. Geburtstags von Kaiser Wilhelm I. errichtet. Oben auf der Aussichtsplattform empfängt uns ein ausladender Blick zum Isenachtal mit der Klosterruine Limburg und der Hardenburg im Hintergrund. Parallel zum keltischen Ringwall geht es weiter hoch bis zum **Teufelsstein**, einem ehemals keltischen Kultplatz. An dem fast 3 m hohen Findling führen eingeschlagene Stufen – einer Sage nach von den Hufen des Teufels – hoch zu einer Opferschale, die vermutlich bei religiösen Riten genutzt wurde. Runen und Symbole aus verschiedenen Epochen weisen auf die kultische Bedeutung des Steins hin. Wir wandern halblinks weiter bis zur Wegekreuzung am **Schlagbaum (3)**. Stetig bergan, mit einigen Steilpassagen, führt uns die Markierung nun zum höchsten Punkt des Peterskopfes am **Bismarckturm (4)**, 496 m, von dessen Aussichtsplattform in 30 m Höhe (geöffnet am Wochenende) sich eine gigantische Rundumsicht bietet. Weiter auf dem Pfälzer Weinsteig erreichen wir nach 15 Min. am Forsthaus **Lindemannsruhe (5)** einen zentralen Wanderwegknoten. Nun geht es auf der Autostraße 50 m nach links und nach dem Gebäude mit der Aufschrift »Fasanerie« noch einmal links haltend in den Wald, den Wanderwegen 7 und 9 folgend. Nach ca. 300 m stoßen wir auf den von rechts kommenden Roten-Punkt-Weg, der uns geradeaus auf steinigem Zickzackpfad bergab führt. Am breiten Forstweg biegen wir links ab, stoßen an einer

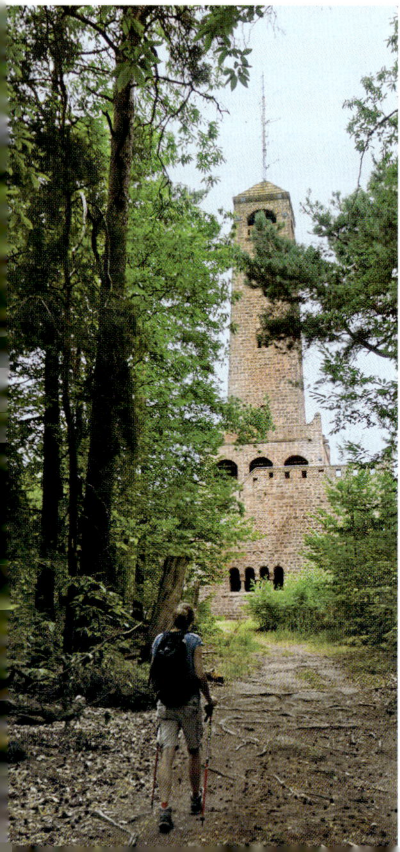

Der Bismarckturm auf dem Peterskopf.

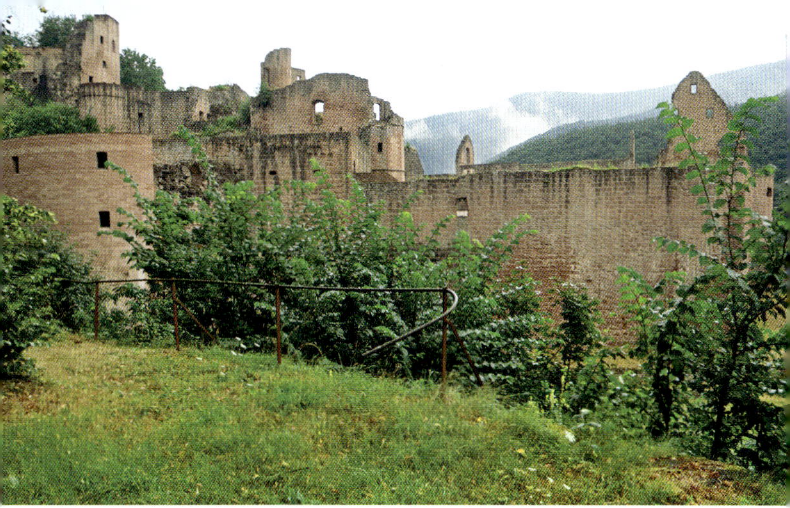

Die Ruine der mächtigen Hardenburg.

Kreuzung auf die weiß-blaue Markierung und wenden uns kurz dahinter nach rechts in Richtung Hardenburg. Achtung auf dem breiten Forstweg: Nach ca. 400 m kommt ein Abzweig, der nach links auf einem Pfad bergab führt und kaum zu erkennen ist. Im Isenachtal angekommen überqueren wir die Straße, biegen am Restaurant Waldschlössl links ab und folgen nun dem blauen Balken. Ein asphaltierter Weg führt uns hoch zur gewaltigen **Hardenburg (6)**. Die im 13. Jh. erbaute Hauptburg der Grafen von Leiningen wurde im 16. Jh. zur prachtvollen Renaissance-Residenz erweitert und zählt zu den mächtigsten Anlagen der Pfalz. 1794 wurde sie durch französische Revolutionstruppen zerstört und verkam zur Ruine. Gegenüber im Tal blickt man auf den Nonnenfels, die Reste einer Vorburg zur Kontrolle der Straße. Wir wandern durch die mittelalterliche Anlage und folgen den Schildern zur gemütlichen Lindenklause, von deren Garten sich ein eindrucksvoller Ausblick auf die Burg bietet. Nach einer schattigen Waldpassage biegen wir vor dem **Schlangenweiher (7)** links ab und überqueren nach 100 m einen kleinen Parkplatz. Dahinter geht es nach links wenige Meter an der kleinen Teerstraße entlang und dann nach rechts auf einen schmalen Pfad, der sich oberhalb des Bad Dürkheimer Ortsteils Hausen dahinschlängelt. Kurz nach den letzten Häusern folgt noch ein steiler Anstieg, der uns am Ende an der Bushaltestelle vorbei zu einer Autostraße führt. An der Ruhebank biegen wir rechts ab und wandern neben dem Luitpoldweg bergab. Am Abzweig der Limburgstraße geht es nach links und über die Kaiserslautener Straße kehren wir zurück ins Zentrum von **Bad Dürkheim (1)** und zum **Bahnhof**.

40 Von Wachenheim zu den Heidenlöchern

4.45 Std.

Wo unsere Vorfahren sich vor Feinden verschanzten

Frühgeschichtliche und mittelalterliche Bauwerke begegnen uns auf einer Tour durch bunte Kastanienwälder zu zwei der beliebtesten Pfälzer Weinorte. Auf dem Eckkopf, in dessen Turmhütte am Wochenende Wanderer mit Speis und Trank versorgt werden, genießt man eine wunderbare Rundumsicht. Zurück geht es unter knorrigen Eichen durch die eindrucksvolle Anlage der Heidenlöcher.

Ausgangspunkt: Bahnhof Wachenheim. Erreichbar von HD oder Mannheim über Bad Dürkheim oder Neustadt mit diversen S-Bahn-Linien. Regionalbahn nach Wachenheim. Parkmöglichkeit am Bahnhof.
Höhenunterschied: 500 m.
Anforderungen: Gut begehbare Waldpfade und Forstwege. Die Steigungen sind lang gezogen, aber moderat.
Markierung: Zuerst Weinsteig bis zur Grünen Bank, rotes Dreieck bis Eckkopf, von dort weißer Punkt, dann Pfälzer Weinsteig bis Deidesheim, danach anfangs ohne Markierung, zuletzt auf Wanderweg Deutsche Weinstraße nach Wachenheim.
Einkehr: Eckkopfturm, Bewirtschaftung März bis Dez. an Wochenenden und Feiertagen, Mitte Juli bis Mitte August Sommerpause. Thomas' Waldweinstube Forst, Mi., Sa., So. und Feiertag 10–18 Uhr, August Sommerpause. Diverse Gaststätten und Weinstuben in Deidesheim und Wachenheim.
Karte: Pfälzerwald 4, Blatt 43-548, Nördliche Weinstraße (NaturNavi Verlag, 1:25.000).
Variante: Wer dem traditionellen Weinort Deidesheim keinen Besuch abstatten mag, benutzt die Abkürzung und folgt nach dem Wanderparkplatz Deidesheim dem Wanderweg Deutsche Weinstraße mit der grünen Rebe. Die Abkürzung beträgt ungefähr 1,5 km.

Vom **Bahnhof in Wachenheim (1)** wandern wir die Bahnhofstraße hoch ins Zentrum des gemütlichen Weinstraßenstädtchens. Das Symbol des Pfälzer Weinsteigs leitet uns nach Überquerung der Durchgangsstraße weiter an der Kirche vorbei durch die Burgstraße. Wir folgen der Beschilderung und nähern uns auf direktem Weg der imposanten Burg. Nach wenigen Metern auf dem schmalen Fußweg steigen wir rechts die Sandsteintreppen hoch zur sorgfältig sanierten **Wachtenburg (2)**. Das Wahrzeichen der Stadt wurde im 12. Jh.

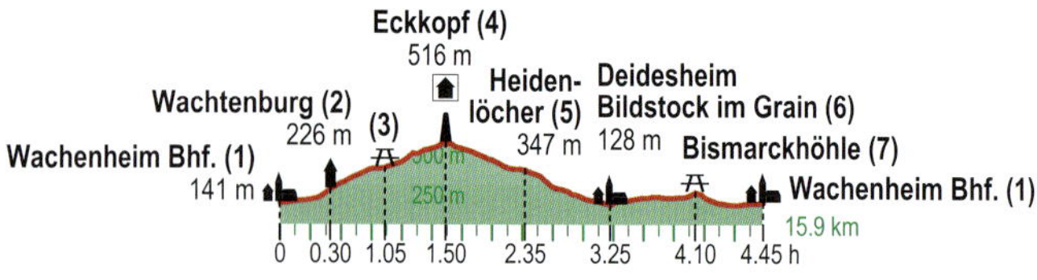

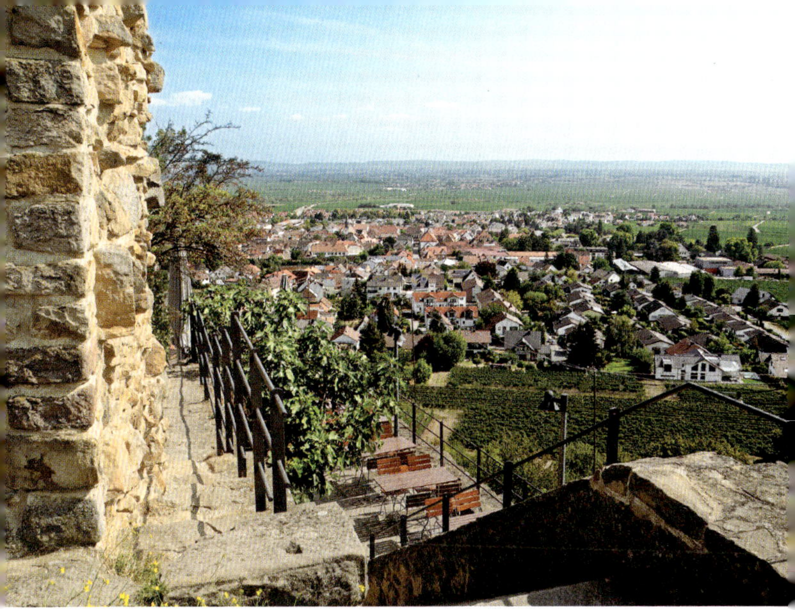

Blick von der Wachtenburg nach Wachenheim.

von Konrad von Hohenstaufen erbaut. Infolge schwerer Schäden durch den Pfälzischen Erbfolgekrieg war die Anlage unbewohnbar und ging nach mehreren Besitzerwechseln an die Stadt über. Vorne auf der Terrasse bietet sich uns eine prächtige Aussicht auf Ort und Rheinebene. Hinter der Burg führt der Weinsteig rechts die Stufen hoch und schon bald umgibt uns ein fast mediterran anmutender Wald, der durchzogen ist von überwucherten ehemaligen Freizeitgrundstücken an terrassierten Hängen. An einer Schranke halten wir uns der Beschilderung folgend rechts und wandern auf sandigem Grund unter lichten Kiefern und Esskastanien und vorbei an bemoosten Felsblöcken gemächlich bergan. Am Picknickplatz **Grüne Bank (3)** kann man nach links einen halbstündigen Abstecher zum Forster Basaltsteinbruch mit zwei düsteren Seen machen. Eine Eruption im Oligozän (vor ca. 30 Mio. Jahren) schuf die im Gang erstarrten Basaltsäulen. Vorsicht an den steilen, aber eingezäunten Abbruchkanten! Ohne Abstecher wechseln wir an der Grünen Bank unser Wanderzeichen und folgen nun dem Roten Dreieck. Auf einem geschotterten Weg geht es aufwärts, doch schon nach 100 m wechseln wir nach rechts auf einen angenehmen Waldpfad zwischen kleinwüchsigen Kiefern und Birken, der uns ansteigend eine Weile durch den Wald leitet. An einem alten Wegestein knickt unser Pfad nach rechts und

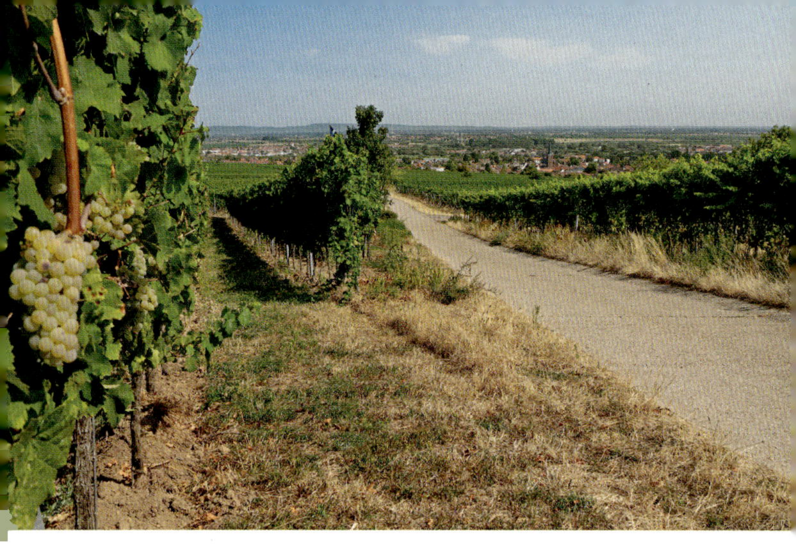

In den Weinbergen oberhalb von Deidesheim.

nach wenigen Minuten haben wir auf 516 m Höhe mit dem **Eckkopf (4)** den höchsten Punkt auf unserer Wanderung erreicht. Der Aufstieg auf den 25 m hohen Aussichtsturm wird bei gutem Wetter mit einer traumhaften Sicht über das Rheintal und den Vorderen Pfälzerwald belohnt. Wir gehen zurück, am Abzweig rechts haltend zu einer Wegekreuzung und folgen nun geradeaus dem weißen Punkt in Richtung Heidenlöcher. Am breiten Forstweg biegen wir in spitzem Winkel nach links ab (nicht dem weiß-blauen Weg folgen!) und schlagen an der Gabelung den rechten Zweig ein. Ein angenehm sandiger Heidekrautweg führt uns weiter den Berg hinunter bis zu einer Gabelung mit Infotafel. Hier stoßen wir wieder auf den Pfälzer Weinsteig und folgen ihm nach rechts. Nach wenigen Minuten führt uns der Waldweg nach rechts zu den Steinmauern der **Heidenlöcher (5)**, einer karolingischen Fliehburg aus dem 9. und 10. Jh, die etwa 80 Wohngebäude umfasste. Vermutlich diente sie als Rückzugsort bei Normannen- und Ungarneinfällen. Auf einem Wall umrunden wir die eindrucksvolle Anlage und verlassen sie durch eine Lücke in der Steinmauer. Wenig später erreichen wir die Wegespinne an der **Michaelskapelle**. Eine aussichtsreiche Picknickbank davor lädt zum Verweilen ein. Links an der Kapelle vorbei führt unser Weg weiter den Hang hinunter und bringt uns zum Wanderparkplatz Deidesheim. Wir überqueren den Parkplatz geradeaus und biegen nach gut 100 m rechts ab. Wer die kürzere Variante wählt, geht wenige Meter weiter und biegt dann links in den Wanderweg Deutsche Weinstraße ein. Die Hauptroute schließt sich der Markierung des Pfälzer Weinsteigs an, der uns im Zickzack auf Weinbergswegen hinunter zum Ortsrand von **Deidesheim** führt. Kurz vor den ersten Häusern biegen wir spitzwinklig ab. Zuvor jedoch gehen wir wenige Meter weiter und besichtigen linker Hand den wunderbaren romanischen **Bildstock am Grain (6)** aus dem 15. Jh. Geradeaus weiter laden gemütliche Weinstuben und Gasthöfe zur Rast in Deidesheim ein. Unsere Tour führt zwischen Weinbergsmauern wieder bergauf. Am ersten Bildstock halten wir uns rechts und unmittelbar wieder links, am folgenden Wegekreuz schlagen wir erneut nach links den gepflasterten Weg (Weg 5) ein. Nach 5 Min. stoßen wir auf den Wanderweg Deutsche Weinstraße und folgen ihm in nördlicher Richtung durch das Rebenmeer. Liebevoll gestaltete Sitzgruppen bieten Rastmöglichkeiten mit wunderbarer Aussicht. Nach einem Linksknick machen wir kurz einen Abstecher nach rechts zur **Madonna im Weinberg**, die auf einer steinernen Aussichtsterrasse oberhalb der Weinlage Forster Ungeheuer thront. Wir gehen zurück, folgen weiter der Markierung und erreichen die **Bismarckhöhle (7)**, eine Sandsteinsitzgruppe unter dem Felsen. Kurz darauf passieren wir die gemütliche **Thomas' Waldweinstube**, benutzen bei erster Gelegenheit die Stufen nach rechts, gehen die Treppe hinunter und folgen nach einer scharfen Kehre dem Wanderweg 10. Nach einem Linksbogen des Asphaltsträßchens biegen wir rechts ab auf einen unbefestigten Weg, der parallel zu einem Bach verläuft, überqueren die Weinstraße und stoßen auf einen Wirtschaftsweg. Wir schwenken nach links, biegen an der Sandstein-Ruhebank rechts ab und wandern an nächster Möglichkeit links durch eine Häusergruppe zurück zum **Bahnhof Wachenheim (1)**.

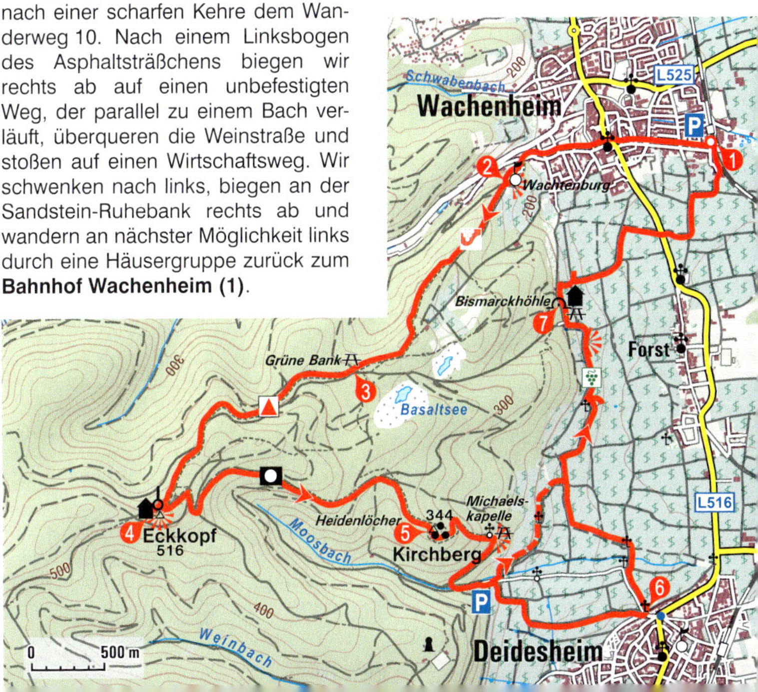

41 Über den »Pfad der Ruhe« ins Kupferbrunner Tal

4.00 Std.

Zum ältesten Aussichtsturm des Pfälzerwalds

Dillegraphen nannten die Pfälzer die Türmchen zur Nachrichtenübermittlung, die französische Besatzer zu Napoleons Zeiten im Pfälzerwald errichtet hatten. Am ehemaligen Dillegraphen-Standort auf dem Stabenberg erbaute 1904 der kurz zuvor gegründete Pfälzerwald-Verein seinen ersten Turm, um Wanderer in die verlassene Region zu locken. Wie gut das gelang, ist noch heute zu spüren: Zahlreiche Wanderer zieht es hoch auf den Berg und auf dem Rückweg zur Einkehr in die zünftige Deidesheimer Hütte.

Ausgangspunkt: Bushaltestelle Kirche Gimmeldingen. Erreichbar von Neustadt Bahnhof (S- und Regionalbahn-Anschluss) mit Bus 512. Parkmöglichkeit.
Höhenunterschied: 580 m.
Anforderungen: Langer Anstieg auf einem steilen Waldpfad über Steine und Wurzelwerk. Talwärts meist auf breiten, bequem zu begehenden Forstwegen.
Markierung: Rot-weiße Markierung bis kurz vor Spielstein, Richtung Deidesheim auf weiß-blau markiertem Weg, dann auf Deutscher Weinstraße und Pfälzer Weinsteig.
Einkehr: Deidesheimer Hütte, Mi., Do., Sa., So. und feiertags ab 11 Uhr. Waldgaststätte Pfalzblick, 11–17 Uhr, im Sommer bis 18 Uhr, Mo. und Di. Ruhetag. Weinstuben in Gimmeldingen.
Karte: Pfälzerwald 4, Blatt 43-548, Nördliche Weinstraße (NaturNavi Verlag, 1:25.000).

Wir beginnen unsere Wanderung an der Kirche von **Gimmeldingen (1)**. Vorbei an ansprechend sanierten und bunt bepflanzten Weingütern schlendern wir die Peter-Koch-Straße abwärts und biegen am Weingut Klohr nach rechts

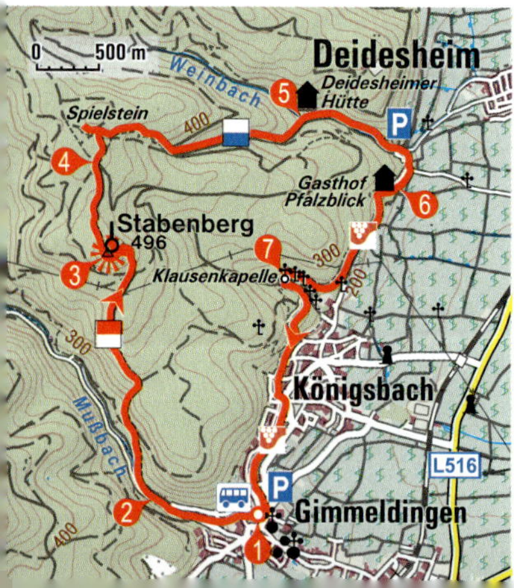

in die Holzmühlstraße. Am Sportplatz schließen wir uns der rot-weißen Markierung an, die uns bis auf die Höhe begleitet. Nach den letzten Häusern verlassen wir an der Ruhebank **Ludwigsruh (2)** den Talweg und steigen nach rechts den Waldpfad hoch. Auf dem mit Steinen und Wurzelwerk übersäten »Pfad der Ruhe« geht es nun stramm bergauf. Wir überqueren einen Forstweg, steigen rechts ein paar Stufen hinauf und folgen weiter dem von Heidekraut gesäumten Wanderweg. Nach der Unterquerung einer Stromtrasse haben wir den

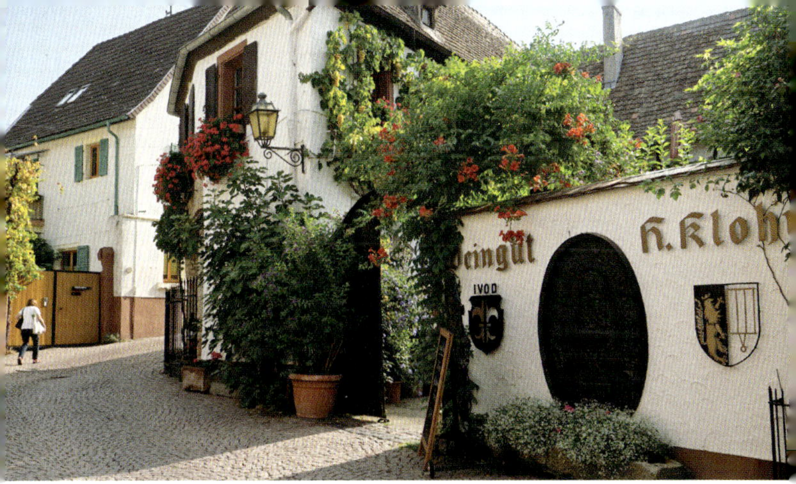

Im Weinort Gimmeldingen.

schlimmsten Teil des Anstiegs hinter uns. An der Schutzhütte Sängerklause biegen wir links ab und meistern die letzte Herausforderung: In mehreren Kehren geht es hinauf auf den **Stabenberg (3)**, den höchsten Punkt unserer Tour. Der Stabenbergturm von 1904 war das erste Bauwerk dieser Art, das vom zwei Jahre zuvor gegründeten Pfälzerwald-Verein errichtet wurde. Wir halten uns am Turm rechts (keine Markierung vorhanden) und wandern den Forstweg bergab, an dem nach einigen Minuten wieder das rot-weiße Symbol zu sehen ist. Es führt uns zur Waldkreuzung **Knoppenweth (4)**, wo wir nach rechts abbiegen und nun der weiß-blauen Markierung folgen, die größtenteils auf dem Eselsweg verläuft. Um die 1715 errichteten Kurpfälzer Zollschranken zu umgehen, transportierten die Deidesheimer Müller aus dem Hochstift Speyer ihre Waren mit Eseln über den Knoppenweth. Der Wanderweg mit dem Esel erinnert an die Zeiten, in denen viele Fürsten an Zöllen reichlich verdienten. Um einen Abstecher zum Spielstein zu machen, gehen wir an der nächsten Gabelung nach links, verlassen vorübergehend den weiß-blauen Weg und lassen uns vom S leiten. In der scharfen Rechtskurve führt uns die Markierung an einem geschnitzten Herz vorbei geradeaus den Pfad

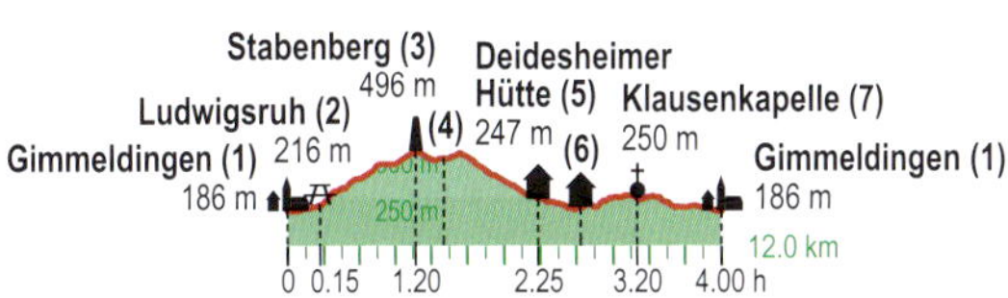

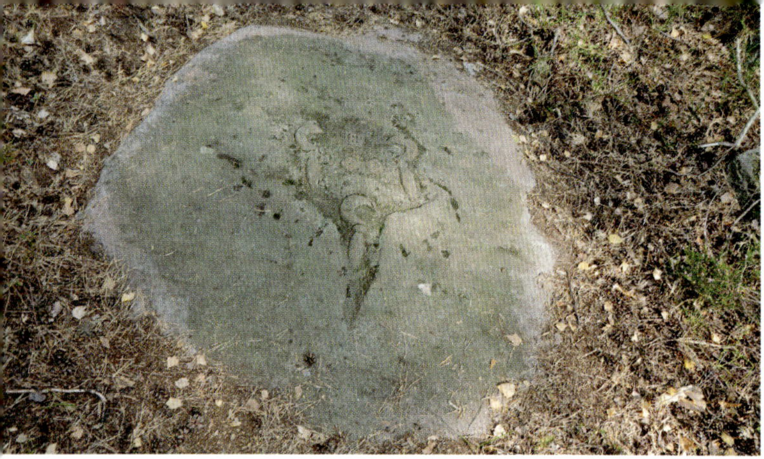

Der mysteriöse Spielstein.

hoch. Nach wenigen Metern erreichen wir den mysteriös im Boden versteckten **Spielstein**. Die abgebildeten drei Würfel und Rebmesser gaben Anlass zu einigen Legenden. Eine davon besagt, dass zwei Männer um eine Frau gewürfelt und sich schließlich gegenseitig umgebracht hätten. Wann die Einritzungen entstanden sind, ist unbekannt. Wir laufen auf gleichem Weg zurück und stoßen wieder auf den weiß-blauen Weg, den wir nach links einschlagen. Im Zickzack geht es nun bergab bis zur großen Waldkreuzung. Hier wechseln wir die Talseite und wandern rechts auf schnurgeradem Forstweg durch das tief eingeschnittene **Kupferbrunner Tal**. Nach lang gezogenem Abstieg erreichen wir die **Deidesheimer Hütte (5)**, die zur Rast auf rustikalen Holzbänken einlädt. Wir setzen unseren Weg in gleicher Richtung fort. Die romantischere Variante bietet sich, wenn man kurz nach der Hütte ein paar Stufen zum Bachlauf hinuntersteigt. Parallel zum breiten Forstweg verläuft der malerische Pfad über Steine und Brücklein durchs Unterholz. Am Wanderparkplatz Mühltal stoßen beide Wege wieder zusammen. Wer einen Abstecher nach Deidesheim machen möchte, geht links haltend weiter. Alle anderen gehen gleich nach rechts den geschotterten Weg hoch und vertrauen sich nun dem Pfälzer Weinsteig an. Er führt uns am **Waldgasthof Pfalzblick (6)** vorbei, wo man auf wunderbarer Terrasse unter Weinlaub diniert. Kurz dahinter, am Ehrenmal der Gebirgstruppe, biegen wir links ab und bleiben an der nächsten Gabelung auf dem rechts bergauf führenden Weinsteig. Mit aufregenden Blicken ins Tal verläuft unser Wanderweg oberhalb von Königsbach. An der Wallfahrtskirche **Klausenkapelle (7)** laden mehrere Ruhebänke zum Verweilen unter Bäumen ein. Weiter dem Pfälzer Weinsteig folgend wandern wir auf dem Forstweg am Waldrand zurück nach **Gimmeldingen (1)**.

4.15 Std.

Über die Weinbiet-Höhe nach Gimmeldingen

42

Zum Hausberg der Neustädter

Herrliche Waldwanderung für warme Sommertage zum Weinbiet, einer der höchsten Erhebungen am Haardtrand, mit einer aussichtsreichen Wanderhütte. Die Rückkehr über den hübschen Weinort Gimmeldingen führt auf dem beschaulichen Kaiserweg am Rebenmeer entlang.

Ausgangspunkt: Bahnhof Neustadt an der Weinstraße. Erreichbar von Heidelberg mit Linie S1. Parkmöglichkeiten rund um den Bahnhof.
Höhenunterschied: 590 m.
Anforderungen: Lang ansteigende Forstwege erfordern Geduld und etwas Ausdauer. Nach dem Weinbiet geht es in angenehmem Auf und Ab zurück.
Markierung: Bis zum Weinbiethaus weiß-blau, Pfälzer Weinsteig bis Loosenbrunnen, weißer Punkt bis Gimmeldingen, zurück weiß-rot.
Einkehr: Weinbiethaus, tgl. außer Fr. 10–18 Uhr, im Winter tgl. außer Do. und Fr. bis 10–17 Uhr. Lokale in Gimmeldingen und Neustadt.
Karte: Pfälzerwald 6, Blatt 43-546, Südliche Weinstraße (NaturNavi Verlag, 1:25.000). Edenkoben, Landau und Neustadt (Pietruska Verlag, 1:25.000).

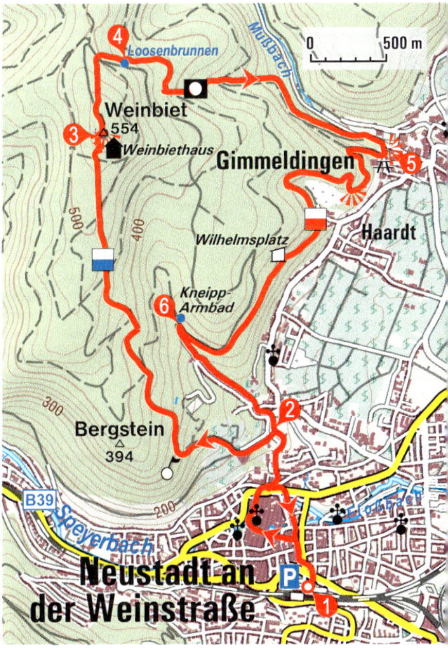

Wir verlassen den **Bahnhof** in **Neustadt (1)** nach links und wandern an Landratsamt und Touristeninfo vorbei durch die Friedrichstraße Richtung Zentrum. An der alten Fridericus-Drogerie, heute ein Café, biegen wir nach links in die Kellereistraße, die uns zum Marktplatz führt. Prächtige Patrizierhäuser aus Stein und Fachwerk umsäumen den beliebten Platz, dessen Mitte ein stilvoller Steinbrunnen ziert. Als schönstes seiner Art sei hier das Scheffelhaus von 1580 hervorzuheben, dessen Sandstein-Untergeschoss mit dem darüber liegenden Fachwerk wunderbar harmoniert. Daneben die aus Pfälzer Sandstein errichtete gotische Stiftskirche aus dem 13. Jh. mit ihren beiden unterschiedlichen Tür-

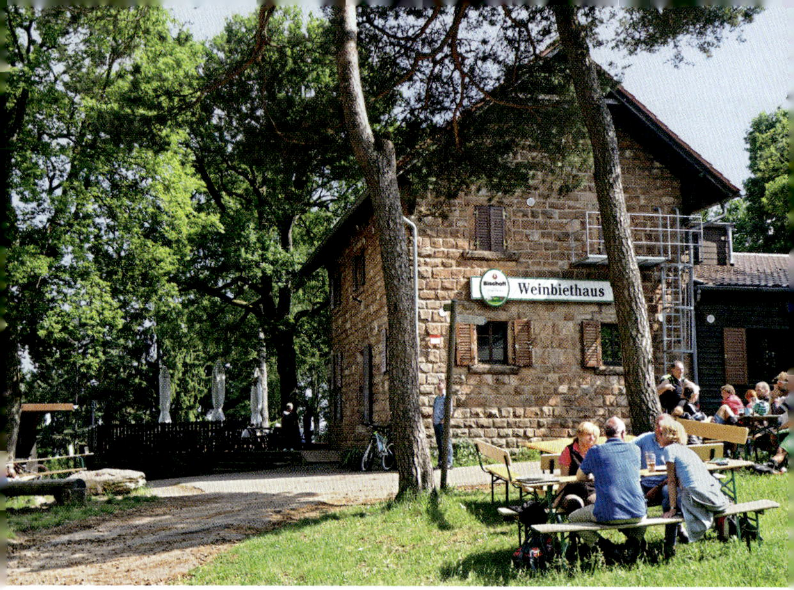

Wanderrast im Weinbiethaus.

men. Die Grablege einiger Kurfürsten und ihrer Ehefrauen deutet auf die Bedeutung der Kirche im ehemaligen Kurpfälzischen Herrschaftsgebiet hin. Wir umrunden die Kirche, treffen auf die Hauptstraße und folgen ihr nach links. Nach Überquerung der Durchgangsstraße halten wir uns rechts und biegen nach wenigen Metern links ab auf den Haardter Treppenweg, der uns zur **Dr.-Welsch-Terrasse (2)** führt. Vor der exotischen Gartenanlage des ehemaligen Haardter Pfarrers biegen wir am Schild zur Waldschenke links ab und orientieren uns an der weiß-blauen Markierung zum Weinbiet. Rechts von uns der Deidesheimer Tempel, ein dem Monopteros-Tempel im Englischen Garten von München nachgebauter Pavillon von 1853. An einer Kehre biegen wir scharf rechts ab, verlassen den geteerten Weg und wandern auf schmalem, weichem Waldweg unter Esskastanien weiter bergan. Kurz danach kreuzen wir einen Weg, der rechts zur Waldschenke Ludwigsbrunnen

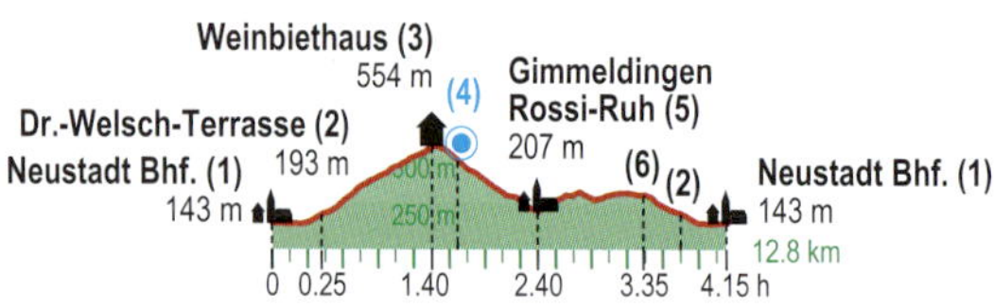

und links zum Bismarckstein führt. Ca. 30 Min. später überqueren wir einen breiten Forstweg und wandern danach auf steinigen Wanderpfaden längere Zeit im Kiefernwald aufwärts. Endlich, nach einer letzten steilen Herausforderung auf ein paar Stufen, können wir zwischen den Bäumen die Sendemasten und Gebäude des Weinbiet erkennen. Auf der Terrasse des **Weinbiethauses (3)** auf dem 555 m hohen Plateau genießen wir die feine Aussicht ins Rheintal und auf den gegenüberliegenden Odenwald. Nach einer Stärkung folgen wir gegenüber der Terrasse dem Pfälzer Weinsteig. Er führt uns auf der geteerten Zufahrtsstraße steil bergab durch dichten Tannenwald. Wir passieren eine der beiden Quellen des Mußbaches, die im **Loosenbrunnen (4)** gefasst ist. In früheren Zeiten versorgte das Brunnenwasser das Weinbiethaus mit Trinkwasser. An der nächsten Waldkreuzung wenden wir uns nach rechts und wechseln das Markierungszeichen. Nun dem weißen Punkt folgend wandern wir durch lichten Buchenwald mit gigantischen Kathedralenbäumen weiter bergab. Bei übernächster Querung eines Forstweges gehen wir an der Sitzgruppe geradeaus weiter. Auf breitem Waldweg geht es nun oberhalb eines tiefen V-Tales weiter. An der Gabelung neben einem kleinen Steinbruch schlagen wir den linken Weg ein. Kurz vor der Straße, die zum Waldparkplatz führt, folgen wir dem kleinen rechts hoch führenden Pfad in Richtung Klettergarten. Die weiß-rote Markierung bringt uns zur **Rossi-Ruh (5)**, einem Rastplatz, der einen hübschen Blick über Gimmeldingen bietet, benannt nach einem örtlichen Maler. Wer das malerische Weindorf besuchen möchte, geht links die Stufen herunter. Alle anderen biegen sofort scharf rechts ab und orientieren sich in der nächsten Kehre an den Schildern zu Klettergarten und Kaiserweg. Nach ein paar Kehren folgen wir am Abzweig zum Weinbiet weiter der weiß-roten Markierung und genießen auf dem Kaiserweg die weiten Blicke in die Ebene und zum Hambacher Schloss. Vorbei am **Wilhelmsplatz**, einem Waldfestplatz mit Rastbänken, Schutzhütte und Gedenktafel, führt uns der Wanderweg zum kuriosen **Kneipp-Armbad (6)** mitten im Wald. Wir schwenken um fast 180 Grad und erreichen über das Meisental wieder die **Dr.-Welsch-Terrasse (2)**. Bis zur Bundesstraße benutzen wir dieselbe Strecke wie auf dem Hinweg. Nach Überquerung der Straße halten wir uns links und biegen nach 100 m rechts ab in die Friedrichstraße, die uns geradewegs zum **Bahnhof** von **Neustadt (1)** führt.

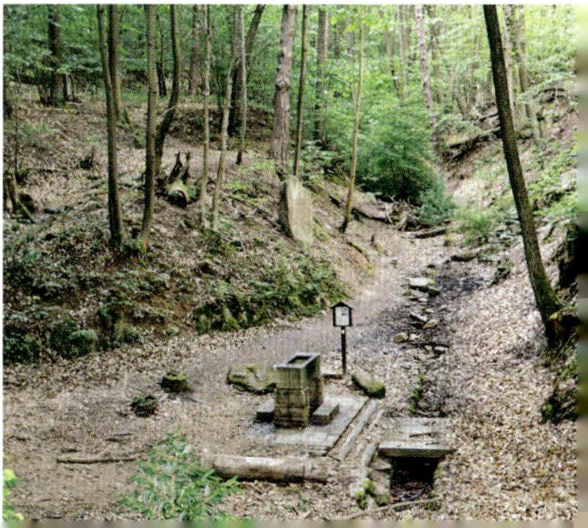

Das Kneipp-Armbad bei Neustadt an der Weinstraße.

43 Auf dem Jakobsweg zum Kuckucksbähnel

5.30 Std.

Jakobspilgern in der Pfalz zu mittelalterlichen Burgruinen

Auch durch die Pfalz zogen Pilger nach Santiago de Compostela. Die Nordroute verläuft von Neustadt an der Weinstraße am Naturfreundehaus Heidenbrunnental vorbei nach Lambrecht. Von dort geht es längs des Speyerbachs durch das Elmsteiner Tal. Die Kilometer nach Breitenstein legen wir auf dem eindrucksvollen Drei-Burgen-Weg zurück. Pfeifend und stampfend kehren wir zurück mit einer Historischen Dampfeisenbahn, dem Kuckucksbähnel.

Ausgangspunkt: Bahnhof Neustadt an der Weinstraße. Erreichbar von Heidelberg mit Linie S1. Parkmöglichkeiten rund um den Bahnhof.
Endpunkt: Bahnhof Breitenstein. Rückkehr nach Neustadt mit Bus 517 oder mit der originellen Dampfeisenbahn Kuckucksbähnel (unbedingt den Hinweis unten beachten!).
Höhenunterschied: 650 m im Anstieg, 600 m im Abstieg.
Anforderungen: Ein heftiger Anstieg auf Waldpfaden nach dem Naturfreundehaus Heidenbrunnental erfordert etwas Kondition. Sonst meist Forstwege mit geringen Steigungen.
Markierung: Muschel des Jakobsweges, allerdings spärlich verteilt. Daher ab Neustadt besser dem Weinpfad folgen, kurz vor dem Schöntal blau-rote Markierung bis Lambrecht, dann gelbes Kreuz und am Ende Drei-Burgen-Weg.
Einkehr: Naturfreundehaus Heidenbrunnental, Mi. bis So. 10–18.30 Uhr. Burgschänke Spangenberg, nur im Sommerhalbjahr Mi., Sa., So. und feiertags 10–18 Uhr. Forsthaus Breitenstein an der Haltestelle des Kuckucksbähnel in Breitenstein, Mi. bis So. und feiertags ab 10 Uhr, von Aug. bis Okt. auch Mo.
Karte: Pfälzerwald 6, Blatt 43-546, Südliche Weinstraße (NaturNavi Verlag, 1:25.000). Edenkoben, Landau und Neustadt (Pietruska Verlag, 1:25.000).
Hinweis: Das Kuckucksbähnel fährt nur von Mai bis Okt. und nur sonntags zweimal am Tag, aktueller Fahrplan unter www.eisenbahnmuseum-neustadt.de.

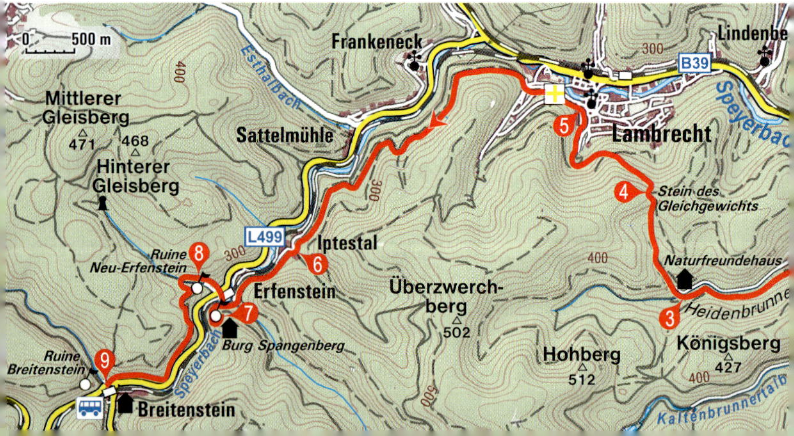

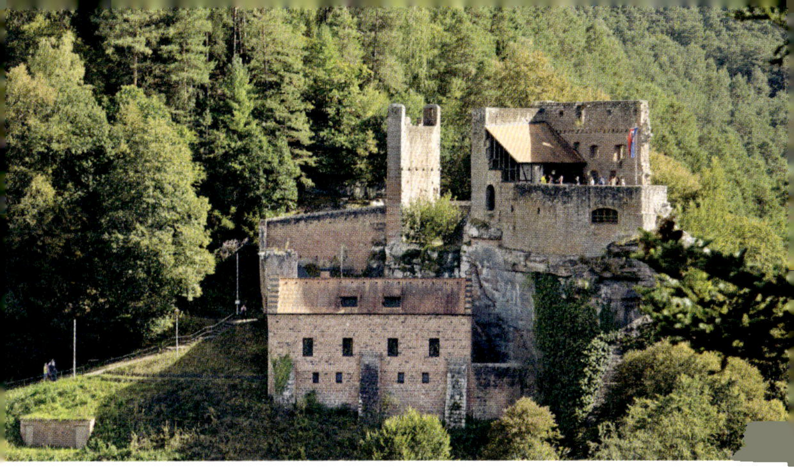

Burg Spangenberg bei Erfenstein.

Aus dem **Bahnhofsgebäude** von **Neustadt (1)** kommend wenden wir uns auf der Bahnhofstraße nach links, wandern über die Bahnbrücke und gehen (die Jakobsmuschel hier ignorierend) geradeaus den Hambacher Treppenweg hoch. 200 m nach den Stufen stoßen wir auf die Waldstraße und biegen rechts ab. Vorbei an gediegenen Villen erreicht man nach einem Rechtsknick das Kloster Neustadt. Kurz vor der modernen, gelb angestrichenen Kirche bringt uns rechts ein Treppensteig mit einer deutlich sichtbaren Jakobsmuschel bergab zu einem schmalen Pfad. Er mündet in die Karolinenstraße, die nach links am Leibniz-Gymnasium vorbei, danach links und sofort wieder rechts haltend zur Hauberanlage führt, einer im Stil des Historismus erbaute Brunnenanlage mit einer Bronzefigur aus der vorletzten Jahrhundertwende. Nach dem letzten Haus an der prächtigen Hauberallee verläuft nach links ein ansprechender Pfad in den Wald. An einem originellen alten Waldbrunnen vorbei (nach links ein paar Treppen hochgehen) erreichen wir ein Wegekreuz mit Ruhebank. Wir schlagen den bergab führenden Pfad nach rechts durch den Kastanienwald ein. An dessen Ende, bei den drei Garagen, folgen wir der blau-roten Markierung in spitzem Winkel nach

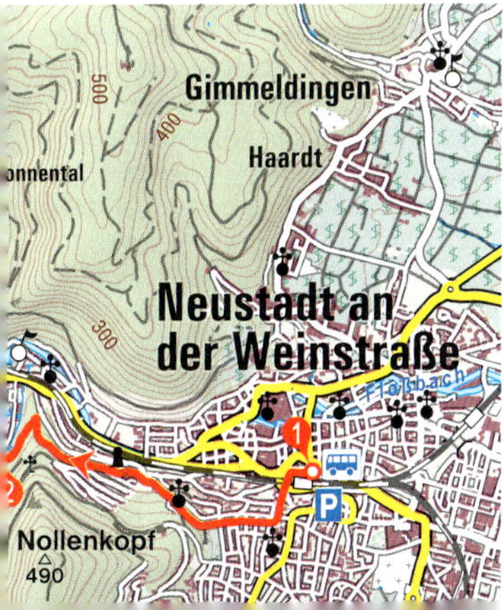

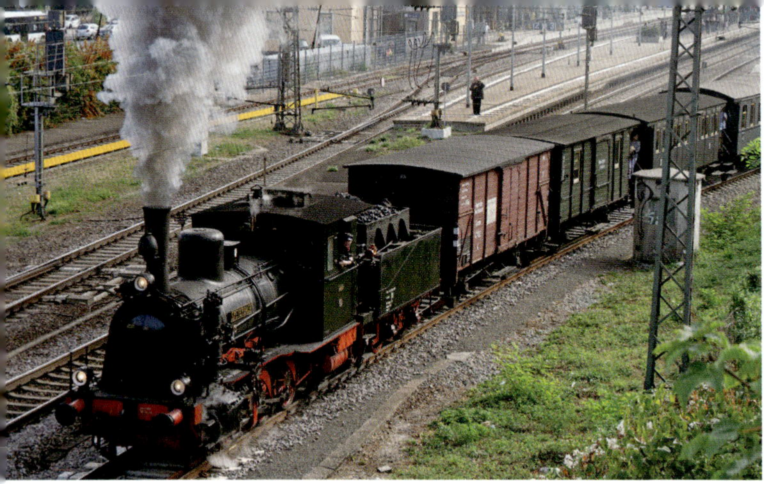

Das Kuckucksbähnel bei der Ausfahrt aus Neustadt an der Weinstraße.

links hinunter ins **Schöntal (2)**. Im Talgrund geht es nach Überquerung des Bächleins auf einer kleinen Holzbrücke wieder rechts hoch. Wir gehen über die Straße und folgen dem Jakobsweg. Auf der eben über dem Tal des Speyerbachs verlaufenden Strecke kommt für einen Moment die Ruine Wolfsburg oberhalb des Stadtteils Schöntal ins Blickfeld. Die aus dem 13. Jh. stammende Burg zur Sicherung der Kaiserpfalz diente später der kurpfälzischen Gebietssicherung und wurde im Dreißigjährigen Krieg zerstört. In der Märzrevolution von 1848 hissten Neustädter Bürger die schwarz-rot-goldene Fahne auf der Burgruine. Wir kommen in eine Siedlung, an deren Ende es in der scharfen Rechtskurve der Straße auf dem Waldrandweg weitergeht. Der angenehme, leicht ansteigende Waldweg bringt uns zum **Naturfreundehaus Heidenbrunnental (3)**, an dem wir die Talseite wechseln. Rechts am Gebäude vorbei verläuft der mit Steinen gespickte Waldpfad nun stramm bergauf. Wir achten gut auf die blau-rote Markierung, überqueren dreimal einen Forstweg und erreichen zwischen Heidekraut und Kiefern die Passhöhe mit Ruhebänken und dem **Stein des Gleichgewichts (4)**. Uns nach Lambrecht orientierend wandern wir auf einem ähnlichen Pfad den Berg hinunter. Schilder am Wegesrand, die christlichen Tugenden wie Bescheidenheit, Geduld und Barmherzigkeit gewidmet sind, erinnern uns daran, dass wir uns auf einem Pilgerweg befinden. Kurz nach dem Hermann-Schneid-Brunnen, an der Kreuzung mehrerer Waldwege, nehmen wir den geradeaus steil abfallenden Pfad. Am Friedhof vorbei geht es ins Zentrum der Tuchmacherstadt **Lambrecht (5)**, die vor allem durch ihre Geißbock-Festspiele an Pfingsten bekannt ist, welche auf einen alten Brauch zurückgehen. Jahrhundertelang mussten die Lambrechter als Tribut für Weiderechte im Deidesheimer Wald den dortigen Bürgern einmal jährlich einen Geißbock liefern. An der imposanten ehemaligen Klosterkirche wenden wir uns, nun dem gelben Plus folgend, nach links. Zweimal rechts haltend geht es auf der Schorlenbergstraße aus dem Städtchen hinaus. An der nächsten Verzweigung nehmen wir an der Schranke vorbei den oberen Weg. Eine knappe Stunde wandern wir nun geruhsam durch das Tal des Speyerbachs. An einem Spielplatz mündet der lange Waldweg in ein Asphaltsträßchen, das zum Weiler **Iptestal (6)** führt. Oberhalb der Bahntrasse geht unsere Tour weiter, bis wir direkt neben den Schienen links abbiegen. An einer originellen Unterkunft für Jakobspilger vorbei stoßen wir auf den Drei-Burgen-Weg, der über die Schienen nach rechts zur anderen Talseite führt. Bevor wir ihm folgen, machen wir noch einen lohnenden Abstecher zur **Burg Spangenberg (7)**, die auf einem Sandsteinfelsen über unserem Kopf thront und zu der kurz darauf linker Hand ein Fußweg hochführt. Die Burgen Spangenberg und auch Erfenstein gegenüber waren reine Lehensburgen zur territorialen Absicherung und immer in Konkurrenz. Während Spangenberg ursprünglich zum Hochstift Speyer gehörte, war Erfenstein dem Grafen von Leiningen zugehörig. Auf den Burgen fand kein höfisches Leben statt, außer wenn adlige Jagdgesellschaften Station machten. Beide Festungsanlagen wurden um 1200 erbaut und in der Weißenburger Fehde im Jahr 1470 zerstört. Spangenberg wurde noch einmal aufgebaut und im Dreißigjährigen Krieg endgültig zerstört. Zurück von der ersten Burg gehen wir über die Schienen des Kuckucksbähnels nach **Erfenstein**. Wir queren die Talstraße und wandern nun und für den Rest unseres Weges auf dem Drei-Burgen-Weg mit den drei weißen Zinnen als Markierung. Nach knapp 400 m verzweigt nach links ein Pfad, der uns zur **Burgruine Neu-Erfenstein (8)** führt. Von der älteren Anlage Alt-Erfenstein, etwas höher gelegen, ist außer ein paar Buckelquadern auf dem markanten Felsen nichts erhalten. Nach Besteigung der Ruine gehen wir zurück und wandern der Markierung folgend um die mächtigen Felsblöcke. Achtung, an der ersten scharfen Kehre geht es fast 180 Grad zurück. Danach geradeaus durch den Wald bis nach **Breitenstein (9)**. An der Kreuzung überqueren wir die Straße und erreichen den **Bahnsteig**, von dem uns das originelle Kuckucksbähnel in historischen Waggons zurückbringt. Direkt daneben liegt das originelle Forsthaus Breitenstein, das deftige Hausmannskost bietet.

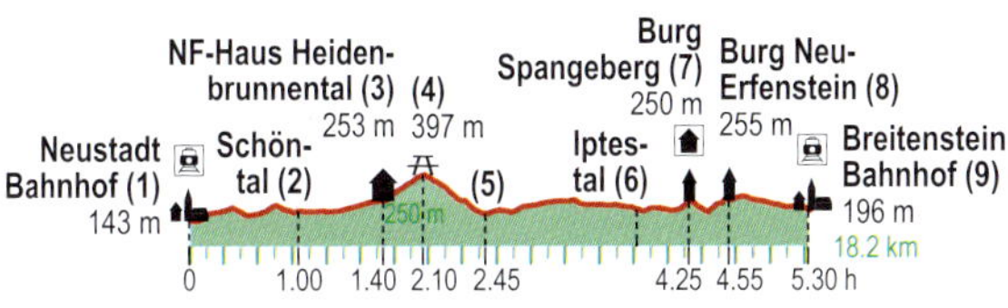

44 Über die Kalmit zur Wiege der deutschen Demokratie

5.15 Std.

»Hinauf, Patrioten, zum Schloss, zum Schloss«

In einem bunten Zug zogen am 27. Mai 1832 Pfälzer Bürger, Abgeordnete anderer Kleinstaaten, Franzosen, Polen und Engländer zu einem Fest der Demokratie zum Hambacher Schloss. »Deutschlands Wiedergeburt« wurde von ca. 30.000 Teilnehmern mit schwarz-rot-goldenen Fahnen gefeiert und legte den Grundstein für die deutsche Demokratie und europäisches Denken. Daran werden wir erinnert, wenn uns auf dieser Tour immer wieder die deutsche und die europäische Flagge auf dem Schlossturm ins Auge fallen.

Ausgangspunkt: Bahnhof Maikammer. Erreichbar von Heidelberg mit S1 bis Neustadt, dann mit der Regionalbahn nach Maikammer oder mit Bus 500/501 zur Haltestelle Weinstraße Nord, zu Fuß zur Kirche und die Wanderung dort beginnen. Parkmöglichkeit nahe Bahnhof.
Höhenunterschied: 630 m.
Anforderungen: Lang gezogener, anstrengender Anstieg zur Kalmit, angenehme Höhenwege im Pfälzerwald.
Markierung: Bis zur Kalmit weiß-grün, dann roter Punkt bis Hohe Loog Haus, danach meist Pfälzer Weinsteig.
Einkehr: Kalmithaus, März bis Okt. Mi. bis So. 10.30–18 Uhr, Nov./Dez. 10.30–17 Uhr, Jan./Febr. Mi., Sa. u. So. 10.30–17 Uhr. Hohe Loog Haus, April bis Okt. Mi., Sa. und So. 10.30–18 Uhr, im Winter bis 10–17 Uhr, in den Ferien tgl. Restaurant 1832 im Hambacher Schloss (s. Hinweis unten).
Karte: Pfälzerwald 6, Blatt 43-546, Südliche Weinstraße (NaturNavi Verlag, 1:25.000). Edenkoben, Landau und Neustadt (Pietruska Verlag, 1:25.000).
Hinweis: Hambacher Schloss mit Ausstellung »Hinauf, hinauf zum Schloss!« zur deutschen Demokratiegeschichte, Infos und aktuelle Öffnungszeiten unter www.hambacher-schloss.de.

Wir verlassen den **Bahnhof** von **Maikammer (1)** nach rechts und biegen nach links in die Hauptstraße. Die grün-weiße Markierung, der wir bis zur Kalmit (7,5 km) folgen, weist uns den Weg. Links an der Tankstelle vorbei geht es durch die Bahnhofstraße zum Zentrum von Maikammer mit der katholischen Kirche. Auf der Hartmannstraße geht es an weinumrankten Toren einladender Winzerhöfe vorbei bis zur **Alsterweiler Kapelle (2)**. In der denkmalgeschützten Kapelle von 1845 befindet sich ein wertvolles sakrales Kunstwerk: der spätgotische Maikammer Altar von 1445. Außer am Sonntag-

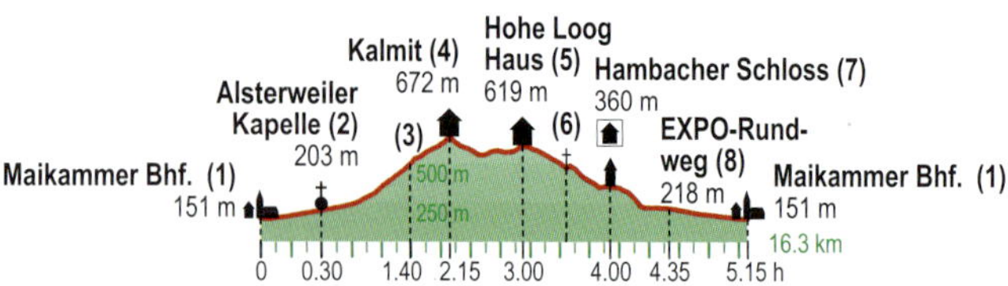

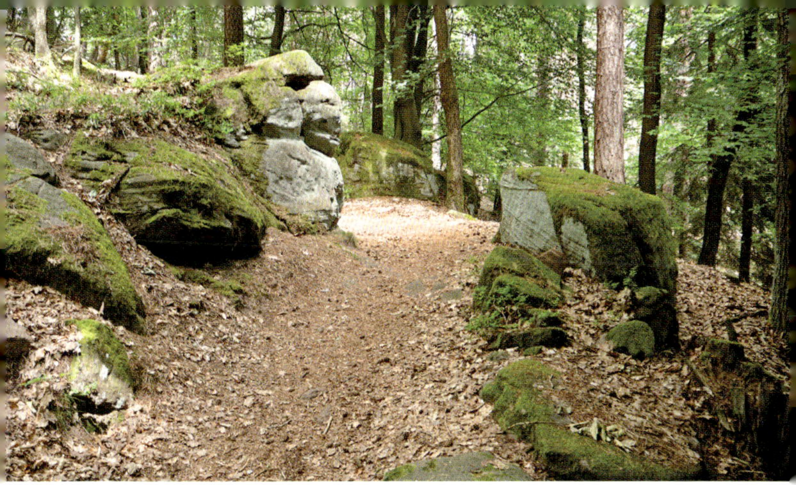

Aufstieg zur Kalmit.

nachmittag, wenn die Kapelle geöffnet ist, kann man leider nur durch eine Glasscheibe einen Blick auf die berühmte Malerei werfen. Wir gehen links am Kirchlein vorbei und gelangen durch zwei Torbögen zu einem Weinlehrpfad. Hinweistafeln charakterisieren die angebauten Rebsorten der Pfalz. Zwischen Rebfläche und Gärten steigt der Wanderweg sanft bergan. Farbig bemalte alte landwirtschaftliche Geräte am Wegesrand vermitteln einen Eindruck von der Feldbearbeitung im letzten Jahrhundert. Rechts können wir schon einen Fernblick auf das Ziel unseres Rückweges werfen, das Hambacher Schloss. Am Ende der Weinberge tauchen wir mit einem kurzen Rechts-Links-Schwenk auf dem Kalmitweg in den Wald ein. Anfänglich durch hochstämmigen Mischwald geht es nun stetig bergan. Erst links, dann rechts des Alsterweiler Baches wandern wir auf schattigem und weichem Waldboden. Nach einer Dreiviertelstunde erreichen wir die altertümliche Sandsteinunterführung der **Kalmitstraße (3)**. Dahinter geht es nach links neben der Straße wenige Meter sehr steil bergauf. Wir biegen zweimal nach rechts und wandern nun mit eher moderatem Anstieg unter Kiefern durch eine malerische Heidelandschaft mit Erika- und Heidelbeerbüschen und bemoosten Felsbrocken. Bald führt rechts ein kurzer Stichweg auf den Taubenkopf. Wir halten uns links, überqueren erneut die Straße und stoßen in dichtem Tannenwald auf eine T-Kreuzung, an der wir der Beschilderung nach links zur Kalmit folgen. Über Sandsteinstufen und Treppen meistern wir die letzten Höhenmeter zum Gipfel des höchsten Pfälzerwald-Berges. Die **Kalmit (4)**, 672 m, und das Kalmithaus des Pfälzerwald-Vereins sind Zwischenstation diverser Wanderungen und am Wochenende meist gut besucht. Der gigantische Blick reicht über die Rheinebene hinweg vom Odenwald über den Kraichgau bis zum Nordschwarzwald. Nachdem unsere Energiespeicher wieder aufgetankt sind, gehen wir zurück bis zum Wegweiser an der T-Kreuzung. Hier wandern wir geradeaus und lassen uns nun vom roten Punkt leiten. Nach Überqueren der Kalmithöhenstraße nehmen wir hinter dem Parkplatz Hahnenschritt den mittleren der drei Wege. Ein romantischer, von gerundeten Felsen gespickter Weg führt unter Buchen und Eichen an der Flanke des Höhenzuges entlang. An der nächsten großen Waldkreuzung nehmen wir erneut den mittleren Weg bergan und erreichen kurz danach die nächste Hütte des PWV, das **Hohe Loog Haus (5)**, auch Hambacher Hütte genannt, mit beeindruckender Aussichtsterrasse. Wegezeichen des Pfälzer Weinsteigs und Schilder zum Hambacher Schloss weisen uns den Weg geradeaus bergab. An der nächsten Gabelung halten wir uns rechts, gehen kurz darauf geradeaus weiter, verlassen den Weinsteig und folgen dem Schild zum Sühnekreuz. Der angenehme, weich gepolsterte Waldweg führt uns zwischen niedrigen Kiefern bergab. Ein kurzer Stichweg rechts geleitet uns zum **Sühnekreuz (6)**, das 1947 von Mitgliedern der katholischen Landjugend als Sühne für das Kriegsleid errichtet wurde. Ein wunderbarer Blick auf das Hambacher Schloss und ins Rheintal lohnt den kurzen Abstecher. Zurück an der Gabelung schließen wir uns wieder der Beschilderung an und wandern in Serpentinen abwärts. Wir überqueren die Straße an der Bushaltestelle des berühmten Ausflugszieles, steigen eine kurze Asphaltstraße hoch und erreichen eines der bedeutendsten Denkmäler der deutschen Demokratie,

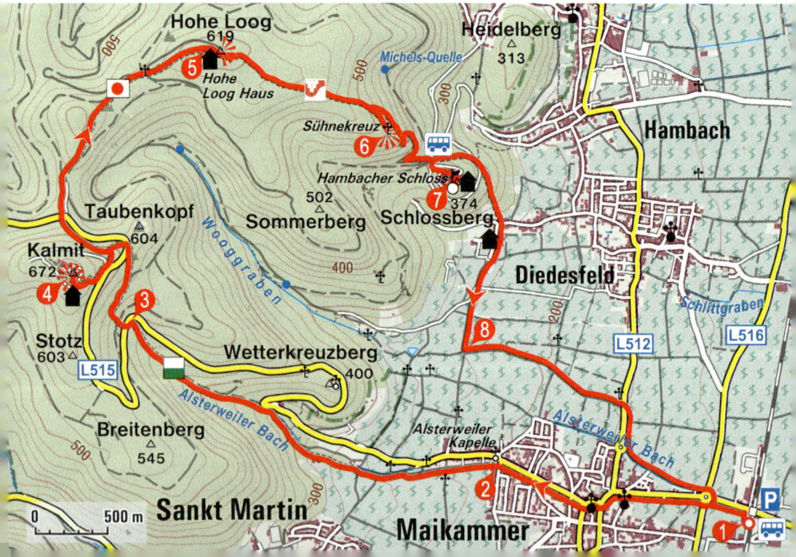

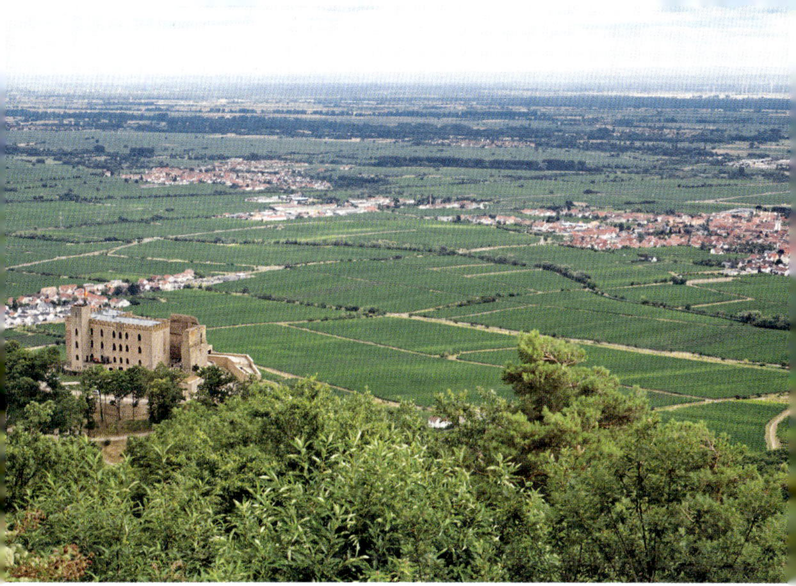

Blick vom Sühnekreuz auf das Hambacher Schloss.

das **Hambacher Schloss (7)**. In der von 1795 bis 1815 zu Frankreich gehörenden linksrheinischen Pfalz mit liberalem Gedankengut gab es heftige Widerstände gegenüber dem bayerischen Königshaus, das nun die Region regierte. Die Proteste gegen die Repressionen seitens der Verwaltung durch Zölle und Abgaben führten 1832 zum Hambacher Fest, an dem ca. 30.000 Menschen teilnahmen, die für demokratische Rechte kämpften. Die damalige Schlossruine der ehemaligen Kästenburg aus dem 11. Jh. wurde später vom bayerischen Königshaus umgebaut. Die Arbeiten wurden aber schon 1848 wieder eingestellt, erst im letzten Jahrhundert fand eine gründliche Sanierung statt. Das Schloss ist seitdem Museum und Tagungsstätte und seit 2015 auch Europäisches Kulturerbe. Zurück an der Bushaltestelle nehmen wir den kleinen markierten Weg, der rechts steil abwärts durch den Wald führt. Wir überqueren die Straße und wandern auf einem alten Blocksteinpfad nach **Diedesfeld**. Am Ende erst rechts, dann links haltend stoßen wir auf den Wanderweg Deutsche Weinstraße mit der grünen Rebe, der uns vorerst durch die Weinberge führt. Etwa 300 m nach einer Sitzgruppe neben einem Gehölz biegen wir an einer Hecke links auf den **EXPO-Rundweg (8)** ab und folgen diesem bis zur Weinstraße. Hier biegen wir rechts ab, wandern am Kreisel halblinks am Alsterweiler Bach entlang und über den nächsten Kreisel zum **Bahnhof** von **Maikammer (1)**.

45

Rund um Sankt Martin, Juwel am Weinsteig

3.30 Std.

Vom Jüngling mit dem Ölzweig zur Heiligen Ottilia

Ein gemütlicher Sonntagsspaziergang bringt uns zu den bekanntesten Sehenswürdigkeiten rund um den Vorzeigeweinort St. Martin am Rand des Pfälzerwaldes, der schon in früheren Jahrhunderten von Erholungsgästen gern besucht wurde. Ein Weingut neben dem anderen präsentiert sich hübsch herausgeputzt, mit Pflanzkübeln und bunten Blumen dekoriert. An Wochenenden herrscht hier Hochbetrieb.

Ausgangspunkt: Bushaltestelle Sankt Martin Ort, hier auch Parkplätze. Erreichbar vom 1.5. bis 31.10 mit Palatina-Wanderbus 503 von Neustadt über Maikammer nach Sankt Martin.
Höhenunterschied: 400 m.
Anforderungen: Ein paar kurze und heftige Steigungen und Abstiege. Die meiste Zeit wandern wir jedoch auf gut begehbaren Wander- und Forstwegen.
Markierung: Bis zum Friedensdenkmal roter Balken, danach zunächst ohne Markierung, dann erst Pfälzer Weinsteig und anschließend Keschdeweg bis Schützenhaus, roter Balken zurück.

Einkehr: Burgschänke Kropsburg, März bis Nov. ab 11 Uhr, Di. Ruhetag. Waldgaststätte am Friedensdenkmal, Mi. bis So. 11–18 Uhr (Achtung, Sommerschließzeit). Gaststätte Wappenschmiede, ab 14 Uhr, Di Ruhetag. Waldgaststätte Schützenhaus Maikammer, Mi. bis So. 10.30–18 Uhr, Do. bis 21 Uhr. Gastronomie in St. Martin.
Karte: Pfälzerwald 6, Blatt 43-546, Südliche Weinstraße (NaturNavi Verlag, 1:25.000). Edenkoben, Landau und Neustadt (Pietruska Verlag, 1:25.000). Wanderkarte Sankt Martin (erhältlich in der Tourist-Info Sankt Martin).

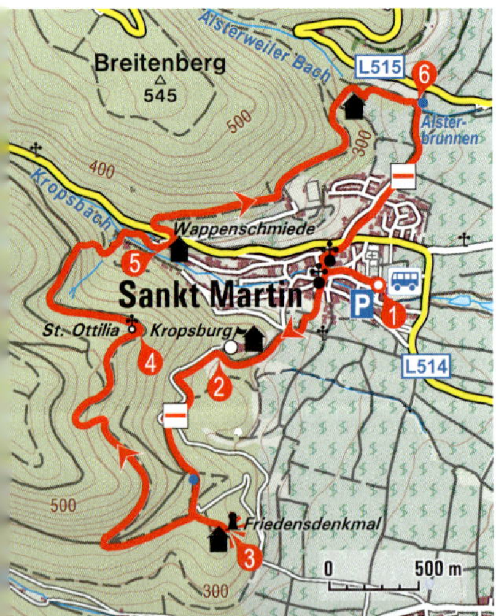

Im Zentrum des bezaubernden Wein- und Luftkurortes **Sankt Martin (1)** starten wir unsere Wanderung an der Bushaltestelle in der Maikammerer Straße und schlendern in Richtung Ortsmitte. Unterhalb der Kirche biegen wir nach links in die Kellereistraße. An der Touristeninfo vorbei geht es nun steil bergauf. Im Weinberg halten wir uns rechts und sofort wieder links und erreichen den ersten Aussichtspunkt mit Infotafeln neben kunstvoll drapierten alten Weinfässern. Auf asphaltiertem Weg geht es hoch zur Ruine der **Kropsburg (2)**. Die ursprüngliche Burganlage aus dem 12. Jh. war von den

Staufern als Schutz der Reichsfeste Trifels angelegt worden. Später ging sie in den Besitz der Barone von Dalberg über, die im südwestdeutschen Raum einflussreiche Ämter ausübten. Das prächtige Renaissance-Grabmal Hans von Dalbergs befindet sich in der katholischen Pfarrkirche von Sankt Martin. Im Pfälzer Erbfolgekrieg 1689 wurde die Kropsburg weitgehend zerstört. Unser Weg führt uns links am König-Ludwig-Brunnen und dem Richardplatz vorbei. Auf dem anfangs asphaltierten Sträßchen lassen wir uns vom roten Balken durch den Wald leiten. Nach einer Linkskurve geht es rechts auf unbefestigtem Weg bergauf und an der folgenden Waldkreuzung geradeaus weiter. Einen Forstweg überquerend erreichen wir nach wenigen Metern die Waldgaststätte vor dem **Friedensdenkmal (3)** auf dem **Werderberg**. Das Denkmal, das an den Sieg über die Franzosen 1870/71 erinnern sollte, wurde von Prinzregent Luitpold von Bayern in Auftrag gegeben und 1899 fertiggestellt. Vor einer Ehrenhalle thront ein Jüngling auf einem Pferd. Er hielt ursprünglich ein Schwert in der Hand, dieses aber wurde 1969 durch einen Ölzweig ersetzt. So wurde aus dem Siegesdenkmal ein Friedensmahnmal. Wir gehen das letzte Wegstück zurück und auf dem breiten Forstweg nach links. An der Gabelung wandern wir geradeaus leicht ansteigend weiter und biegen an der nächsten Kreuzung spitzwinklig nach rechts ab. Der obere der beiden Wege, zum Teil etwas zugewachsen, bringt uns im Rechtsbogen zurück zum Pfälzer Weinsteig, bei Nässe ist der untere Weg die bessere Variante. Wir setzen den von rechts kommenden Wanderpfad fort und steigen im Zickzack empor. Oben auf dem breiten Forstweg biegen wir nach rechts und erreichen nach 20 Min. in einer Linkskurve den Treppenaufstieg zur Kreuzigungsgruppe **St. Ottilia (4)**. Ein steiler, im 18. Jh. angelegter Kreuzweg kommt von der Kropsburg hier herauf. Auf breitem Forstweg geht es weiter talwärts. Kurz nach der Rechtskurve leitet uns der Wanderweg am **Dichterhain** vorbei, wo drei pfälzische Heimatdichter in Stein verewigt wurden. Wenige Meter danach sehen wir am Wegesrand den kolossalen Steinklotz **Schwalbenfelsen**. Kurz dahinter verlassen wir den breiten Waldweg und marschieren auf schmalem Pfad in Serpentinen steil bergab. Vorbei an der Schutzhütte am Frauenbrunnen geht es hinunter zum Bellachini-Brunnen,

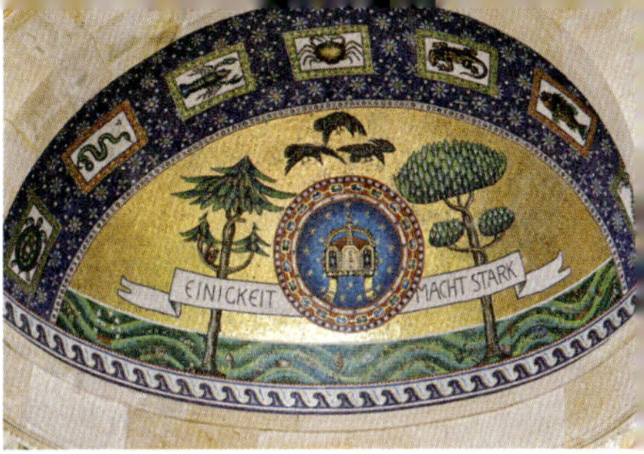

Deckengewölbe im Friedensdenkmal.

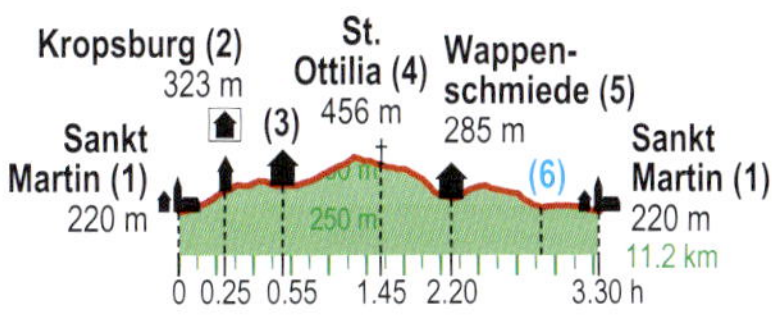

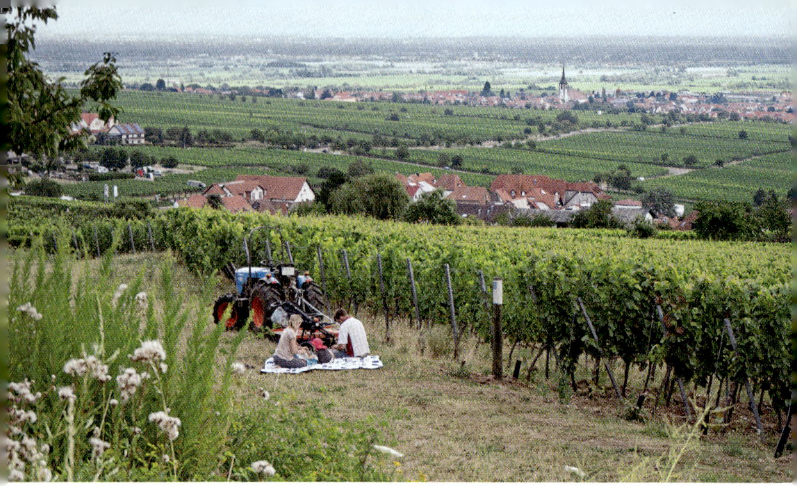

Picknick im Weinberg bei Sankt Martin.

der zur Erinnerung an einen großen Zauberkünstler errichtet wurde. Wir gehen die letzten Meter bergab, überqueren den Bach und halten uns rechts, nun dem Pfälzer Keschdeweg mit der abgebildeten Kastanie folgend. Er führt uns zum Gelände des Campingplatzes mit der Gaststätte **Wappenschmiede (5)**. Wir durchqueren den Campingplatz und verlassen ihn am Ende nach links hoch zur Totenkopfstraße. Wir folgen der Straße 50 m in entgegengesetzter Richtung, dann geht es gegenüber auf dem markierten Weg bergauf. An der Gabelung benutzen wir den rechten, leicht abwärts führenden Zweig. Nach Austritt aus dem Wald bringt uns der Keschdeweg zum **Haus am Weinberg**, wo ein kleiner, liebevoll gestalteter Kiosk mit Sitzgruppen und Selbstbedienung zu einem Gläschen einlädt. Nach einem Linksbogen führt uns der Weg zu einer Waldkreuzung. Wir gehen ein paar Meter nach rechts und biegen unmittelbar darauf wieder links ab. Wir benutzen nun einen kleinen verwachsenen Pfad längs des Zaunes, dahinter geht es nach rechts und an der beliebten Waldgaststätte Schützenhaus vorbei, die deftige und preisgünstige Pfälzer Hausmannskost bietet. Am Ende des Grundstücks nehmen wir vor den Weinbergen den Pfad nach links, durchqueren ein paar Meter Wald und biegen dann rechts auf den weiß-grünen Wanderweg ab. Am **Alsterbrunnen (6)** wandern wir nach rechts und folgen dem roten Balken auf dem geschotterten Weg geradewegs zurück nach **Sankt Martin (1)**. Dort mündet die Jahnstraße auf die Totenkopfstraße. Wir wenden uns nach rechts und nach 50 m wieder nach links, wo uns die Bergstraße zur Ortsmitte führt. Auf bekanntem Weg gelangen wir zur Bushaltestelle zurück.

5.00 Std.

Von Sankt Martin zur Edenkobener Hütte

46 TOP

Wo Bayerns Könige gern verweilten

Von Sankt Martin, Vorzeigedorf der Deutschen Weinstraße, führt diese Tour zu einem der höchsten und attraktivsten Aussichtspunkte des Vorderen Pfälzerwaldes, der Rietburg. Ob man sie per Sessellift oder per pedes erklimmt, ist egal, der Blick von der Terrasse der Höhengaststätte ist einzigartig. Wir gehen zu Fuß und freuen uns an zwei traditionellen Pfälzer Hütten und idyllischen Waldweihern am Wegesrand.

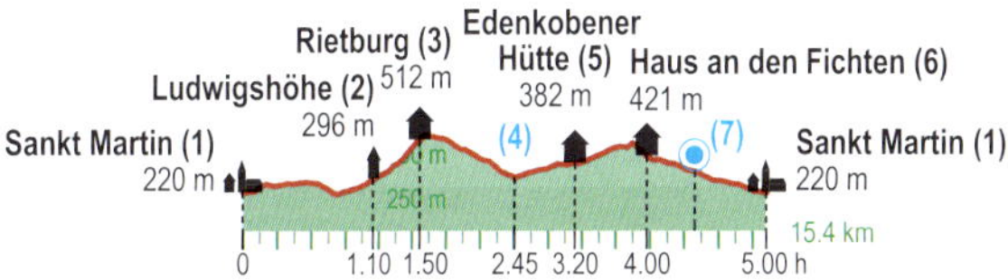

Ausgangspunkt: Bushaltestelle Sankt Martin Ort, hier auch Parkplätze. Erreichbar vom 1.5. bis 31.10 mit Palatina-Wanderbus 503 von Neustadt über Maikammer nach Sankt Martin.
Höhenunterschied: 650 m.
Anforderungen: Stramme Wanderung auf Weinbergswegen und vielen Waldpfaden mit teilweise heftigen Steigungen.
Markierung: Anfangs ohne Markierung, Pfälzer Weinsteig bis Ludwigshöhe, danach roter und weißer Punkt bis Edenkobener Hütte. Von dort blau-weiße Markierung zur St. Martiner Schutzhütte und schließlich grün-weiß zurück.
Einkehr: Höhengaststätte Rietburg, April bis Okt. tgl. 9–17 Uhr, im Winter nur wochenends. Edenkobener Hütte, tgl. außer Di. 11–17 Uhr. Haus an den Fichten, Mai bis Okt. tgl. ab 9.30 Uhr, Nov. bis April Mi. bis So. ab 9.30 Uhr. An der Variante: Burgschänke Kropsburg, März bis Nov. ab 11 Uhr, Di. Ruhetag. Waldgaststätte am Friedensdenkmal, Di. bis So. 11–18 Uhr (Achtung, Sommerschließzeit). Gastronomie in St. Martin.

Karte: Pfälzerwald 6, Blatt 43-546, Südliche Weinstraße (NaturNavi Verlag, 1:25.000). Edenkoben, Landau und Neustadt (Pietruska Verlag, 1:25.000). Wanderkarte Sankt Martin (erhältlich in der Tourist-Info Sankt Martin).
Variante: An sehr heißen Sommertagen empfiehlt sich zu Beginn die schattige Variante über die Kropsburg und das Friedensdenkmal (s. Tour 45), die nach dem Friedensdenkmal wieder zur Hauptroute stößt.
Hinweis: Betriebszeiten der Rietburgbahn Mitte März bis Mitte Nov., einfache Fahrt 5,50 €, Kinder 4–14 Jahre 3 €, Infos unter www.rietburgbahn-edenkoben.de.

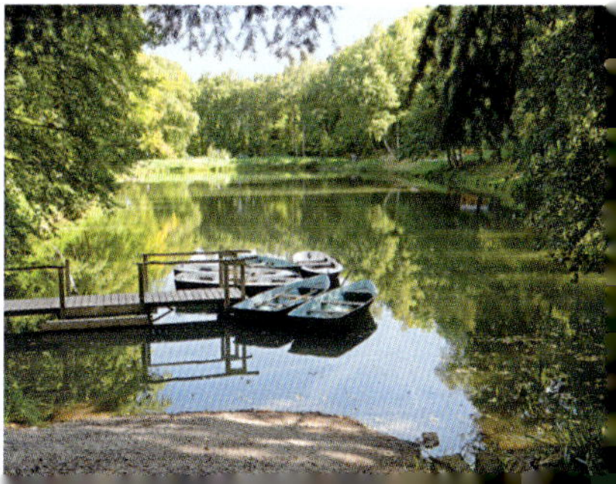

Der idyllische Hilschweiher.

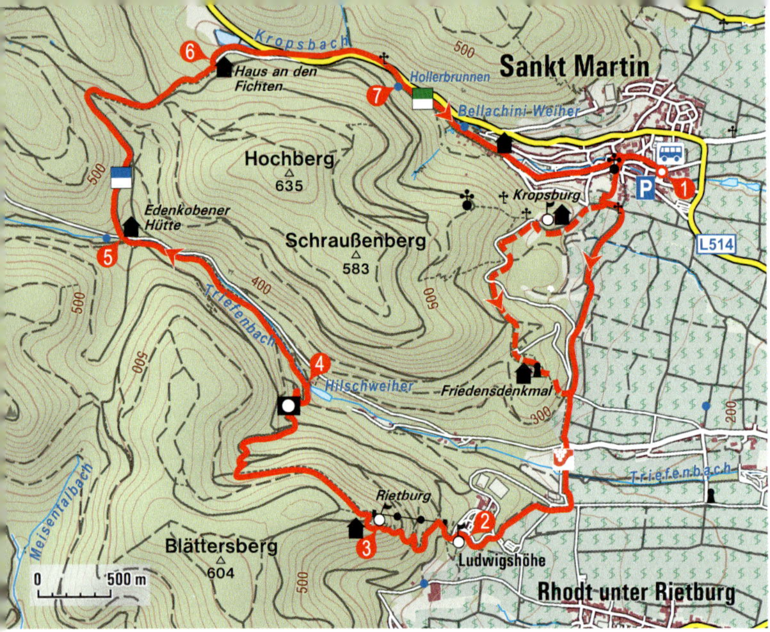

An der Bushaltestelle in der Maikammerer Straße des schmucken Weindorfs **Sankt Martin (1)** geht es los. Wir begeben uns in die Ortsmitte, halten uns unterhalb der Kirche links an die Kellereistraße und wandern an der Touristeninfo vorbei steil bergan. Am Weinbergsweg mit den gemütlichen Liegen biegen wir nach links und gehen 150 m abwärts bis zur Haardtmadonna. Hier wandern wir rechts mit malerischem Blick auf die Kropsburg durch die Reben. Am NABU-Schutzgebiet-Schild gibt es einen kurzen Links-Rechts-Knick, danach weiter geradeaus. An einer Schutzhütte mit einladenden Picknickbänken (von rechts stößt die Variante vom Friedensdenkmal dazu) wandern wir den gepflasterten Weg talwärts. Wir überqueren die Straße und folgen der Beschilderung zur **Ludwigshöhe (2)**, wobei der angenehmere Weg nach dem Luitpoldstein links und danach rechts am Waldrand hinauf zur Villa führt. Die im italienischen Stil erbaute Sommerresidenz des bayerischen Königs Ludwig I. stammt aus der Mitte des 19. Jh. Auf ihrer Rückseite führt der rote Punkt an der Talstation der Rietburgbahn vorbei. Wer nicht den Sessellift benutzt, wandert an der ersten Kehre links haltend den Serpentinenweg durch den Esskastanienwald über Stufen, Wurzeln und Steine hoch zur **Rietburg (3)**, 550 m. Die Mühe wird belohnt durch eine atemberaubende Rundumsicht. Wir lassen uns weiter vom roten Punkt leiten und gehen am Wildgehege rechts. Achtung, wenige Meter danach benutzen wir den schmalen Pfad, der rechts vom breiten Forstweg abgeht. An einer Waldkreuzung biegen wir in spitzem Winkel nach rechts und folgen dem weißen Punkt ins Tal. Vorsicht an der Lichtung; nach der Schutzhütte verzweigt der Wanderweg kaum ersichtlich links in den Wald. In vielen Kehren verläuft der Pfad nun hinunter zum idyllischen **Hilschweiher (4)**, an dem ein gemütlicher Waldkiosk zur Rast einlädt. Die Markierung mit rotem Kreuz führt uns längs des murmelnden Baches durch das Tiefenbachtal hoch zur **Edenkobener Hütte (5)**. Links an Gasthaus und Spielplatz vorbei folgen wir vorerst der blau-weißen Markierung. Durch lichten Buchenwald geht es auf breitem Waldweg bergan. Ca. 100 m hinter dem Morschenberg-Brunnen biegen wir scharf nach rechts und wandern auf einem schmalen Pfad über Wurzeln und Sandsteinblöcke an der Hangschulter hoch zur St. Martiner Schutzhütte. Wir vertrauen uns nun der grün-weißen Markierung an und verlassen 50 m hinter der Hütte den Weg nach links auf einem wilden Waldpfad, der sich zum Teil als Hohlweg durch den dichten Mischwald schlängelt. Am **Haus an den Fichten (6)** halten wir uns rechts. Wer den Füßen etwas Gutes tun möchte, macht einen Abstecher zum Sandwiesenweiher und läuft über den Barfußpfad. Weiter geht es nun durch das Kropsbachtal. Auf schmalem Pfad direkt neben dem Bach passieren wir wieder eine eingefasste Quelle, den **Hollerbrunnen (7)**. Am kleinen Teich bei der Wappenschmiede sind wir wieder in besiedelter Umgebung von **Sankt Martin (1)** und wandern geradeaus hinab zum Zentrum.

Blick von der Rietburg auf Edenkoben und über die Rheinebene.

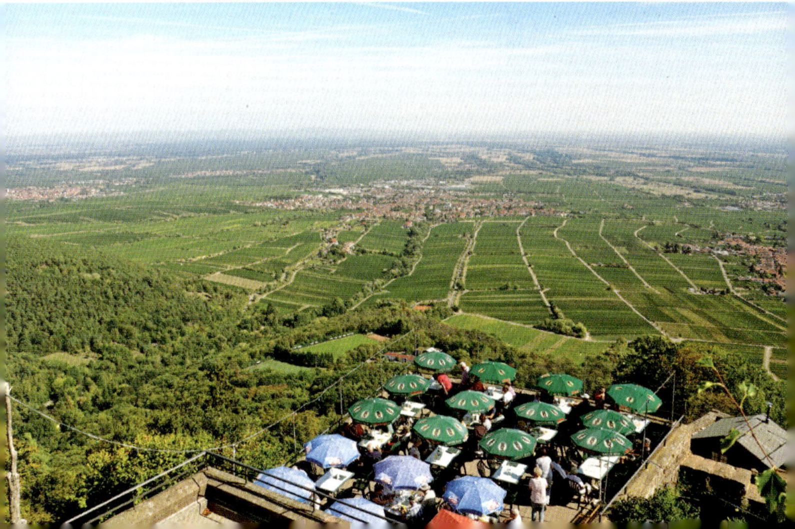

47 Zum Orensfels in der Südpfalz

4.45 Std.

Pfälzer Hüttentour mit Ausblick

Wer Pfälzer Hüttenromantik kennenlernen möchte, ist auf dieser Tour richtig. Gleich drei der originellen Einkehrmöglichkeiten liegen am Weg und bieten deftige Hausmannskost und das berühmte Pfälzer Schorle im Dubbeglas. Eine Erfrischung der anderen Art bietet die Walddusche kurz vor dem Ende des Runde. Die Hälfte der abwechslungsreichen Wanderung zum aussichtsreichen Orensfels verläuft auf dem Premiumwanderweg Pfälzer Hüttentour.

Ausgangspunkt: Bushaltestelle Burrweiler MItte. Erreichbar von Heidelberg mit S2 bis Neustadt, dann Palatina-Bus 500 bis Burrweiler. Parken auf dem Parkplatz an der Schlossgasse.
Höhenunterschied: 590 m.
Anforderungen: Stramme Wanderung meist auf Forstwegen und Waldpfaden.
Markierung: Weißer Punkt bis Dreimärker, gelb-schwarz bis Zimmerplatz, Pfälzer Weinsteig, rot-weiße Markierung zurück.
Einkehr: St. Annahütte, Mi., So. und feiertags 10–18 Uhr. Landauer Hütte, März bis Okt. Sa., So. und feiertags 11–17 Uhr, Mai bis Okt. auch Mi. 11–17 Uhr. Ringelsberghütte, So. 9.30–18 Uhr.
Karte: Pfälzerwald 6, Blatt 43-546, Südliche Weinstraße (NaturNavi Verlag, 1:25.000). Edenkoben, Landau und Neustadt (Pietruska Verlag, 1:25.000).

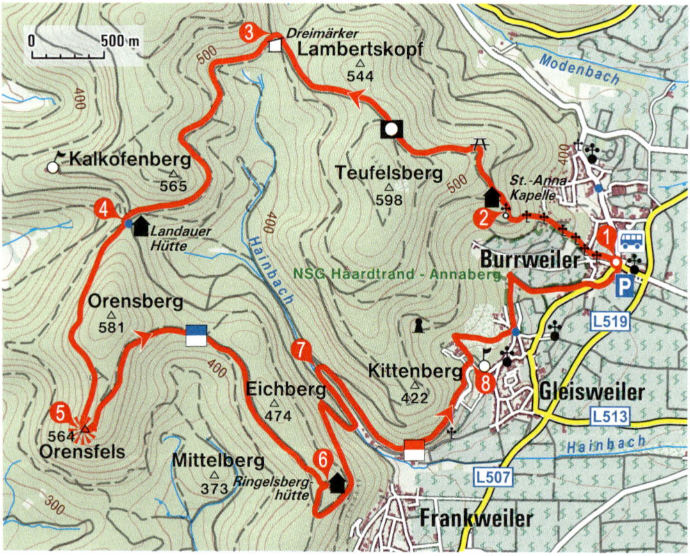

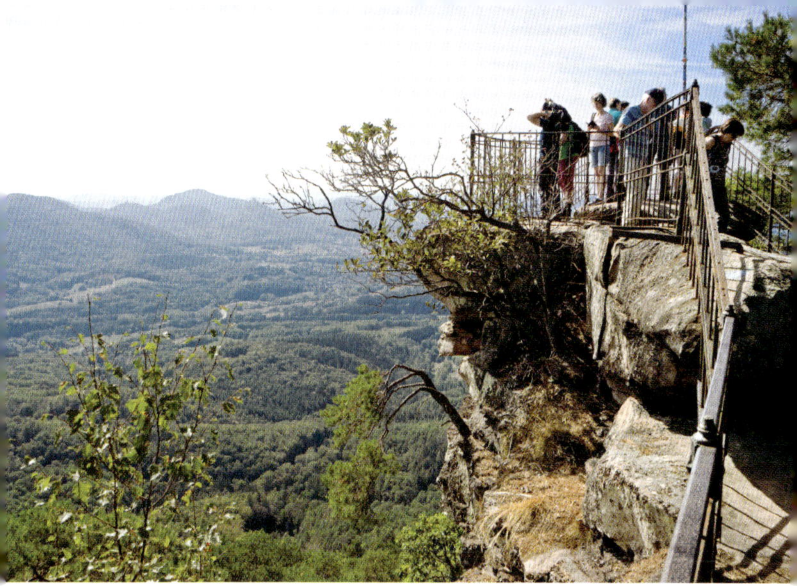

Aussichtsplattform am Orensfels.

Die Tour beginnt an der Bushaltestelle im Zentrum von **Burrweiler (1)**. Wir gehen die St.-Anna-Straße bergan, die wenige Schritte weiter südlich von der Hauptstraße abzweigt. Am kleinen Ruheplatz unter der Linde nehmen wir entgegen der Wanderwegmarkierung den Kreuzweg, der zwar steil, aber auf idyllischem und schattigem Weg über viele Stufen zur Kapelle emporführt. Wer einen Weg mit geringerer Steigung schätzt, folgt dem Pfälzer Weinsteig auf dem Asphaltsträßchen. Oben auf dem Bergvorsprung des Teufelsberges steht die neugotische, um die vorletzte Jahrhundertwende erbaute Wallfahrtskirche **St.-Anna-Kapelle (2)**. An der Kreuzigungsgruppe vorbei geht es wenige Meter weiter zur St. Annahütte. An der Rückseite der Hütte wählen wir den mit weißem Punkt und einer gelb-grünen Schnecke (Burri) markierten geradeaus führenden Schotterweg (der nach links abgehende

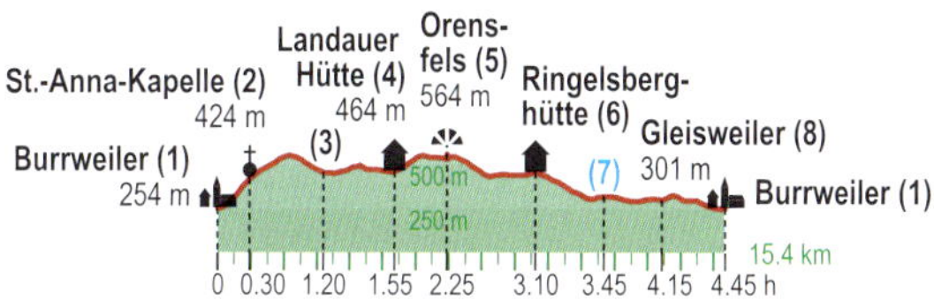

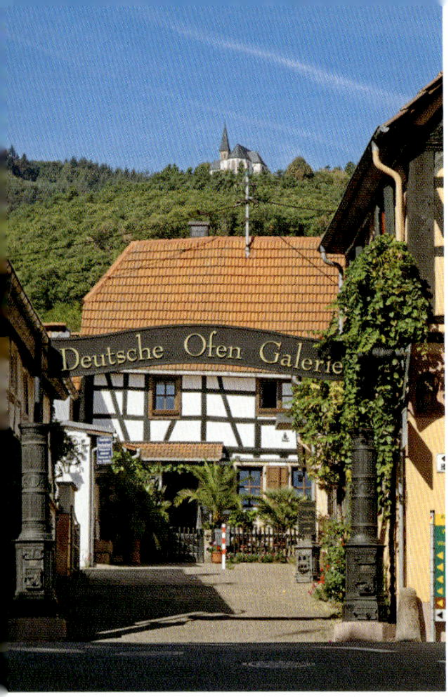

Blick von Burrweiler auf St. Anna.

Hüttenweg führt über die Landauer Hütte ebenfalls zum Dreimärker, ist aber um einiges länger). An der Wegekreuzung mit einer Sitzgruppe gehen wir nach links und folgen dem Forstweg in der Flanke des Teufelsbergs. Erst bergauf und nach ca. 15 Min. bergab erreichen wir die Wegespinne am **Dreimärker (3)** mit Ruhebänken und einer Schutzhütte. Links haltend geht es auf einem schönen, ebenfalls auf und ab führenden Hochweg weiter durch den Wald. Der Pfälzer Hüttenweg mit dem gelb-schwarzen Symbol weist uns den Weg zum Zimmerplatz bei der **Landauer Hütte (4)**. Wir behalten die Richtung bei, gehen links am Zimmer-Brunnen vorbei und nehmen wenige Meter dahinter den rechten Abzweig (Markierung Pfälzer Hüttentour). Auf einem romantischen, mit Steinen durchsetztem Waldpfad entlang des Ringwalls einer karolingischen Fliehburg geht es nun bergauf. Auf halbem Weg gelangen wir an einer Lichtung zum Startplatz der »Duddeflieger« (pfälz. für Drachenflieger), der einen grandiosen Panoramablick hinüber nach Dernbach und zu den bewaldeten Erhebungen des Pfälzerwalds bietet. Weiter zieht sich der Pfad bis zum **Orensfels (5)**, 564 m, einem mit Geländern gesicherten Sandsteinfelsen (siehe Bild S. 19), der ebenfalls ein gewaltiges Panorama bietet, nun auch ins Rheintal und zum Nordschwarzwald gegenüber. Wir gehen auf der anderen Seite des Bergkammes zurück, verlassen vorübergehend den Hüttenweg und folgen dem Pfälzer Weinsteig. Ab der Kreuzung **Kirchberghütte** leitet uns die blauweiße Markierung weiter durch den Böchinger Wald bergab. Nach 20 Min. erreichen wir die Abzweigung zur nächsten Einkehrmöglichkeit. Nur mit dem kleinen gelben Schild oben am Baum markiert führt links ein Pfad hoch zur **Ringelsberghütte (6)**. Wer die Hütte mit Aussichtsterrasse nicht besuchen möchte, geht geradeaus weiter, beide Wege kommen nach kurzer Zeit wieder zusammen. Nach der Hütte orientieren wir uns wieder am Logo der Pfälzer Hüttentour, das uns nach links führt. An einer Kreuzung wenden wir uns erneut nach links und folgen kurz darauf einem steinigen Pfad, der rechts abwärts führt. An einem breiten geschotterten Forstweg angelangt, geht unser Weg in spitzem Winkel nach rechts. Nach gut 300 m talwärts ändern wir wieder abrupt die Richtung und wandern genauso weit zurück zur **Walddusche (7)**, die an heißen Sommertagen für Erfrischung sorgt. Auf dem Rückweg von der originellen Anlage im Wald finden wir schon nach wenigen Metern in der linken Talflanke einen kleinen, ansteigenden Pfad. Er führt uns zu einem Wirtschaftsweg im Wald, auf dem uns die rot-weiße Markierung, später auch die Hüttentour, mit herrlichen Talblicken in einer lang gezogenen Linkskurve nach **Gleisweiler (8)** leitet. An der Friedenseiche geht unser Weg nach links und führt zum wunderbar angelegten Park des Privatsanatoriums mit einem verspielten Pavillon oberhalb der Anlage. Wir halten uns am Mammutbaum noch einmal links und wandern den anfangs düsteren und holprigen Wanderweg längs des Sanatoriums hoch. Am Ende verlassen wir die Hüttentour (sie führt nach links) und laufen rechts auf einem netten Wiesenweg an Gehölzen, Apfelbäumen und Hecken vorbei. An der Sitzgruppe auf dem Schützenberg halbrechts geht es durch einen begrünten Hohlweg am vermutlich ältesten Maronenbaum der Pfalz (geschätztes Alter zwischen 600 und 700 Jahren) vorbei in den Ort. An einem hübschen Holzhaus gehen wir links und sofort wieder rechts in die Straße Am Kastanienhain mit der St.-Anna-Kapelle im Blickfeld. Durch die Feldflur führt uns der Weg neben den Weinbergen zurück nach **Burrweiler (1)**, wo es auf der Weinstraße zur Bushaltestelle geht.

Die Landauer Hütte.

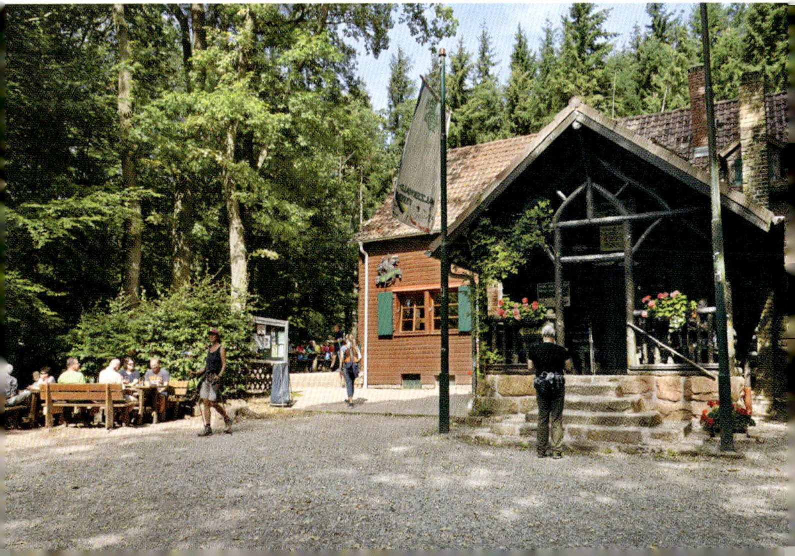

Oberrhein, Auenlandschaft mit Altarmen

Der Begriff Oberrheinische Tiefebene bezeichnet das Tiefland am Mittellauf des Rheins zwischen Basel und Bingen. Der etwa 300 km lange Grabenbruch entstand durch Dehnungsprozesse der Erdkruste, die vor ca. 50 Mio. Jahren im Tertiär begannen. Die bis heute nicht abgeschlossenen Vorgänge führten zu einer bis zu 3,5 km starken Absenkung bei gleichzeitiger Aufwölbung der umgebenden Mittelgebirge Schwarzwald, Vogesen sowie weiter nördlich Odenwald und Pfälzer Bergland. Zeitgleich mit ihrer Anhebung erfolgte eine Abtragung und damit die Füllung des Oberrheingrabens mit mächtigen Kies- und Sandschichten. Erst in den letzten Eiszeiten schuf sich der Strom nach und nach sein Bett, das noch im vorletzten Jahrhundert aus zahlreichen Mäandern und Schlingen bestand. Im Jahr 1817 begann unter

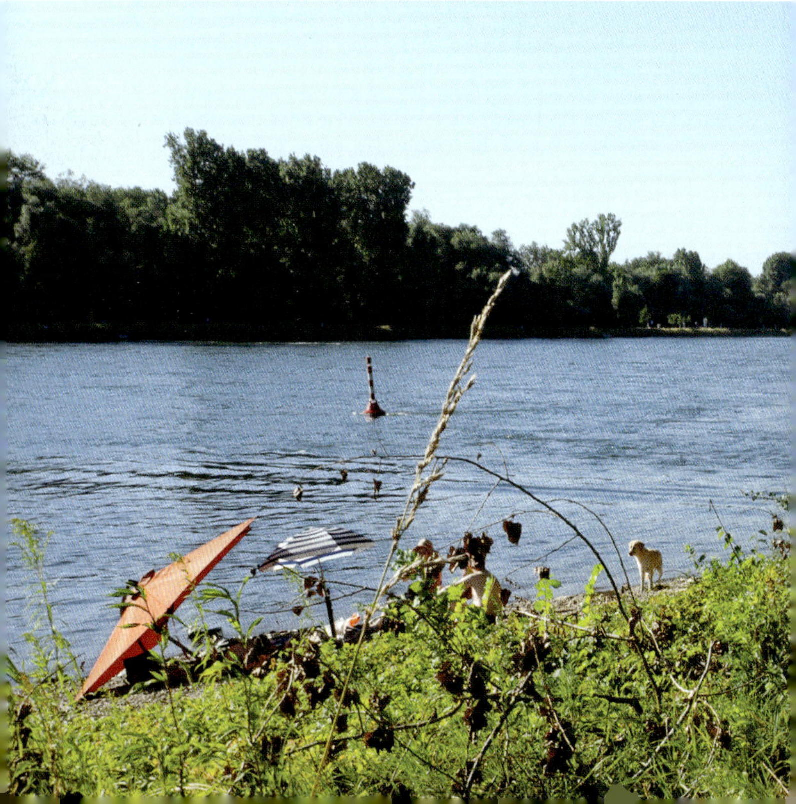

dem badischen Ingenieur Johann Gottfried Tulla die Begradigung und Kanalisierung des Rheins, die Jahrzehnte benötigte. Sie bewirkte neben der Schiffbarmachung einen Hochwasserschutz der anliegenden Städte und Gemeinden und damit eine profitablere Landnutzung.
An die Zeit vor der Regulierung erinnern zahlreiche Altarme des Flusses, die mancherorts verbunden sind mit dem Rhein, oft aber auch abgeschnitten vom Fließgewässer. Zusammen mit den umgebenden Landflächen bilden sie wertvolle ökologische Ausgleichsräume. Kommunale und überregionale Wanderwege, wie z. B. der 86 km lange Rheinauenweg, erschließen vielerorts die Naturschutzgebiete und vermitteln interessante Eindrücke dieser abgeschiedenen Welten längs des Oberrheins.

Treidelpfad am Rheinufer (Tour 50).

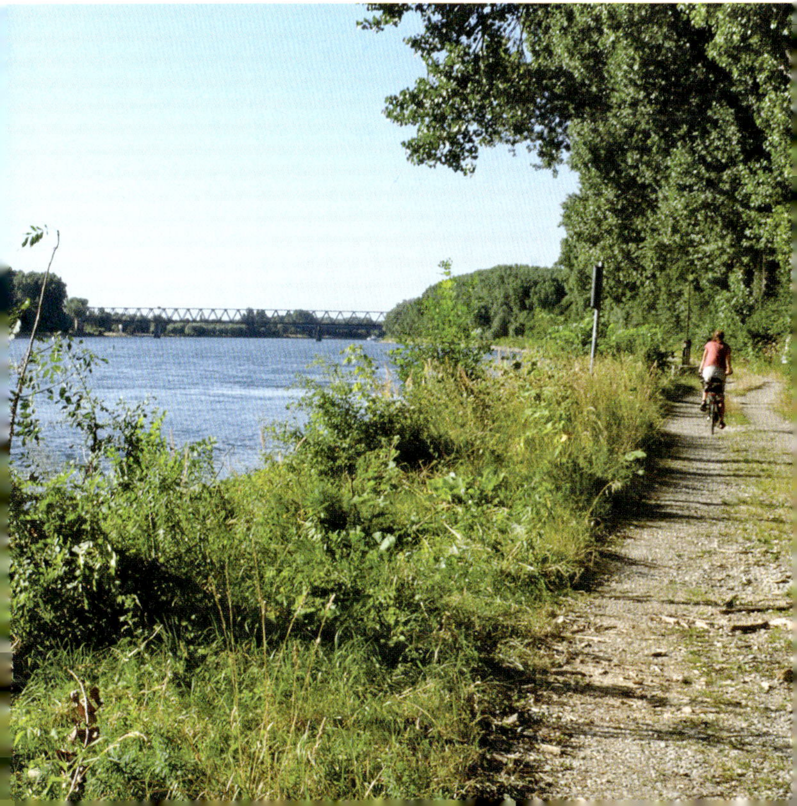

TOP 48

Mannheims grüne Lunge: rund um die Reißinsel

3.00 Std.

Stadtwanderung an Rhein und Altrheinarmen

Mitten in der Großstadt findet man auf der Reißinsel Natur pur. Der ursprüngliche Auwald der Halbinsel bietet nicht nur zauberhafte Wanderwege, sondern ist auch ein Refugium vieler Vogelarten. Nicht versäumen sollte man den Abstecher zum liebevoll angelegten Strandbad Neckarau, an dem man beschaulich am Rhein sitzen und träumen kann.

Ausgangspunkt: Hauptbahnhof Mannheim. Parkhaus am Hbf.
Endpunkt: Straßenbahnhaltestelle Rheingoldhalle. Zurück zum Hbf. mit Linie 3.
Höhenunterschied: 50 m.
Anforderungen: Gemütlicher Spaziergang auf Fuß- und Fahrradwegen.
Markierung: Teilweise blaues R des Rheinauenweges.
Einkehr: Strandbad Eiscafé Pizzeria Oro, tgl. ab 10 Uhr. Zur Silberpappel, Mi. bis Fr. ab 12 Uhr, Sa. und So. ab 10 Uhr. Querbeet, tgl. außer Di. ab 9.30 Uhr.
Karte: Topographische Karte Mannheim Heidelberg (LGL Blatt F513, 1:50.000).
Hinweis: Der innere Bereich der Reißinsel (ab Metalltor) ist ein beliebtes Vogelbrutgebiet und daher von März bis Ende Juni geschlossen. Der Zugang mit Hunden ist nicht gestattet. Mückenschutz mitnehmen!

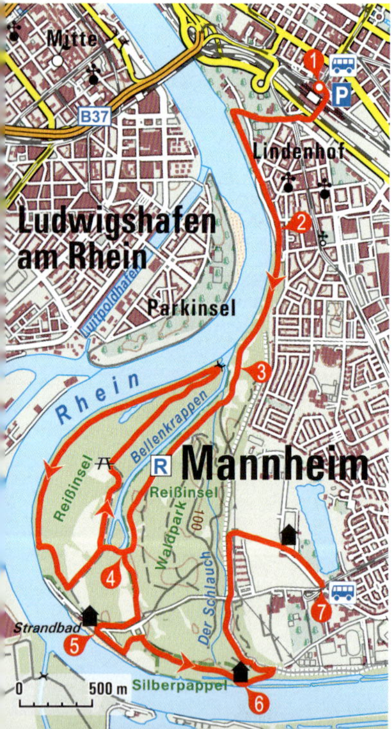

Unsere beschauliche Streckenwanderung beginnt am **Hauptbahnhof Mannheim (1).** Unter den Gleisen hindurch gehen wir in Richtung Lindenhof. Am Ausgang der Rampe geht es nach links unter den Pappeln hindurch Richtung Schlosspark. Wir überqueren die Gleise der Straßenbahn und steuern geradeaus das Rheinufer an. Am Restaurant Rheinterassen wenden wir uns stromaufwärts und spazieren auf dem breiten Promenadenweg gemütlich am Ufer entlang. Das blaue R des Rheinauenweges weist uns größtenteils den Weg. Wir kommen an der Statue von Stéphanie de Beauharnais (1789–1860) vorbei, einer badischen Groß-

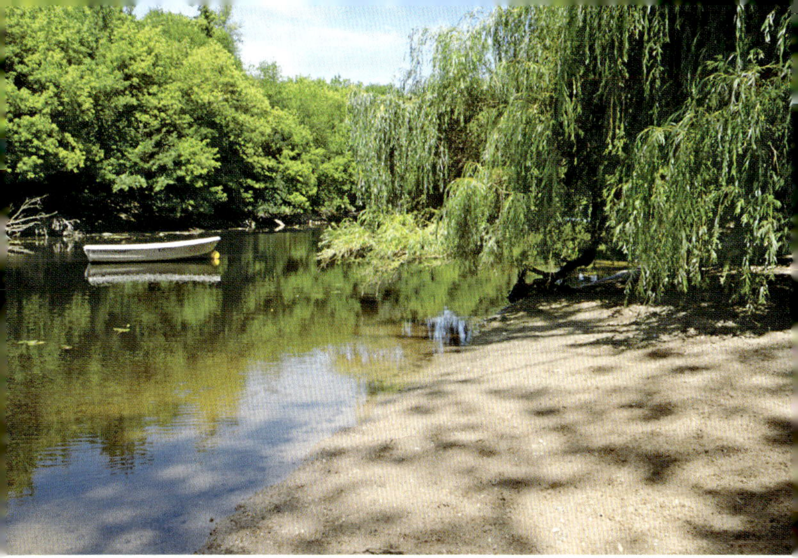

Am Altrheinarm Bellenkrappen.

herzogin, die den Künsten und Wissenschaften gegenüber aufgeschlossenen und für ihr soziales Engagement bei Mannheimer Bürgern beliebt war. Die Verschönerung des nach ihr benannten **Stephanienufer (2)** ist ihr zu verdanken. An der Statue beginnt auch der historische Lehrpfad Lindenhof, der mittels informativer Schautafeln Geschichte und Geografie des Stadtteils und der Umgebung erläutert. Nach ca. 1,5 km auf dem idyllischen Uferweg erreichen wir den **Waldpark (3)**, der aus den Naturschutzgebieten Reißinsel, Silberpappel und dem Landschaftsschutzgebiet Waldpark besteht und ein bedeutendes Naherholungsziel der Mannheimer Bevölkerung ist. Kurz nach der Infotafel zur Reißinsel schlagen wir einen kleinen Bogen nach rechts hinunter zum **Bellenkrappen**, einer ehemaligen Rheinschleife. Am malerischen Altrheinarm geht es nun weiter. Bei der Infotafel »Der Schlauch« gehen wir ganz nach rechts auf den Uferweg und folgen dem blauen R bis zum Schild zum **Karl-Reiß-Weg (4)**. Durch ein Metalltor nach rechts betreten wir den geschützten Bereich der Reißinsel. Die Halbinsel wurde der Stadt

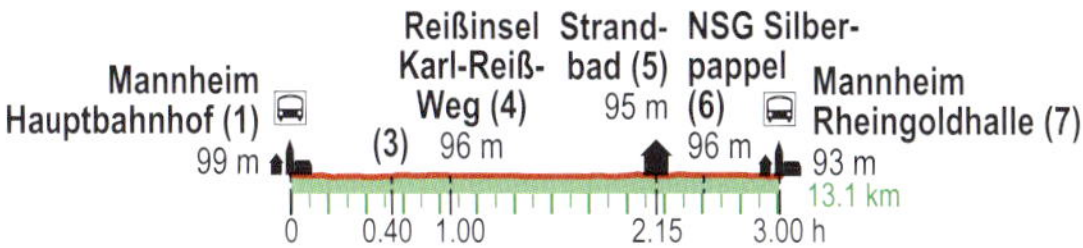

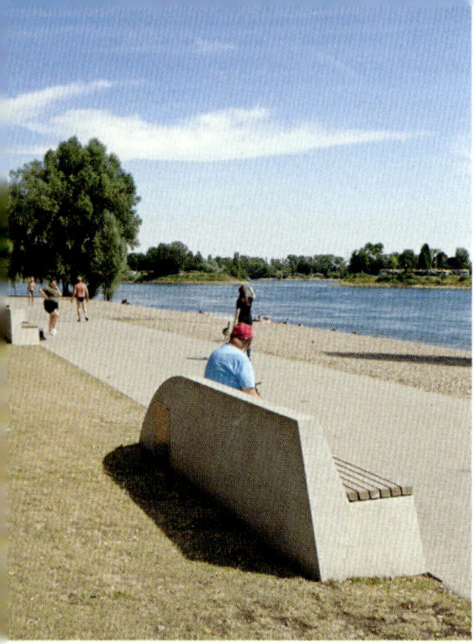

Erholungsgebiet Strandbad am Rhein.

Mannheim 1914 vom Bankier Carl Reiß (1843–1914) vermacht mit der Auflage, sie in ihrem natürlichen Zustand zu belassen und den Bürgern zur Erholung zur Verfügung zu stellen. Sie ist auch ein bedeutender Vogelruheplatz und besitzt eine reichhaltige Artenvielfalt. Nach ca. 150 m führt unser Weg zuerst zu einer Streuobstwiese. Wir biegen nach rechts und wandern auf dem 4,6 km langen Rundweg um die Rheinschlinge. Hinter der Wiese und einem Picknickplatz kommen wir in den Bannwald, in dem forstwirtschaftliche Nutzung nicht gestattet und die Natur sich selbst überlassen ist. Am nördlichen Ende geht es über die kleine Brücke zum Rheinufer und unser Weg führt in entgegengesetzter Richtung zurück. Wieder an der Streuobstwiese angelangt, biegen wir nach links und kommen zurück zum Eingangstor. Rechter Hand folgen wir nun dem blauen R bis zum Hinweisschild auf das **Strandbad (5)**. Immer wieder bietet sich die Möglichkeit, auf den parallel verlaufenden Waldpfaden anstatt auf Teerwegen zu gehen. Wir machen den Abstecher nach rechts und finden am Rheinufer eine aufwendig angelegte und beliebte Erholungsanlage (kein Schwimmbad, auch wenn der Name es vermuten lässt) mit Einkehrmöglichkeit vor. Auf der Promenade gehen wir 250 m stromaufwärts, biegen hinter dem Restaurant links ab und verlassen das Gelände. Auf dem Parkplatz finden wir eine rot-weiße Schranke, hinter der nach rechts die Silberpappelschneise weiterführt. Kurz vor dem Ende sollte man nicht versäumen, einen Bogen nach rechts ins Naturschutzgebiet **Silberpappel (6)** zu schlagen. Kleine Kiesstrände liegen malerisch zwischen alten knorrigen Pappeln und Weiden. Zurück auf dem Weg stoßen wir rechts haltend auf den großen Deich und biegen links ab (geradeaus Einkehrmöglichkeit: Zur Silberpappel). Wir überqueren den Franzosenweg und gehen geradeaus weiter. An der nächsten Wegekreuzung (links gehen ein paar Stufen runter) gehen wir nach rechts und wandern auf dem Saupferchweg zwischen Kleingärten zurück. Einkehrmöglichkeit bietet sich in der Gaststätte Querbeet des Kleingärtnervereins. Wir passieren das reguläre Strandbad am Stollenwörthweiher und gelangen auf der Rheingoldstraße zur Haltestelle **Rheingoldhalle (7)**, von wo aus uns die Straßenbahnlinie 3 zum Hauptbahnhof zurückbringt.

3.30 Std.

Vom Barockschloss Schwetzingen zum Rheinauenweg

49

Kultur und Natur am Oberrhein

Nach pompösem Auftakt in der Barockstadt Schwetzingen führt die Wanderung am Schlosspark vorbei – oder mit Eintritt hindurch – in eine typische Oberrhein-Flusslandschaft. Durch Auenwälder geht es an ehemaligen Baggerseen vorbei, die Ruhe und Geborgenheit ausstrahlen. Nicht weit entfernt vom umtriebigen Mannheimer Rheinauhafen und viel befahrenen Autobahnen findet man noch eine gänzlich unberührte Natur- und Kulturlandschaft.

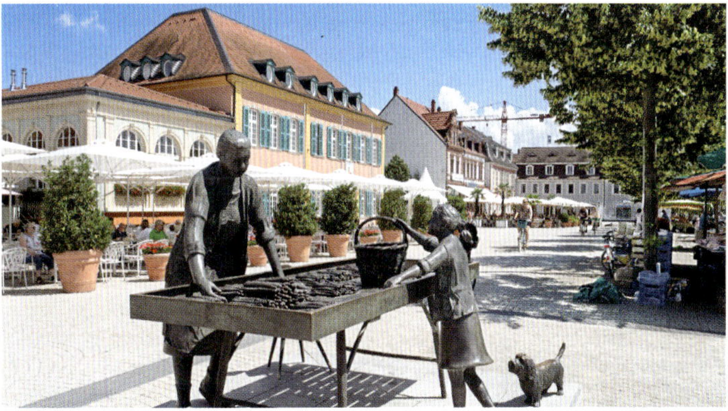

Spargelverkäuferin-Bronzeplastik am nördlichen Schlossplatz in Schwetzingen.

Ausgangspunkt: Bahnhof Schwetzingen. Erreichbar von Heidelberg mit Bus 717. Parkmöglichkeit am Bahnhof.
Endpunkt: Rohrhof, Bushaltestelle Zündholzfabrik. Zurück mit Bus 711.
Höhenunterschied: 50 m.
Anforderungen: Gemütliche Halbtageswanderung ohne Steigungen auf angenehmen Fuß- und Radwegen. Anfangs auf asphaltierten Wegen, die von Radfahrern viel genutzt werden.
Markierung: Erst blauer Punkt des HW1, danach blaues R des Rheinauenweges.
Einkehr: Der Grieche, Clubhaus der SG Brühl, gegenüber vom Pferdehof, Di. bis Sa. 17–23 Uhr, So. und feiertags ab 11.30 Uhr. Restaurant Dalmacija, Brühl-Rohrhof, Gartenstraße 37, 11.30–14 sowie 17–21 Uhr, Di. Ruhetag. Strandbar der Wasserskianlage Rheinauer See. Gastronomie in Schwetzingen.
Karte: Topographische Karte Mannheim Heidelberg (LGL Blatt F513, 1:50.000).
Hinweise: Schlossgarten Schwetzingen, Ende April bis Ende Okt. 8–21 Uhr, sonst 9–17 Uhr, Eintritt 7 Euro, mit Schlossführung ab 10 Euro. Bademöglichkeit am Rheinauer See kurz vor Ende der Tour. Im Hoch- und Spätsommer ist Mückenschutz angeraten.

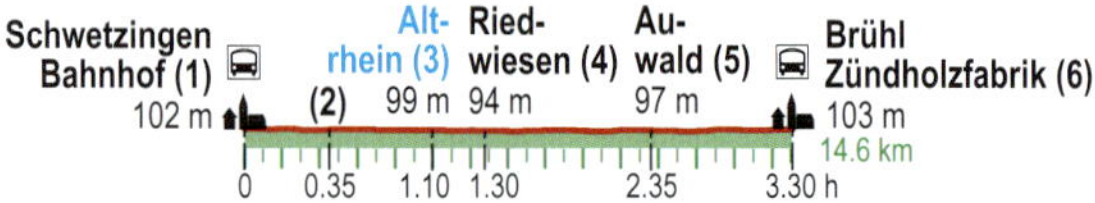

Vom Bahnhof in **Schwetzingen (1)** wandern wir über die hübsch begrünte Carl-Theodor-Straße zum Schloss. Wir spazieren entweder durch den wunderbaren absolutistischen Schlosspark (Eintritt) zur gegenüberliegenden Parkseite oder auf der hier beschriebenen Route, die außen herum führt. Wir gehen vor dem Barockensemble nach rechts und über die Hebelstraße zur Kronenstraße, bis links am Leimbach der Maschinenweg abzweigt. Am Park entlang folgen wir dem blauen Punkt und durchschreiten die Nachbildung eines römischen **Aquädukts**. Der zu einem kleinen Kastell führende Wasserkanal wurde im typischen historisierenden Stil des 18. Jh. angelegt. Ob das Bauwerk jemals eine Funktion hatte, ist bis heute nicht geklärt. An der nächsten Kreuzung nehmen wir den geradeaus führenden Schotterweg, der uns an Kleingärten vorbei nach 300 m wieder zum Hauptweg führt. Auf der Höhe der Zentralachse des **Schlossparks (2)** biegen wir rechts ab und folgen dem asphaltierten Weg 500 m durch die Felder. Kurz vor den Bahngleisen schwenkt unser Weg nach links und sofort wieder rechts haltend überqueren wir Gleise und Autobahn. Nach 500 m folgen wir dem scharfen Rechts-Links-Knick des Weges und wandern zwischen Bebauungsgrenze und Feldern bis zu einem Neubaugebiet. Hier gehen wir nach rechts und 400 m geradeaus weiter bis zum **Altrhein (3)** von Ketsch. Wir überqueren die Verbindungsstraße nach Brühl und verlassen unmittelbar darauf den asphaltierten Weg nach links auf einem schmalen Wanderpfad, der mit dem blauen R des Rheinauenweges gekennzeichnet ist. Durch üppige Auenvegetation setzt sich unser Weg fort. Nach einem Pferdehof (gegenüber liegt das Restaurant Der Grie-

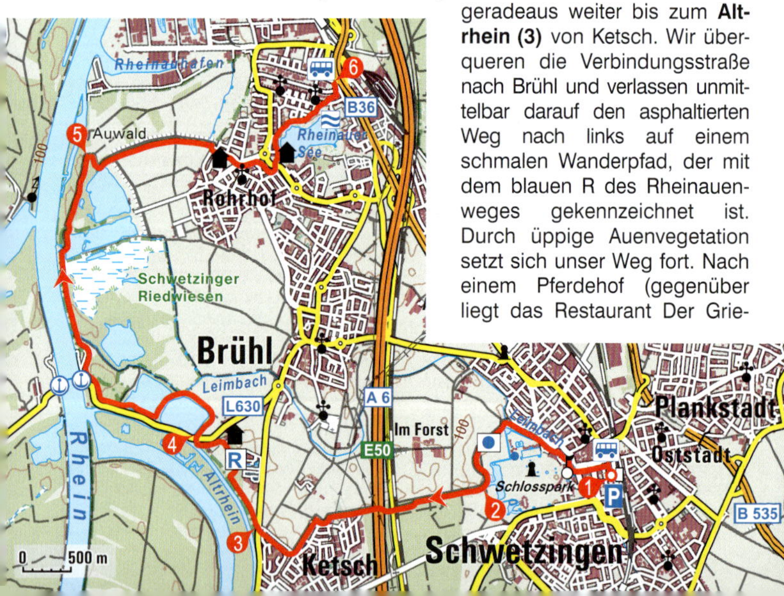

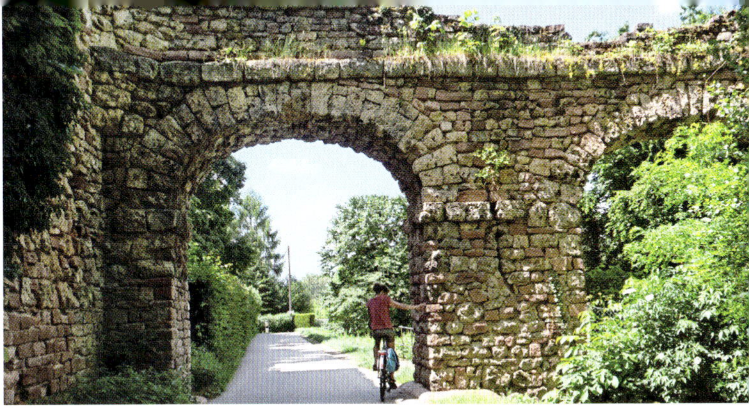

Am Schlossgarten-Aquädukt in Schwetzingen.

che) biegen wir links ab und erreichen im Rechtsbogen die Infotafel des Naturschutzgebietes **Schwetzinger Riedwiesen (4)**. Rechts über die Stufen hinaufsteigend umrunden wir nun den ersten der beiden ehemaligen Baggerseen, die heute ein Refugium für seltene Pflanzen und Tierarten sind. Zwischen den beiden Seen geht es auf idyllischem Wanderweg bis zur Straße. Wir biegen nach rechts und wandern parallel zur Zufahrtsstraße bis zur Kollerfähre. Vor dem Fähranleger nach Norden abbiegend genießen wir nach einem kurzen Schlenker einen guten Kilometer lang den beschaulichen Weg am Rheinufer. An seinem Ende geht es auf naturbelassenem Waldweg bis zur Infotafel **Auwald (5)** über das Naturschutzgebiet Backofen-Riedwiese. Hier biegen wir rechts und nach nur 50 m erneut rechts ab. Wir stoßen auf einen Hochwasserdamm und verlängern auf der Dammkrone bis zum Siedlungsanfang des Brühler Ortsteils **Rohrhof**. In der Ferne blicken wir auf die Hügel der Odenwaldkette, linker Hand die unter Naturschutz stehenden Feuchtwiesen, dahinter der Rheinauhafen. Am Ortsanfang halten wir uns rechts und sofort wieder links, passieren das Restaurant Dalmacija und erreichen über die Lessingstraße die Rheinauer Straße. Hier verlassen wir den Rheinauenweg, biegen links und nach 200 m rechts ab auf einen Fuß- und Fahrradweg. An dessen Ende wenden wir uns nach links und unterqueren eine Autostraße. An der Gabelung gehen wir erneut nach links und gelangen an der Wasserskianlage (Einkehrmöglichkeit) vorbei zum Fußweg um den **Rheinauer See**, den wir nun in hübschen Grünanlagen umrunden. Ein netter kleiner Badestrand am nordöstlichen Seeende kann kostenfrei genutzt werden. Wir verlassen geradeaus das Seeufer und biegen bei den ersten Häusern links in die Wilhelm-Peters-Straße ein, die wir nach 100 m nach rechts wieder verlassen. Vor der Unterführung geht es links hoch zur **Bushaltestelle Zündholzfabrik (6)**, von wo uns der Bus 711 zurück nach Schwetzingen bringt.

50 Naturerlebnis am Elisabethenwört bei Germersheim

3.30 Std.

Zwischen Altrheinarmen, Baggerseen und Rhein

Die Rheinbegradigung durch Johann Gottfried Tulla zwischen 1817 und 1833 schuf neben der Möglichkeit zur Nutzung des Rheins als Schiffahrtsstraße eine Vielzahl abgetrennter Altrheinarme, die heute als Erholungsraum und dem Naturschutz dienen. Die Refugien für seltene Pflanzen- und Tierarten können auf idyllischen Rundwegen durchstreift werden.

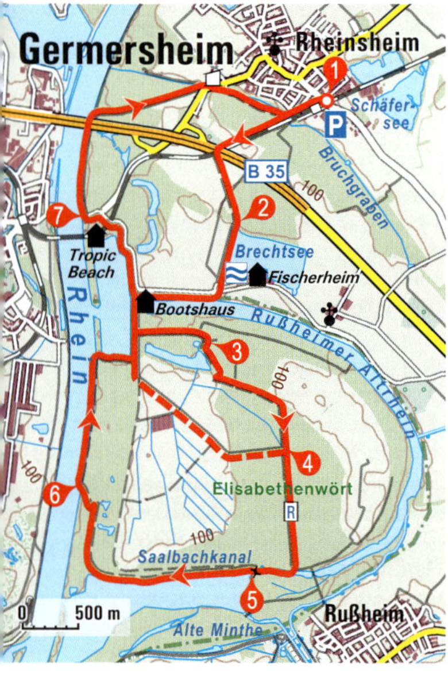

Ausgangspunkt: Bahnhof Rheinsheim. Erreichbar von Heidelberg mit S4 nach Germersheim. Von dort zwei Stationen mit S33 in Richtung Bruchsal. Parkmöglichkeiten am Bahnhof.
Höhenunterschied: 60 m.
Anforderungen: In topfebenem Gelände geht es auf Wander-, Forst- und Fahrradwegen um das Naturschutzgebiet.
Markierung: Teilweise blaues R des Rheinauenweges.
Einkehr: Fischerheim Huttenheim, Mi. bis Sa. ab 11.30, So. ab 10.30 Uhr. Gaststätte Bootshaus Huttenheim, tgl. außer Do. ab 10.30 Uhr. Tropic Beach Island, Mo. bis Fr. ab 12 Uhr, am Wochenende ab 11 Uhr.
Karte: Topographische Karte Karlsruhe (LGL Blatt F516, 1:50.000).
Variante: Abkürzung der Tour um 5 km an der Waldkreuzung (4).
Hinweis: Im Hoch- und Spätsommer unbedingt Mückenschutz mitnehmen.

Wir starten unsere Tour am **Bahnhof Rheinsheim (1)** und gehen über die Schienen und dann rechts in die Forstdeichstraße. An der ersten Gabelung geht unser Weg geradeaus weiter bis zur Brücke unter der Bundesstraße, hinter der wir bei der zweiten Gelegenheit links einen Wiesenweg einschlagen, der sich im Wald fortsetzt. Nach der Schranke wandern wir, die Richtung beibehaltend, weiter bis zum **Brechtsee (2)**. Am Ufer des ruhigen und idyllischen Baggersees schlendern wir nun bis zum Abzweig zur Gaststätte Fischerheim entlang. Hier biegen wir rechts ab und wandern auf oder neben dem Damm weiter bis zur Gaststätte Bootshaus vor dem großen Rheindamm. Hier halten wir uns links und nehmen dann wieder links die erste Abzweigung ins Naturschutzgebiet Rußheimer Altrhein-Elisabethenwört, dem blauen R des Rheinauenweges folgend. Am **Waldklassenzimmer (3)** angelangt, heißt es etwas aufpassen. Rechts gegenüber der Hütte führt ein schmaler, kaum erkennbarer Pfad ins Gebüsch. Er bringt uns zu einer großen Lichtung, die wir überqueren. An einem Obelisken vorbei gehen wir an der kleinen Hütte rechts und unmittelbar wieder links. Das blaue R führt uns geradeaus zu einer großen **Waldkreuzung (4)**. Wer den Wandertag abkürzen möchte, geht hier rechts und kommt nach 1,7 km wieder zurück zum Rheindamm. Die große Runde folgt weiter dem blauen R und verbleibt vorerst auf einer lang gestreckten, etwas eintönigen Geraden. Am Ende des geteerten Weges biegen wir rechts ab und gelangen zum **Saalbachkanal (5)**, einem breiten Altrheinarm. Am beschaulichen Angelgewässer wandern wir auf oder links neben dem Damm weiter. Spätestens an der rot-weißen Schranke müssen wir den unteren Weg benutzen, um zum Fluss zu gelangen. Kurz vor dem Ende des verwunschenen Weges biegen wir nach links und erreichen den **Rhein (6)**. Am Uferweg wandern wir in Richtung Norden zurück. Nach einem guten Kilometer verlassen wir an einer Gruppe mächtiger Pappeln den Rheinuferweg nach rechts. Am Damm geht es links zurück zur Gaststätte Bootshaus, die für gute und preisgünstige Fischgerichte bekannt ist. Wir wandern auf der kleinen Straße geradeaus weiter, biegen nach Unterqueren der Bahnlinie links ab und passieren das Gelände des **Tropic Beach (7)**. Mit flotter Musik und jungem Publikum lässt man hier bei einem Longdrink im Liegestuhl die Rheinschiffe passieren. Weiter geht es wieder direkt am Rhein entlang bis zur Brücke der Bundesstraße. Dahinter biegen wir rechts ab, überqueren den Rheindeich und wandern an einem Baumlehrpfad entlang in Richtung Rheinsheim. Nach einer Grillhütte geht es über die Straße zu einem Waldweg, der uns zurück zum **Bahnhof Rheinsheim (1)** führt.

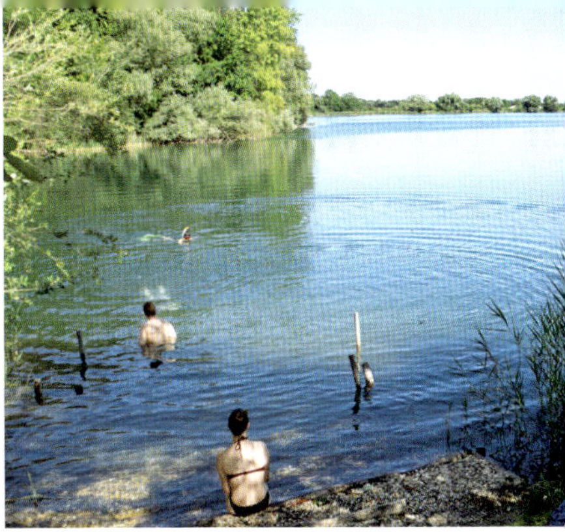

Badevergnügen am Brechtsee.

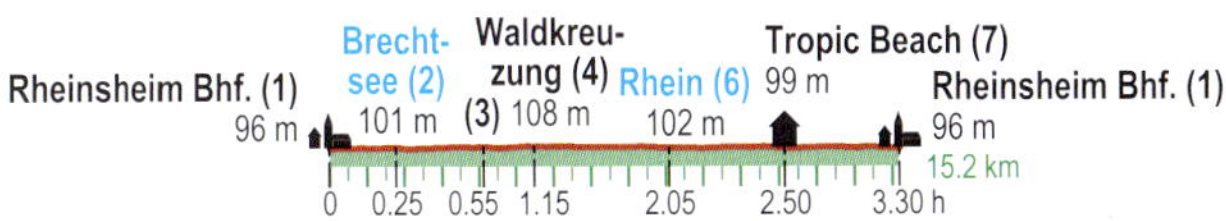

Stichwortverzeichnis

Umschlagbild: Auf dem Blütenweg bei Schriesheim an der Bergstraße (Tour 10).

Bild im Innentitel: Waldweg am Steinberg bei Oberflockenbach (Tour 20).

Alle 132 Fotos stammen vom Autor.

Kartografie:
50 Wanderkärtchen im Maßstab 1:50.000 / 1:75.000
Geodaten © Open StreetMap und Mitwirkende
Kartografisches Design: Freytag & Berndt Prag
www.freytagberndt.cz

Übersichtskarten im Maßstab 1:500.000 und 1:1.000.000
© Freytag & Berndt, Wien

2., aktualisierte Auflage 2021

ISBN 978-3-7633-4553-3

FSC www.fsc.org
MIX
Papier aus verantwortungsvollen Quellen
FSC® C021956

Wir freuen uns über jeden Korrekturhinweis zu diesem Wanderführer!
Bitte per E-Mail an: leserzuschrift@rother.de

ROTHER BERGVERLAG · München
D-82041 Oberhaching · Keltenring 17 · Tel. +49 89 608669-0 · www.rother.de